세계미래보고서 2050

The Millennium Project

세계미래보고서 2050

박영숙·제롬 글렌 지음

교보문고

〈State of the Future〉를 만드는 사람들

The Millennium Project

밀레니엄 프로젝트
글로벌 미래연구 싱크탱크

미국 워싱턴 소재 밀레니엄 프로젝트The Millennium Project는 글로벌 미래를 연구하는 그룹으로, 유엔을 비롯해 유엔 산하의 각 연구기관 및 다양한 국제기구와 긴밀한 협조를 통해 인류의 지속 가능성을 위한 문제해결 방안을 연구하고 있다.

밀레니엄 프로젝트는 1988년 유엔의 새천년 미래예측 프로젝트를 기반으로 해 1996년 비정부기구 NGO로 창립되었다. 1996~2007년 유엔대학교United Nations University, UNU 미국위원회의 후원을 받다가 2008년에는 유엔경제사회이사회 산하 유엔협회세계연맹World Federation of Nations Associations, WFUNA 소속으로 활동했으며, 2009년 독립적 국제 비영리기구로 전환되었다.

전 세계 50개 지부, 각 분야 3,500여 명의 학자 및 전문가를 이사로 두고 국제사회에 필요한 장기 비전을 제시하고 그에 따른 기회와 위기를 분석하며 필요한 정책 및 전략을 제안하고 보고함으로써, 과학적 미래예측을 통해 미래사회의 위험을 사전에 경고하는 일을 하고 있다.

〈세계미래보고서State of the Future〉는 밀레니엄 프로젝트 내 3,500여 명의 전문가들이 SOFI, RTD, 퓨처스 휠, 시나리오기법 등 다양한 미래예측기법을 활용해 10년 후 미래를 예측하며, 여기에 국제기구 선행연구들을 분석한 자료를 더해 제작하는 보고서로서, 전 세계 국가와 기업의 미래 길잡이가 되고 있다.

밀레니엄 프로젝트 네트워크 (알파벳 순)

아르헨티나 Argentina
Miguel Angel Gutierrez
Latin American Center for Globalization & Prospective
Buenos Aires, Argentina

호주 Australia
Anita Kelleher
Designer Futures
Inglewood, Australia

아제르바이잔 Azerbaijan
Reyhan Huseynova
Azerbaijan Future Studies Society
Baku, Azerbaijan

Ali M. Abbasov
Minister of Comm. & IT
Baku, Azerbaijan

볼리비아 Bolivia
Veronica Agreda
Franz Tamayo University
La Paz and Santa Cruz, Bolivia

브라질 Brazil
Arnoldo Joséde Hoyos and Rosa Alegria
São Paulo Catholic University
São Paulo, Brazil

벨기에 Brussels-Area
Philippe Destatte
The Destree Institute
Namur, Belgium

캐나다 Canada
David Harries
Foresight Canada
Kingston, ON, Canada

중앙유럽 Central Europe
Pavel Novacek, Ivan Klinec, Norbert Kolos
Charles University
Prague, Czech Republic; Bratislava, Slovak Republic, Warsaw, Poland

칠레 Chile
Hèctor Casanueva
Vice President for Research and Development
Pedro de Valdivia University
Santiago de Chile, Chile

중국 China
Zhouying Jin
Chinese Academy of Social Sciences
Beijing, China

Rusong Wang
Chinese Academy of Sciences
Beijing, China

콜롬비아 Colombia
Francisco José Mojica
Universidad Externado de Colombia
Bogotá, Colombia

도미니카 공화국 Dominican Republic
Yarima Sosa
Fundación Global Democracia & Desarrollo, FUNGLODE
Santo Domingo, Dominican Republic

이집트 Egypt
Kamal Zaki Mahmoud Sheer
Egyptian-Arab Futures Research Association
Cairo, Egypt

핀란드 Finland
Juha Kaskinen
Finland Futures Academy, Futures Research Centre
Turku, Finland

프랑스 France
Saphia Richou
Prospective-Foresight Network
Paris, France

독일 Germany
Cornelia Daheim
Z_punkt GmbH The Foresight Company
Cologne, Germany

그리스 Greece
Stavros Mantzanakis
Emetris, SA
Thessaloniki, Greece

쿠웨이트 Gulf Region
Ali Ameen
Offi ce of the Prime Minister
Kuwait City, Kuwait

인도 India
Mohan K. Tikku
Futurist / Journalist
New Delhi, India

이란 Iran
Mohsen Bahrami
Amir Kabir University of Technology
Tehran, Iran

이스라엘 Israel
Yair Sharan and Aharon Hauptman
Interdisciplinary Center for Technological Analysis & Forecasting
Tel Aviv University
Tel Aviv, Israel

이탈리아 Italy
Enrico Todisco
Sapienza University of Rome
Rome, Italy

Antonio Pacinelli
University G. d'Annunzio
Pescara, Italy

일본 Japan
Shinji Matsumoto
CSP Corporation
Tokyo, Japan

케냐 Kenya
Katindi Sivi Njonjo
Institute of Economic Affairs
Nairobi, Kenya

말레이시아 Malaysia
Theva Nithy
Universiti Sains Malaysia
Penang, Malaysia

멕시코 Mexico
Concepción Olavarrieta
Nodo Mexicano. El Proyecto Del Milenio, A.C.
Mexico City, Mexico

몬테네그로 Montenegro
Milan Maric Director of S&T Montenegro
Podgorica, Montenegro

뉴질랜드 New Zealand
Wendy McGuinness
Sustainable Future Institute
Wellington, New Zealand

페루 Peru
Julio Paz	Fernando Ortega
IPAE	CONCYTEC
Lima, Peru	Lima, Peru

루마니아 Romania
Adrian Pop
National School of Political Studies and Public Administration
Faculty of Political Sciences
Bucharest, Romania

러시아 Russia
Nadezhda Gaponenko
Russian Institute for Economy, Policy and Law
Moscow, Russia

세르비아 Serbia
Miodrag Ivkoviá
Serbian Association for Information Society
Belgrade, Serbia

남아프리카공화국 South Africa
Geci Karuri-Sebina
Ministry of the Treasury
Pretoria, South Africa

동남부 유럽 Southeast Europe
Blaz Golob
Centre for e-Governance Development for South East Europe
Ljubljana, Slovenia

대한민국 South Korea
Youngsook Park
Seoul, South Korea

스페인 Spain
IbonZugasti
PROSPEKTIKER, S.A.
Donostia-San Sebastian, Spain

터키 Turkey
Ufuk Tarhan
All Futurists Association
Istanbul, Turkey
Istanbul, Turkey

아랍 에미리트 United Arab Emirates
Hind Almualla
Knowledge and Human Development Authority
Dubai, UAE

영국 United Kingdom
Martin Rhisiart
Centre for Research in Futures & Innovation
Wales, Pontypridd, United Kingdom

미국 USA
John J. Gottsman
Clarity Group
Silicon Valley, Palo Alto CA, USA

베네수엘라 Venezuela
José Cordeiro
Sociedad Mundial del Futuro Venezuela
Caracas, Venezuela

예술/미디어 네트워크 Arts/Media-Node
Kate McCallum	Joonmo Kwon
c3: Center for Conscious Creativity	Fourthirtythree Inc.
Los Angeles, California	Seoul, South Korea

사이버 네트워크 Experimental Cyber-Node
Frank Catanzaro
Arcturus Research & Design Group
Maui, Hawaii

먼저 미래를 보는 눈을 바꿔라

2015년 9월 나는 국정감사 참고인으로 국회에 출석했다. 미래예측을 계속하면서 생긴 인연으로 에너지 전문가 토니 세바Tony Seba의 저서 《에너지 혁명 2030》을 번역한 것이 계기가 되었다.

국회 산업통상자원위원회의 국정감사에서 나는 한국전력과 같은 거대 에너지 기업과 자동차산업이 2030년에 소멸한다는 책의 내용에 대한 설명과 태양에너지 등 신재생에너지 변화를 설명해줄 것을 요구받았다.

한 국가의 미래를 위해 법을 만들고 정비하는 국회가 궁금했던 점은 미래 자동차와 에너지산업이 어떻게 변할까, 그리고 그것을 어떻게 알 수 있는가 하는 점이었다. 오랫동안 미래학자로 우리나라에 세계의 미래예측을 전해온 나는 항상 그런 질문을 받는다.

"정말 미래가 그렇게 변할까요? 당신은 어떻게 알았습니까?"

이것은 아직 우리나라가 미래예측의 불모지였던 시절, 내가 처음 미래예측을 접했을 때 해외의 미래학자들에게 내가 던진 질문이기도 했다. 그리고 이제 그 대답을 해줄 수 있다.

"미래는 기술의 변화에서 온다. 인간은 변화에 저항할 뿐, 세상을 바꾸지 못한다. 기술이 세상을 바꾸면 그 뒤에는 사람들의 가치관과 사고방식이 바뀐다. 이것이 우리 사회의 미래가 된다."

'미래가 정말 그렇게 될까?' 하고 의심 섞인 질문을 하는 이유는 인간이 변화에 저항하는 단계이기 때문이다. 미래의 열쇠는 기술이지만 그에 못지않게 중요한 것이 지금 우리가 가지고 있는 가치관과 사고방식으로 미래를 봐서는 안 된다는 점이다.

실제로 이 책에 새롭게 실린 기술들을 봐도 그렇다. 정부를 대신할 신기술 블록체인 등장, 석유에서 태양광으로 에너지 전환, 합성생물학으로 탄생하는 기존에 없던 생명체의 등장, 자아를 가진 인공지능인 강인공지능의 등장, 실업률이 25%에서 최대 50%까지 예상되는 2050년의 미래와 평균수명 130세를 넘는 시대에 중요한 건강 수명의 개념 등에 대해서도 다뤘다.

아마도 여러분은 에너지나 수명 연장에서 긍정적인 가능성을 보고 또 실업률과 강인공지능을 보고는 비관할 것이다. 지금은 존재하지 않는 완전히 새로운 개념인 블록체인이나 합성생물체에서는 어떤 두려움을 느낄 것이다.

그런데 미래는 지금처럼 '지성을 가진 유일한 생명체 인간' '취업과 사업 성공으로 얻는 부와 명예' '나이 드는 삶이 자연의 원리' 같은 가치관과 목적을 가지고 봐서는 제대로 이해할 수 없다. 앞서 말했던 것처럼, 기술이 세상을 바꾸면 저항하던 인간의 가치관과 사고방식도 바뀌기 때문이다.

그래서 《세계미래보고서 2050》은 지금과 완전히 달라지는 2050년의 새로운 삶의 목적과 가치관에 대해 중점적으로 다루고자 했다.

예를 들면, 실업률이 50%에 달하는 2050년에는 '취업'이 더는 중요하지 않다. 풍족해진 지구에서 모든 구성원이 양질의 생활을 유지할 수 있도록 부를 재분배하는 것이 중요해지고, 또 생계를 위해 일할 필요가 사라지면서 사람들은 취업과 경제적 성공을 목표로 하기보다 사람들의 존경과 사랑을 받을 완전히 다른 어떤 목표를 갖게 된다. 그것이 새로운 '일자리'가 될 것이다.

한편 부의 공평한 재분배를 위해서 신뢰를 잃은 기존의 국가와 정부를 대신해 더 안전하고 신뢰할 수 있는 가상세계 시스템으로서 정부 '비트네이션'이나 공해에 띄운 인공섬에서 자급자족하는 스타트업 국가가 등장한다.

그 밖에도 창조, 융합, 연결, 확장 등 미래를 보는 사고방식을 변화시켜주는 키워드로 2050년을 살펴본다. 《세계미래보고서 2050》이 그동안 미래를 살펴보는 데 부족했던 시야를 열리게 해줄 것이다.

나는 전작인 《세계미래보고서 2045》를 출간하면서, 인공지능과 인간의 지능이 같아지는 2045년 이후의 예측은 어렵다고 말했다. 이것은 사실이다. 그럼에도 미래보고서는 계속 출간될 필요가 있다. 이는 미래를 바꿀 가능성이 있는 기술들이 하루에도 수없이 많이 등장하고 있기 때문이다.

세계미래회의한국대표 박영숙 등 내가 소속된 18개의 글로벌 미래예측기구들은 미래기술 캐스팅해서 함께 의견을 나누고 논쟁을 벌여 미래를 바꿀 큰 기술을 중심으로 미래를 예측한다. 미래학자가 알아야 할 기술의 숫자는 해가 갈수록 점점 늘어난다. 그 기술들 가운데 큰 기술을 뽑는 과정을 거쳐 서너 가지 미래예측방법론을 이용해 연구하고 보고서를 작성한 뒤 각종 미래 컨퍼런스에서 미래학자들 간에 공유하고 의견을 나눈다. 서로 다른 발전 속도와 문화를 가지고 있는 각국의 의견을 통합해야 진짜 미래예측이 나올 수 있기 때문이다.

여기에 최근 한 가지 과정이 추가되었다. 아무리 똑똑한 전문가들이라도 예측에는 한계가 있게 마련이라 집단지성이나 슈퍼컴퓨터에 의견을 추가로 구하는 것이다. 밀레니엄프로젝트한국 대표 박영숙가 운영하는 집단지성 사이트www.themp.org에서는 3,500명에 달하는 전 세계 미래학자들이 자신의 전문지식을 이용해 미래기술과 사회 변화를 논한다. 실제로 사람이 가진 정보보다 2019년경에 등장할 것으로 예측되는 구글 글로벌브레인이 가진 정보가 수십억 배 더 많고 분석 또한 더 정교하고 정확하기 때문이다.

이처럼 미래는 매일 새로운 길을 만들어가고 있다. 이것이 《세계미래보고서》가 계속 출간되어야 하는 이유다.

올해에도 세계미래보고서를 쓰는 데 도움을 준 분들이 많다. 이화여대 디자인대학원 제자들, 연세대학교 생활과학대학교 제자들, 대구사이버대학교 교양학부 제자들, 미래연구회 회원들과 미래예측포럼회원들, 그리고 밀레니엄프로젝트 한국 지부를 찾아온 인턴들에게 감사를 표한다. 특히 남편 에릭 함슨과 아들 숀 함슨이 자료를 수집하는 데 여러모로 도움을 주었다.

밀레니엄프로젝트 한국 대표
박영숙

목차

PART 1 거대한 변화

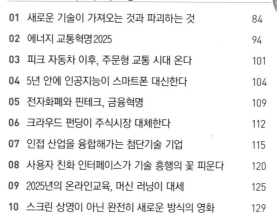

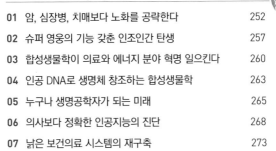

메가트렌드
2050

유럽연합 집행위원회European Commission, EC가 미래를 위한 유럽 지식 정책 위해 2015년 12월 EC보고서The EC report를 출간했다. 유럽의 혁신 잠재력을 결정할 중대한 힘에 관한 EC보고서는 미래의 사회가 어떻게 변할지 예측하고 미래를 준비하기 위해 메가트렌드를 정리했다. EC는 특히 지식의 창조와 사용의 관점에서 볼 때, 다음의 메가트렌드가 중요하다고 꼽았다.

- 세계화 : 세계는 서로 더욱 연결되고 경제적 경쟁은 확산되며, 학습과 발견, 또는 혁신의 방식이 변화될 것이다. 그리고 그 영향력이 일반 가정을 빠르게 강타할 것이다.

- 인구통계학적 변화 : 도시 이주, 고령화, 가족 구성원 수와 사회 규

범이 변하고, 우리가 예상하는 모든 것과 우리가 교육, 연구, 혁신 분야에서 할 수 있는 모든 것이 변할 것이다.

• 기술의 가속 : 불과 35년 전에 텍스트 편집기가 생겨났다. 지금은 유전자를 편집한다. 2050년이 되면 무엇이 등장할까? 각 발명은 더욱더 빨라지고 우리 사회와 경제뿐 아니라 교육과 과학, 기업 분야에서 일하는 방식까지 변할 것이다.

EC보고서는 이 세 가지 분야에 걸쳐 전 세계 전문가들의 합의된 견해를 제시한다. 이 예측이 옳을까? 그것은 2050년이 되어야 알 수 있을 것이다. 그러나 그들이 말하는 메가트렌드는 다가올 미래의 변화에 영향을 주는 가장 강력한 힘들을 설명해줄 것이다.

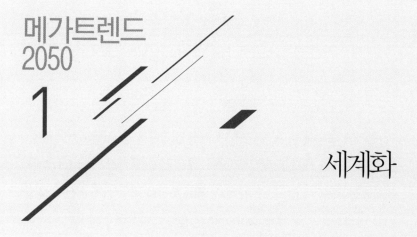

메가트렌드 2050

1

세계화

세계는 갈수록 작아지고 있다. 그에 따라 상호의존도는 커지고 권력
은 이동하며 새로운 기회와 위험이 개인에게 나타날 것이다. 많은 경제
학자들은 무역과 경제 성장 분야에서도 세계화가 진행될 것이라고 말
한다. OECDOrganization for Economic Cooperation and Development: 경제협력개발기구는
2050년에는 글로벌 GDPGross Domestic Product: 국내 총생산가 지금의 3배가 될
것이라고 예측한다. 이렇게 말하면 상당히 인상적인 수치로 들리지만
평균으로 보면 최고 4.3%에서 2% 이하에 이르기까지 연간 성장률이
갈수록 감소한다는 것을 의미한다.

무역은 크게 증가할 것이다. OECD는 전 세계의 수출이 2010년
의 GDP 대비 20%에서 2060년에는 33%로 증가할 것이라고 예측하고
있다.

자원과 인구의 제약은 악영향을 미치는 한편, 정부의 역할은 미래

에도 여전히 중요할 것이다. 성장률은 부를 증가시키고 생활수준을 향상시키며 국제적 빈곤을 감소시킬 것이다. 하지만 정부가 국가를 제대로 관리하지 않으면 불평등이 커지고 환경은 파괴된다.

OECD는 선진국보다 개발도상국에서 경제가 더 빠른 성장률을 보일 것이며 글로벌 경제 집중이 더 커질 것이라고 예측하고 있다. 2060년까지 중국과 인도의 성장에 따라 선진국 경제가 전 세계 GDP에서 차지하는 비중은 줄어든다. 세계 경제는 다극화되며, 미국과 OECD 국가가 차지하고 있는 세계 GDP 비중은 57%에서 39%로 낮아질 것이다.

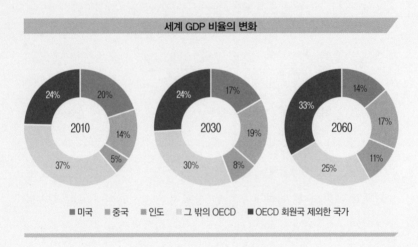

세계 GDP 비율의 변화

■ 미국　■ 중국　■ 인도　■ 그 밖의 OECD　■ OECD 회원국 제외한 국가

중국의 연구개발 투자는 급속하게 증가해 2012년에 이미 유럽을 따라잡았다. 중국 정부는 연구개발에 높은 우선순위를 부여하고 있다. EC는 2030년이면 중국이 미국을 뛰어넘어 세계에서 연구개발에 가장 많이 투자하는 국가가 될 것이라고 예측한다.

이렇게 되면 경제 권력은 미국 중심의 단극체제에서 다극체제로 이동할 것이다. 무역 또한 이러한 이동을 가속화시킨다. 미국과 유럽연합 European Union, EU, 유럽자유무역연합European Free Trade Association, EFTA, 일본의 글로벌 해외 직접투자의 합계액은 1970년대의 거의 100%에서 2012년에는 60%로 이미 감소했다. 그 사이 중국의 해외투자는 엄청나게 성장해 2012년에는 전 세계 해외투자의 12%를 차지했다.

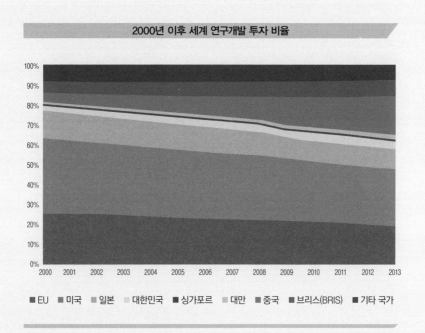

2000년 이후 세계 연구개발 투자 비율

■ EU ■ 미국 ■ 일본 ▨ 대한민국 ■ 싱가포르 ▨ 대만 ■ 중국 ■ 브릭스(BRIS) ■ 기타 국가

경제 권력의 새로운 균형은 이미 세계 권력 구도에 영향을 미치고 있다. 중국, 인도, 브라질 등은 국제금융, 무역, 개발, 기후 변화에 관한 논의에서 더욱 강력한 역할을 행사하고 있다. 그러나 이것이 세계

가 궁극적으로 '평등'해졌다는 의미는 아니다.

우선 이것은 고정된 체제가 아니다. 중국과 인도가 성장함에 따라 인건비도 상승할 것이고, 그 결과 현재 가지고 있는 경쟁 이점은 감소한다. 또한 국제무대에 대도시, 지역 연합, 다국적 기업, 비정부기구 등 새로운 배우들이 나타날 것이다.

국경은 소멸하는가?

개인의 일상생활과 일자리는 이미 세계화의 실질적인 영향을 받고 있다. 아마존Amazon에서 삼성에 이르는 글로벌 브랜드와 상품들은 우리의 집 안이나 손안에 있다. 이민과 이민에 따른 갈등은 증가하고 있다. 음악 판권에서 스마트폰 특허에 이르는 지식재산권 문제는 정책적 쟁점이 되고 있다. 미국은 백악관에 '지식재산법 강화 조정관Intellectual Property Enforcement Coordinator을 두고 있을 정도다.

혁신은 지역을 초월해 이루어지고 있다. 혁신적인 서비스나 제품 뒤에는 연구원, 개발자, 생산자, 금융인, 판매원으로 이루어진 글로벌 체인이 있다. 교육 역시 마찬가지다. 유럽 최고의 교육 시스템을 갖춘 영국의 대학에서 국제 학생은 재학생의 18%에 달하고 있다. 가장 국제화된 분야는 과학 분야로, 오늘날 과학논문의 약 20%는 국제적으로 공저된 것이며 프랑스, 독일, 영국 연구원들이 약 절반을 차지하고 있다.

이러한 경향은 멈추지 않을 것이다. 국경을 없애면 가치가 더해지고 비용이 절감되며, 발전이 빨라지고 아이디어를 자극하게 되어 더욱 성장하게 된다. 그러나 언제나 대립하는 힘이 있게 마련이다. 세계화에 대한 반발로 음식, 특산품 등 지역의 문화적 우선권이 주장될 것이다. 예를 들어 유럽의 웨일스 어 사용, 카탈루냐 지역 독립운동에 이르기까지 지역적 자부심에 대한 관심이 높아질 것이다. 국제화와 지역적 자부심 사이의 모순이 해결될 수 있을지는 아무도 예측할 수 없다. 그러나 이 두 가지가 우리 사회와 다음 세대의 발전 방식과 지식을 사용하는 방식을 결정할 것이다.

메가트렌드
2050

2

인구통계학적 변화

2050년에 세계 인구는 성장 속도의 둔화에도 불구하고 96억 명에 달할 것이다. 인구 증가의 대부분은 개발도상국, 그중에서도 특히 도시에서 이루어질 것이다. 연령 구조도 변한다. 세계 인구 연령의 중앙값은 2010년의 28세에서 2050년에는 36세가 될 것이다. 그리고 65세 이상의 인구는 8%에서 16%로 늘어날 것이다. 고령화된 인구에는 여성이 더 많을 것이다. 여성은 남성보다 더 오래 산다. 선진국에서 고령화는 노동시장 생산성과 사회보장 재원, 공공의료 시스템과 세금 부문에서 문제를 일으킬 것이다.

이민 패턴 또한 변한다. 예측에 의하면 개발도상국 여러 나라들이 더 많은 인구를 유입할 것이다. 경제는 인구 변화의 유일한 변수가 아니다. 기후 변화와 환경의 질적 저하 또한 중요한 변수가 된다. 2050년에는 기후 변화로 인해 2,500만 명에서 10억 명에 이르는 상당한 이민이 유도될 것이다.

유엔의 유럽에 대한 인구통계학적 예측은 심각한 수준이다.

- 유럽 인구 중 15세 이하 인구의 비율은 2004년 16.4%에서 2050년 13.4%로 낮아질 것이다.
- 65세 이상 인구의 비율은 16.4%에서 29.9%로 높아질 것이다.
- 노동가능인구 비율(15세~64세)은 67.2%에서 56.7%로 낮아질 것이다. 이 말은 5,200만 명의 노동가능인구가 감소한다는 뜻이다.

2004년에 노동가능인구 두 명당 한 명꼴로 비경제활동인구가 있었다면, 2050년에는 노동가능인구 네 명당 세 명꼴로 비경제활동인구일 것이다. 대체로 세계 인구에서 유럽 인구가 차지하는 비율은 오늘날 11.9%에서 2050년에는 7.7%로 낮아질 것이다.

도시 집중화

개발도상국의 도시 지역이 세계 인구 증가분의 대부분을 흡수할 것이다. 2050년에는 67%의 인구가 도시에서 살 것이며 현재 지구 토지 면적에서 도시가 차지하는 비율인 2%는 2배인 4%로 증가할 것이다. 메가시티가 더 많이 나타나고 슬럼과 같은 임시 거주지 역시 증가할 것이다. 그에 따라 도시 공간의 효율적이고 지속 가능한 사용, 재사용, 다목적 사용에 대한 압력도 커질 것이다.

'그린' 개념은 '스마트' 개념을 포함하게 되어 디지털 도시, 상품과 기술이 합쳐질 것이다. 2050년의 인프라는 도시와 도시가 가진 중요한 인프라 시스템의 탄력성을 강화하는 쪽으로 변할 것이다. 도시들은 국경을 초월해 더욱 강력한 힘을 갖게 된다. 도시의 수입은 증가하고 연구개발 투자, 혁신, 고등교육 분야에서 더 강력한 역할을 할 것이다.

라이프스타일의 변화

젊은 세대를 중심으로 라이프스타일, 선호도, 사고방식이 변하고 있다. 가구 구성원 수는 줄어들고 있으며 딩크족dinks, 맞벌이하며 아이가 없는 가구이 일상화되고 있다. 밀레니얼 세대1981~1996 사이에 태어난 세대는 결혼하거나 주택을 소유하기보다는 좋은 직업을 갖는 것에 더 신경 쓰고 있다.

밀레니얼 세대는 더 나은 세상을 만드는 것(64%)에 우선순위를 두고, 자영업(72%)을 선호하며, 경쟁적인 직장문화보다 협력적인 문화를 선호(88%)하고, 유연한 작업 일정(74%)과 '노동과 개인의 삶이 조화로운 삶'을 선호한다.

메가트렌드 2050

3

기술 변화의 가속

'기술 변화의 속도는 가속되고 있다.' 이 말은 이제 상투적인 문구가 되었다. 라디오에서 TV로, TV에서 인터넷으로, 다시 웹으로…. 미생물학에서 생물공학으로, 유전자학에서 합성생물학으로…. 생략된 부분은 시멘틱웹semantic web: 컴퓨터가 사람을 대신해 정보를 읽고 이해하고 가공해 새로운 정보를 만들어내는 차세대 지능형 웹, 증강현실, 양자컴퓨팅, 4D 프린팅, 나노봇nanobot 생산 등 더욱 빠르게 발전하는 기술에 의해 대체되어갈 것이다.

2050년이 되면 사람보다 드론drone: 무인항공기의 수가 더 많아질 것이다. 이러한 변화 가운데 일부는 기술에 의해 가속될 것이다. 데이터 공유, 오픈 사이언스, 국제협력 등은 새롭게 등장한 정보통신기술information and communications technologies, ICT에 의해 가능해진 것이다. 상당수의 다국적 기업들은 대부분 OECD 회원국보다 더 많은 돈을 연구개발에 투자하고 있다.

다음 중 어떤 미래가 실현될까?

- 동물 없이 고기를 배양한다.
- 바다에 부유하는 수직 농장을 건설한다.
- 사이버 자아가 될 아바타를 만든다.
- 매일 생물공학 기술로 만들어진 옷을 입는다.
- 도시를 에코스마트eco-smart 도시로 만든다.
- 전 세계적으로 디지털화된 고용시장에서 일자리를 창출한다.
- 신장과 자동차를 프린트한다.
- 디지털 집단지성을 개발한다.

이들 모두 미래에 가능하다고 어느 정도 예측할 수 있는 것들이다. 더 중요한 것은 앞으로 수십 년 안에 다가올 진정 파괴적인 기술의 잠재력이다. 그 하나를 예로 들면 인공지능artificial intelligence, AI이다.

인공지능의 등장은 오래된 이야기다. 적어도 1970년대부터 연구되었고, IBM의 왓슨Watson처럼 몇 가지 인상적인 사례가 있었지만 경제에 광범위한 영향을 주지는 못했다. 하지만 이제 변화가 시작되었다. 전 세계에서 다양한 프로젝트들을 통해 연구자가 대기실에서 환자의 병력과 증상을 수집해 의사가 청진기를 대기도 전에 진단을 제공할 수 있는 전문가용 태블릿 컴퓨터 시스템을 개발하고 있다. 수년간 수백만 명의 환자와 의사의 상호작용 데이터를 모으고 분석한 이런 시스템은 보건 분야의 경제학을 확실하게 변화시킬 것이다. 개인화된 학습 과정이 일상이 되고 교육적인 게임과 소프트웨어 산업 역시 흥할 것이다. 새로운 기술의 영향은 좋은 것일 수도 있고 나쁜 것일 수도 있다.

다음과 같은 경우를 상상해보자

- 자동화로 인해 구조적 실업이 50%를 초과한다.
- 홀로 활동하는 테러리스트들이 킬러 바이러스를 퍼뜨리기 위해 합성생물학을 이용한다.
- 농업에 해를 끼치고 신종 질병을 유발할 수 있는 새로운 생명체가 연구소에서 유출된다.
- 약제 저항성을 가진 질병들이 보건비용을 증가시킨다.
- 원자력 발전소, 수도 시스템, 전력망에 대한 공격이 있을 수 있다.
- 사이버 위험과 정보 전쟁이 편집증과 전체 비용을 증가시킨다.

기술 변화의 가속은 우리 주변에 존재하는 기기의 수를 증가시킨다. 새로운 기술은 새로운 센서와 통신을 통해 디지털 세계와 물리적 세계 모두에서 우리의 연결성을 향상시킨다. 이러한 기술은 '빅 데이터'를 자동으로 취급하고 실시간으로 분석하며, 기계 대 기계 통신machine to machine, M2M을 증가시킨다. 디지털 세계가 물리적 세계에 미치는 영향력도 증가한다. 웹과 소셜미디어가 지배하는 디지털 세상이 오면, 개인의 권한은 더욱 커질 것이다. 이러한 디지털 세상에 대한 대비책이 있어야 한다.

한편 기술 변화와 관련해서 인류의 사고방식도 변할 것이다. 지난 수백 년 동안 안경과 현미경, 망원경은 우리의 시야를 확장해주고 시력을 증강해주었다. 미래에는 칩을 이식해서 인공지능이 기억을 백업해주고 학습 속도를 높여주고 우리의 실수를 교정해주며 우리의 행동을 조언하는 날이 올 수도 있다.

FUTURE ISSUE 1

2050 일자리 및 직업의 향방

스티븐 호킹Stephen Hawking, 일론 머스크Elon Musk, 빌 게이츠Bill Gates, 그 밖의 인공지능 전문가들은 인간의 통제를 넘어서는 초지능superintelligence, 인공지능, 강인공지능strong AI: 자아를 지닌 인공지능으로 발전하는 인공지능의 잠재적인 위험에 대해 경고한다. 철학자 닉 보스트롬Nick Bostrom은 2040~2050년에 '높은 수준의 인공지능'이 완성될 것이라고 주장한다.

인공지능이 공상과학 소설처럼 인간이 통제할 수 없는 악몽으로 진화하든 그렇지 않든, 2050년에 인공지능과 또 다른 미래 기술들, 예를 들면 합성생물학, 나노기술, 양자컴퓨팅, 3D 및 4D 프린팅, 사물인터넷internet of things, IoT, 무인 자율주행자동차, 로봇공학 등이 일상을 비롯해 경제, 문화의 본질에 근본적인 영향을 미칠 것은 분명하다.

퓨 리서치 센터Pew Research Center는 기후 관련 미래 기술들이 10년 동안 이 기술이 창조하는 직업보다 더 많은 일을 대체할 것이라는 예측에 관해 전문가들의 의견이 거의 반반으로 나눠진 것을 발견했다. 다음 사실들은 이미 잘 알려진 예측이다.

- 부의 집중이 증가한다.
- 소득 격차가 확대된다.
- 고용 없는 경제 성장이 새로운 표준이 된다.
- 자본과 기술에 대한 투자수익률은 일반적으로 노동수익률보다 더 좋다.
- 미래 기술들은 대부분의 인간 노동력을 대체할 수 있다.
- 장기적·구조적 실업은 경제의 일반적인 예측이다.

만약 장기적·구조적 실업이 피할 수 없는 것이라면, 전 세계의 미래 전망을 개선하기 위해 무엇을 해야 하는가? 일부 전문가들은 사람이 생계를 위한 직업의 필요성에서 해방됨으로써, 그들의 능력이 세계적 창의력 르네상스로 이어질 수 있다고 생각한다. 그러나 이를 뒷받침할 경제적 가능성은 아직 명확하지 않다.

미래를 개선하는 데 필요한 변화들을 이루는 데 한 세대 이상이 걸릴 수 있기 때문에 밀레니엄 프로젝트는 전 세계가 모든 문제에 관해 심각하게 고민할 필요가 있다고 추정했다. 이를 위해 밀레니엄 프로젝트는 8단계에 걸친 '미래 일자리 및 기술 2050' 연구를 시작했다.

우선 문헌과 관련 설문 조사의 리뷰에 기초해서, 몇 가지 주요 질문들이 추출되어 미래예측기법의 하나인 리얼타임델파이Real-Time Delphi 소프트웨어를 이용해 온라인 상에 주어졌다. 총 10개의 질문에 대해 전 세계 300명의 전문가가 수치를 포함한 의견으로 1,000개 이상의 의견을 제공했다. 그 가운데서 중요한 질문 두 가지에 관한 전문가들의 답을 분석한 내용을 살펴보겠다.

- **질문 1:** 사회·정치·경제 시스템이 전 세계적으로 동일하게 유지되고 기술의 가속·통합·세계화가 계속된다면, 2020년, 2030년, 2040년, 2050년의 각각 전 세계 실업률은 얼마가 될까?

10년 단위의 실업률 증가추세를 보여주는 아래 그래프는 사회·정치·경제 시스템이 변하지 않는다면 실업률은 증가 추세를 나타낼 것을 명백히 보여준다.

총 279명이 응답한 이 질문에서 응답자의 전 연령대와 전 지역에서 수년에 걸쳐 실업률이 증가할 것이라는 예측이 나왔다. 실업률 예측은

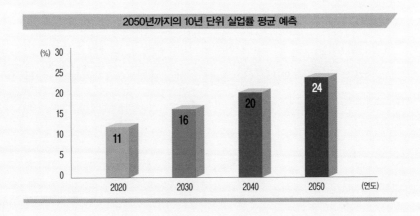

2050년까지의 10년 단위 실업률 평균 예측

남녀 간의 견해차도 거의 없었다. 다만 미래예측 경험이 많을수록 실업률 예측값이 컸다. 또 인공지능 및 기타 기술 분야의 경험이 많을수록 실업률 예측값이 컸다.

다음은 응답자들이 그렇게 예측한 이유와 추가 의견을 분류한 것이다.

- 직업, 일, 고용의 개념이 변할 것이다. 실업률은 의미 없어질 것이다.
- 우리는 창의적으로 변하고 적응할 것이다.
- 인공지능이 배우는 방법을 완벽하게 익힐 때 기술적 실업은 가속화할 것이다.
- 모든 것이 자동화된다. 우리는 빨리 일이 없는 세계에 관해 논의하기 시작해야 한다.
- 문제는 수입과 부의 분배다.
- 기술은 인간의 일을 증가시킨다. 인간·기술 공생은 직업의 새로운 형태다.
- 인공지능과 다른 기술들은 초기에는 천천히 발전하겠지만, 2030~2040년대에 실업의 영향이 점점 빠르게 전 세계로 확산하기 시작하며, 2050년경에는 더욱 넓게 퍼져 영향을 미칠 것이다. 오늘날 우리가 새로운 접근법을 만들어내지 않는다면, 이를 극복하는 데 수십 년이 걸릴 것이다. 인공지능이 스스로 학습하는 법을 배우게 될 때, 인간이 기계와 결합한 사이보그가 되지 않는 한, 인공지능은 인간이 배울 수 있는 것보다 점점 더 빠르게 배울 것이다.

- 주 30시간 근무가 일반화되고 신기술은 새로운 일자리를 창조할 것이다.

- 부유한 국가에서는 실업이, 가난한 국가에서는 새로운 일자리가 생길 것이다.

- 기술이 만들어내는 일자리보다 더 많은 노동가능인구가 가난한 지역에 있을 것이다.

- 산업혁명과 달리 인간의 노동력이 기회를 잡을 수 있는 안정기는 없을 것이다.

- 글로벌 거대 프로젝트들은 인간·기계 작업의 혁신을 창조해 경제를 변화시킬 것이다. 글로벌 프로젝트는 인류의 생존 기회를 촉진하는 우주 탐사와 같은 의미 있는 활동이 될 것이다.

- 인공지능 혁명은 전 세계 사회경제 시스템에 변화를 유발할 것이다.

- 생계를 유지하기 위해 일할 필요가 사라진다.

  —2020년: 경제 성장에 발맞춰 증가하는 기술적 실업

  —2030년: 사람의 일을 기계가 점점 대체

  —2040년 : 부유한 국가에서의 기본소득 보장

  —2050년 : 대부분의 국가에서 기본소득 보장

- 풍부한 도구와 기술들은 그것이 수용될 수 있는 것보다 더 빨리 발전한다.

- 2025년 상위 10개 직종은 오늘날 존재하지 않는다. 미래에 우리는 아직 정의되지 않은 문제들을 다루게 될 것이고, 아직 개발되지 않은 기술들을 기반으로 문제를 해결하게 될 것이다.

- 프리랜서 일은 기하급수적으로 증가할 것이다
- 전 세계에 걸쳐 25% 이상의 실업률은 엄청난 불안과 문명 붕괴의 가능성으로 이어질 것이다.
- 2100년 100% 실업률이 무모한 예측이 아닐 수도 있다.
- 임대, 배당, 이자, 사용료 등의 수동적 소득passive income은 문자나 페이스북Facebook 메시지를 확인하는 것만큼이나 일반적이 될 것이고, 근로소득을 얻는 직업에 종사하는 사람은 줄어들어 그들에게 지불하는 비용 인플레이션이 일어날 것이다.
- 진짜 문제는 오늘날 우리가 알고 있는 '고용'이나 '실업'에 관한 것이 아니라, 모든 구성원이 괜찮은 생활수준을 유지할 수 있도록 하는 수입이나 부의 분배에 관한 것이다.

- **질문 2:** 산업사회와 정보화 시대에는 대체되는 것보다 더 많은 일자리가 생겼다. 하지만 많은 사람이 2050년까지 기술 변화의 속도, 집약, 국제화가 대규모의 구조적 실업을 불러올 것이라고 예측한다. 어떤 기술들이나 요소들이 이를 결정하는가?

이 질문에 대해서는 응답을 두 가지 방식으로 나눠서 받았다. 그중 첫 번째는 2050년까지 많은 일자리와 직업을 대체함으로써 대량 실업을 양산할 수 있는 요소들의 영향력 평가다. 총 263명의 전문가가 참여해 '전혀 영향 없음'에 0점, '크게 영향을 미치는 주요인'에 10점으로 점수를 주었다.

2050년까지 많은 일자리 및 직업을 대체할 것 같은 기술들	
일자리 대체 기술	**영향력**
로봇	7.51
오늘날 알려지지 않은 기술들이 서로 만들어낼 집약과 시너지	6.92
인공지능	6.81
인공일반지능 artificial general intelligence	6.47
재교육을 해도 따라갈 수 없는 기술 변화의 가속화	6.43
3D 및 4D 프린팅	6.14
다른 요소들	5.54
드론	5.35
나노기술	5.19
합성생물학	4.66

다음은 응답자들이 질문 2의 첫 번째 응답 가운데 대표적 의견들이다.

• 우리는 현재 두 번째의 지능형 종種을 개발하고 있다. 이는 인류가
예전에 경험한 적이 없기에 단순히 비교할 수 없다. 그것은 인간보
다 훨씬 능력 있고 비용은 적게 들 것이다.
• 완전한 인공일반지능이 이 시기에 올 것이라고 생각하지 않는다.
만약 그런 인공지능이 완성된다면 이는 변화의 커다란 힘이 되고
내 의견은 모두 수정되어야 한다. 예를 들어 나노기술이 발달한다
고 해도 인공지능 제어기술 없이는 기술을 100% 활용하기 어려울

것이다.

- 자동화와 인공지능 분야의 도약은 '안정 상태'에 이르지 않았다. 그들은 우리의 통제를 벗어나 가속화될 것이다. 이는 우리가 반드시 해결해야 할 중요한 문제다. 인류 역사상 기술 자체가 자신을 개조하기 위해 인간의 제어를 벗어난 적은 없었기 때문이다.

- 인공일반지능과 로봇을 통해 오는 광범위한 직업 상실에 재교육은 상관없다. 무엇을 재교육할 것인가?

- 기술 불균형은 가진 자와 가지지 못한 자 사이의 문제가 될 것이다.

- 인공지능과 인공일반지능은 결국 모든 인력의 필요성을 대체한다.

두 번째로 질문2에 관해 2050년까지 미래의 일자리와 직업을 만드는 요소들이 대량 실업을 방지할 수 있는 정도를 0~10으로 표시했다. 251명 응답자가 최신 기술로 사라진 일자리보다 더 많은 일자리를 창조할 것으로 생각하는 요소들의 강도를 평가한 평균이다.

2050년까지 일자리 창조를 돕고 대량 실업을 방지할 수 있는 요소들

인공지능과 첨단기술이 대체하는 것보다 더 많은 일자리 창출 요인	영향력
새로운 경제 개념과 직업의 개념	7.17
자가 경영, 프리랜서, 메이커 지원 시스템, 인센티브, 교육	7.07
레저, 휴양, 의료산업 분야의 새로운 일자리 성장	6.67
'필요한' 일을 넘어 인생을 보람되게 하는 새로운 직업을 만들 수 있는 자유	6.28
인간의 창의성은 전 세계에 걸쳐 가속화될 것이다	6.25

최신 기술들은 그들이 대체하는 것보다 더 많은 일자리를 창출할 것이다	6.14
인간·기술의 공생 또는 증강	5.95
클라우드 금융 소싱과 클라우드 소싱 관련 직업	5.61
생물 혁명: 합성생물학과 다른 새로운 생명 관련 산업들	5.42
실업률 상승, 구매 감소, 인공지능 로봇의 성장 둔화로 인해 일자리 교체는 줄어든다	4.12

다음은 응답자들이 질문 2의 두 번째 설문에 대한 의견과 함께, 그들의 응답에 대해 제공한 대표적 의견들이다.

- 산업혁명과 정보혁명 시대보다 생물혁명 시대에 정보와 생산 수단은 훨씬 개방되고 광범위해질 것이다.
- 무한정의 분권화된 자치조직이 가능하고, 이들 각각은 무제한의 점 대 점 임시 '노동자'를 갖는다.
- 메이커와 자영업자의 경제는 번성할 가능성이 크다.
- 신생 기업에 대한 자본 요구사항은 점점 더 낮아진다: 유튜브 Youtube, 페이스북, 우버Uber 의 사례를 고려할 때.
- '노동' 또는 '직업'과 가치 있는 삶을 추구한다는 의미가 오늘날의 제한적인 관점을 넘어서는 것을 기대하며 적응해가고 있다. 다만 정치·경제·사회 시스템과 기대치가 사람들이 원하는 대로 조정된다면 새로운 가치를 추구하는 직업도 가능할 것이다.
- 가상현실 속 직업.
- 생각이 육체노동보다 가치 있고 창의력이 결과보다 우위에 있다는

수준으로 인류가 생각의 단계를 옮겨간다면, 이는 분수령이 될 수 있다.

- 공유경제가 새로운 경제 개념을 만들고 있다.
- 새로운 직업 구조를 제공하는 인터넷상에서 전 세계적으로 기술을 획득할 수 있다.
- 메이커는 일부 직종을 사라지게 하겠지만, 잠재적으로 더 많은 자영업과 프리랜서 '일'이 생겨날 수 있다.
- 메이커, 클라우드 소싱 등은 경쟁을 더 치열하게 만든다.
- 스마트 인공지능으로 연결된 미래의 '무역망'은 블록체인block chain: 본문에서 자세히 소개 금융 시스템을 사용하는 점 대 점으로 연결된다.

미래 일자리 및 기술 연구

현재도 실업률은 전 세계적으로 논란이 되고 있는 문제다. 특히 청년층의 일자리 부족이 심각한 상황이다. 미래에 기술과 인공지능이 인간을 대신하게 되면 실업률은 더욱 높아질 것으로 전망된다. 실제로 밀레니엄 프로젝트의 이번 연구에서도 2050년의 실업률은 전 세계적으로 24%에 이를 것이라고 예측되었다. 다만 몇 가지 변수는 있다. 첫 번째는 새로운 기술들이 우리가 아직 모르는 새로운 직업을 만들어줄 것이라는 예측이다. 농업과 가내수공업이 주요 직업이었던 과거에서 산업혁명 이후 공장 근로자가 대다수 양산된 것처럼 말이다.

두 번째는, 생활을 이어가기 위한 수단으로서 직업을 찾는 오늘날의 모습과 달리, 기술의 발달 등으로 풍요로워져서 생계가 보장되는 미래에는 창의성을 발휘하는 작업이 곧 직업이 된다는 예측이다. 지금도 자아실현을 목표로 하는 직업이 있지만, 경제적인 이유로 직업을 갖는 경우가 압도적이다. 실업이 문제가 되는 것도 생계에 지장이 생기기 때문이다. 하지만 경제적 문제가 해결된다면, 이를 잣대로 직업을 평가할 근거도 사라진다. 그때가 되면 사람들에게 인기 있는 직업이 다른 근거에 의해 탄생할 것이다.

FUTURE ISSUE 2

미래를 바꿀 놀라운 기술들

새롭게 등장하는 많은 기술 가운데 어떤 기술은 세상을 바꿀 큰 기술이다. 일반인들에게 2015년의 기술 발전은 스마트폰 크기의 변화와 다양한 애플리케이션의 등장 정도로 여겨질 것이다. 그러나 더 많은 일이 일어났다. 그동안 생각지 못했던 과학 프로젝트부터 인류의 앞날을 바꿀 발명까지, 광범위한 기술이 이미 티핑포인트tipping point: 어떤 상품이나 아이디어가 폭발적으로 번지는 순간에 다다랐다. 2015년에 완성된 기술 중 세상을 바꿀 큰 기술 10가지를 살펴보겠다.

1. 글로벌 인터넷과 정보지식의 증가

현재 인터넷 사용자는 30억 명 정도이지만 2020년에는 70억 명이 인터넷을 사용할 것이다.

인터넷이 전 세계를 연결하는 가장 쉬운 방법이지만 세계 모든 곳에서, 모든 사람이 인터넷을 이용할 수 있는 것은 아니었다. 선진국은 언제든지 사용 가능한 네트워크 환경을 갖추고 있고 서비스를 공급할 기기를 구매하는 것도 어렵지 않다. 하지만 개발도상국은 인터넷과 거리가 먼 생활을 하고 있다. 하지만 2015년을 기점으로 많은 사람이 인터넷을 사용할 수 있는 환경이 만들어질 것이다.

우선 저렴한 스마트폰의 등장이 변화를 주도할 것이다. 오늘날 아이폰의 역량을 가진 스마트폰을 2020년에는 50달러도 되지 않는 금액으로 구매할 수 있다. 여기에 페이스북, 구글Google, 원웹OneWeb, 스페이스X Spece X 등의 기업이 드론, 열기구, 소형 인공위성을 띄워 네트워크가 형성되어 있지 않거나 낙후된 지역에 인터넷 환경을 제공하려는 노력이 결실을 본 것이다. 이는 우리가 세계 곳곳의 30억 명과 연결된다는 것을 뜻한다.

구글은 인도 전역의 400개 기차역에 무료 고속 와이파이 인터넷 접속 포인트를 구축하고 있다. 기차역은 수천만 명의 사람들이 드나드는 곳이다. 페이스북은 인도의 수천 개 학교, 도서관, 마을에 인터넷 접속 포인트를 구축해 구글에 한발 앞서나가려 한다. 페이스북은 아킬라 Aquila 무인기와 레이저 접속 기술을 이용 10마일 떨어진 곳에서 동전만 한 크기의 목표에 초당 수십 기가의 속도로 데이터를 전송하는 능력을 보여주었다. 이는 현존하는 지상 기술보다 10배 빠른 것이다. 페이스북은 2~3년 안에 무인기를 이용해 세계에서 가장 외진 지역까지 인터넷 접속 서비스를 제공하려 한다.

구글은 인도네시아와 스리랑카에 프로젝트 룬Project Loons을 출범시켰다. 인도에서도 사업을 벌일 예정이었지만 인도의 국방, 항공, 통신 부서에서 기술 문제와 보안을 우려해 프로젝트를 중단시켰다. 통신사업자들이 인터넷 기업들의 무제한적이고 저렴한 인터넷 접근 서비스가 그들의 데이터 비즈니스를 심각하게 훼손할 것이라는 사실을 알게 되면 이러한 기술을 방해하기 위해 모든 노력을 다할 것이다. 그러므로 페이스북과 구글이 싸워야 할 상대는 기존 정부 정책이며, 이를 바꾸기 위해 노력해야 한다.

지금껏 지식은 부자들이 누리는 특권이었다. 지식은 권력을 수반하는 탓에 가난할수록 더 가난해지는 상황이 반복되었다. 하지만 개발도상국으로 퍼져나가는 인터넷을 통해 지식과 정보의 공유가 일어나고 있다. 소셜미디어는 경험과 지식을 가진 사람들이 다른 이들을 도울 수 있는 판을 짜주었다.

이제 실리콘밸리의 엘리트는 아프리카의 외진 마을에 사는 청년에게 디지털 서비스를 제공하고, 농부들은 같은 비용과 인력을 들여 더 많은 농작물을 재배하는 방법을 배운다. 다양한 기술을 지닌 장인들은 세계 시장에 진출할 기회를 얻기도 한다. 이제 스마트폰을 바탕으로 언제 어디서든 경제의 발전이 가능해질 것이다.

2. 주머니 속으로 들어간 의사들

질병을 스스로 진단하거나 진료할 수 있는 의료기기들이 쏟아져 나오고 있다. 더 빨라진 컴퓨터는 인공지능 시스템과 만나 디지털 의사를 탄생시켰고, 강력한 센서와 결합해 복잡한 의료기기를 발전시켰다.

하지만 의료 발전의 혜택을 받기 위해서는 적지 않은 돈을 사용해야 한다. 기술이 빠른 속도로 발전하고 있지만 지금까지는 선진국 사람들만이 누릴 수 있었다. 중국과 인도, 아프리카의 기업들이 적은 돈으로 이 혜택을 받을 기술을 개발하고 있지만 아직은 역부족이다. 하지만 주머니 속의 스마트폰으로 언제 어디서나 의사를 만날 수 있게 되었다.

2015년 의료기기는 스마트폰과 연결되어 새로운 기술의 탄생을 예고했다. 가장 눈에 띄는 변화는 애플Apple이 심장박동 수 센서와 가속도계를 이용한 스마트워치를 출시한 것이다.

애플은 개인정보가 의료과학 연구에 쓰일 수 있도록 하는 무료 리서치키트ResearchKit: 모바일 기기를 통해 정확하게 의학 관련 데이터를 수집할 수 있는 오픈소스 소프트웨어와 의료 전문가와 정보를 공유하고 의약품 사용과 효과를 모니터할 수 있는 플랫폼인 헬스키트HealthKit 서비스를 제공했다. 마이크로소프트Microsoft, IBM, 삼성, 그리고 구글 스타트업start-up: 설립한 지 오래되지 않은 신생 벤처기업은 의료기기와 모바일 애플리케이션을 연동해 지금껏 의사가 하던 일을 스마트폰이 할 수 있는 인공지능 기반 기술을 발전시키고 있다. 지금껏 환자의 진술에만 의존해온 진료 환경이 스마트폰과 스마트워치에 탑재된 애플리케이션에 등록된 방대한 데이터를 바탕으로 더욱 정확한 분석과 진단이 가능해진 것이다. 덕분에 병원에 가지 않아도 스스로 진료하고, 큰 병을 미리 방지할 수 있다. 이러한 기술은 의료시설이 부족하거나 의료비를 지급할 여유가 없는 개발도상국에도 보급될 예정이다.

3. 정부를 대신할 기술 블록체인

최근 가장 논란이 된 기술은 규제에서 자유로운 비트코인Bitcoin이다. 지폐나 동전과 달리 물리적인 형태가 없는 온라인 가상화폐인 비트코인은 운영자도 없다. 종이가 점차 사라지는 금융계에서 미래 화폐로 주목받기도 했지만 해킹 위험 및 각종 범죄에 사용될 가능성 때문에 많은 우려를 받기도 했다. 가격에 대한 규제도 없어 한때 1,100달러가 넘는 가격에 거래되던 비트코인의 가치는 250달러까지 하락하기도 했다. 2016년 1월 14일 비트코인의 개발자 중 한 명인 영국의 마이크 헌Mike Hearn은 "비트코인 실험은 실패로 끝났다"며 자신이 가진 모든 비트코인을 매각하기도 했다.

비트코인은 미래가 디지털 화폐로 가는 흐름에서 처음에 등장한 화폐인 만큼 시행착오를 많이 겪었고, 또 그만큼 미래에 더 나은 화폐가 나오면 폐기될 가능성도 충분히 있다. 하지만 비트코인의 흥망성쇠와는 상관없이 비트코인을 뒷받침한 블록체인 기술은 최근 들어 더욱 주목받고 있다. 세상을 바꿀 수 있는 기술이기 때문이다.

블록체인이란 데이터를 거래할 때 중앙집중형 서버에 기록을 보관하는 기존의 방식과 달리 거래 참가자 모두에게 내용을 공개하는 분산형 디지털 장부를 말한다. 여러 이용자가 거래 정보를 공동으로 인증하고 보관하는 시스템이기 때문에 훼손과 해킹 가능성이 거의 없다. 따라서 금융기업들이 안전한 거래를 위해 블록체인 기술에 집중적으로 투자하고 있다.

블록체인은 금융에서만 유용한 게 아니다. 블록체인 기술은 지금까지 정부가 보관해온 모든 자료나 정보를 여러 곳에서 보관, 분석, 활용이 가능하게 되었음을 뜻한다. 출생, 사망 등과 관련한 각종 증명서와 교육학위, 의료기록, 계약, 그리고 표결과 같이 디지털화된 어떤 기록이든 안전하게 사용할 수 있다. 정부를 대신할 기술의 발견인 셈이다.

또한 블록체인 기술의 발달은 은행계좌와 사무시설 및 법률 인프라에 접근이 어려운 수십억 명의 삶을 변화시키는 힘을 가진다. 모든 기업과 조직이 블록체인에 기반을 둔 스마트 계약smart contract 프로그램을 작동시킴으로써 가난한 사람들도 자료와 정보에 마음껏 접근할 수 있는 평등한 권리를 갖게 된다.

4. 유전자 편집과 신인류의 탄생

과학 학술지 〈사이언스Science〉는 2015년의 가장 혁신적인 기술로 '크리스퍼CRISPR 유전자 가위 기술'을 선정했다. 유전자 가위란 원하는 부위의 DNA를 정교하게 잘라내는 기술이다. 크리스퍼로 유전체를 스캔해 유전자의 결함을 정확히 찾아낸 다음, 이 DNA를 교체하거나 손쉽게 잘라내는 것이다. 본격적으로 연구를 시작한 지 5년도 되지 않았지만 미국 하버드 대학교는 인간에게 이식된 돼지의 유전자 중에서 거부반응을 일으키는 부위만을 찾아 DNA 조각 62개를 한 번에 잘라내는데 성공했다. 돼지와 인간의 장기이식 가능성에 한 걸음 더 가까이 다가선 것이다. 〈사이언스〉는 크리스퍼 유전자 가위의 등장과 발전을 두고 앞으로 유전자 치료제가 '지는 기술'이 될 것이라고 내다봤다. 대신 유전자를 편집하고 교정하는 크리스퍼 유전자 가위가 그 자리를 대신

할 것이라 평가했다. 미국 듀크 대학교 의공학과 연구팀은 쥐를 이용한 유전자 편집 실험을 거듭하며 이 기술이 의료 분야에 다양하게 활용될 것으로 기대한다고 밝혔다.

하지만 중국에서 동물이나 인간 성체가 아닌 인간 수정란과 배아를 대상으로 유전자 편집을 시도해 윤리적 문제에 대한 우려가 나오고 있다. 인간 유전자 편집을 어디까지 허용할 것이냐는 뜨거운 이슈를 두고 2015년 12월 미국에서 '인간 유전자 편집 국제정상회의'가 열리기도 했다. 여러 국가의 생명공학 권위자와 윤리문제 전문가, 정부 당국자들이 모인 이 회의는 치열한 토론 끝에 '인간배아나 생식세포를 편집해 임신에 사용해서는 안 되며, 그 외의 임상연구는 용인된다'는 성명서를 발표했다.

5. 드론의 시대, 무인기가 생활을 바꾼다

전 세계에서 드론의 열기가 뜨겁다. 2015년 12월 21일 미국 연방항공청Federal Aviation Administration이 드론 등록제를 시행하자마자 이틀 만에 4만 5,000대의 드론이 등록되었다. 연방항공청은 연말연시에 약 50만 대의 드론이 판매될 것으로 내다봤다. 드론의 인기가 높아지면서 가격이 내려가기 시작해 이제는 100달러 이하의 제품도 다양하게 출시되어 누구나 구매할 수 있게 되었다. 공식적으로 드론의 시대가 시작된 것이다. 이제 심심치 않게 드론을 발견할 수 있다.

드론과 같은 무인항공기의 발전은 큰 변화를 가져올 것이다. 얼마 후면 우리는 드론이 배달해 주는 신선한 식료품을 받으며 언제 택배가 올지 몰라 걱정하지 않아도 된다. 아마존은 2013년부터 '아마존 프라임'이라는 서비스에 드론을 활용해 소형 택배를 전달하는 테스트를 진행 중이다. 구글 역시 2017년부터 드론 배송을 도입하겠다는 계획을 밝혔다. 영국의 피자 업체인 도미노Dominos도 드론으로 피자를 배달 중이며, 세계 최대 물류 기업인 DHL도 드론을 사용한 시범 배송을 마쳤다.

드론 택배의 가격이 급격히 내려가고 있다. UPS는 12.92달러로 익일 배송, 페덱스Fedex는 8.32달러, 당일 배송으로 아마존 8.99달러, 구글쇼핑 4.99달러의 비용을 계획하고 있다. 그런데 아크투자경영사ARK Investment Management는 아마존 프라임에어에서 1달러의 가격에 30분 배송 서비스가 가능해질 것이라고 분석했다. 궁극적으로 구글과 아마존은 드론 택배를 무료화하고 대신 광고를 팔 것으로 예측된다. 이는 전기자동차 충전소가 현재 일부 국가에서 광고를 보는 대신 무료 충전 서비스를 실시하는 데서 예상해볼 수 있다.

촬영 시스템에서 드론을 활용하는 것은 이제 필수가 되었다. 드론에 카메라를 탑재해 높은 곳에서 경관을 촬영하거나, 사람들이 접근하기 어려운 재난 지역이나 화산지역을 촬영해 연구에 활용하기도 한다. 또한 자동차보다 앞서 하늘을 날아가 도로 상황은 물론 교통 정보를 실시간으로 수집해 사고를 예방할 수 있다. 야간 투시가 가능한 카메라를 장착한 드론은 실종자 수색, 마약 수사, 범인 추적 등에 활용되고 있다. 도주하는 범죄자를 쫓을 때 헬기를 띄우는 대신 드론을 사용하면 비용 절감뿐 아니라 고층 빌딩이 많은 도심에서 유용하기 때문이다.

드론의 발전은 개발도상국에도 큰 기회를 제공한다. 미국의 벤처기업인 매터넷Matternet은 드론을 사용해 교통시설이 제대로 마련되지 않은 아프리카 같은 오지에 의약품이나 구호품을 전달하고 있다. 이러한 곳에 드론을 날려 인터넷망을 지원하기도 한다. 또한 지구의 변화하는 기후와 야생 동식물 등의 생태관리도 가능하다. 드론은 앞으로 우리에게 자동차와 같은 존재가 될 가능성이 크다. 즉 1인 1 무인기 시대가 올 수 있다는 것이다.

6. 석유 시대의 종말과 태양광 에너지의 본격 성장

2015년 파리에서 196개국 대표들이 모여 온실가스 배출량을 줄이는 데 합의하는 유엔 기후변화협약이 체결되었다. 이는 1992년 유엔 기후변화협약이 체결된 이래 법적 구속력을 지닌 첫 합의라는 점에서 의미하는 바가 크다. 하지만 청정에너지의 가장 큰 지정학적 발전은 비슷한 시기 미국 의회가 태양광이나 풍력 등의 신재생에너지 시스템 설치를 위한 세금 공제 기간을 5년간 연장하기로 결정한 '미국의 태양광 발전 관련 세제혜택Investment Tax Credit, ITC'이다. 2016년에 만료될 예정이었던 ITC는 이번 연장 합의로 미국의 태양광 발전 시설의 설치를 대폭 증가시키는 촉매제 역할을 할 것으로 보인다. ITC는 태양광이나 풍력 등의 발전소 설치비용의 30%에 달하는 세금을 공제해준다. 이는 미국이 청정에너지의 발전을 전 세계로 확산시키고 가속화하는 데 앞장섰음을 뜻한다.

사실 태양광에너지와 풍력에너지 시설은 매년 2배 이상 증가하고 있다. 그에 반해 설치비용은 꾸준히 하락하고 있어, 보조금이 없어도 2020년에는 설치비용이 절반으로 떨어질 것으로 예상된다. 이에 따라 2030년에는 태양광에너지가 오늘날 에너지 소비량을 모두 감당할 수 있으며 2035년에는 에너지 비용 자체가 무료화할 것으로 보인다. 석유시대의 종말을 불러올 거대한 사건이 시작된 것이다. 경제전문지인 〈블룸버그Bloomberg〉는 ITC 연장 조치로 향후 5년간 730억 달러의 신규 투자가 이루어지고 20기가와트의 태양광전력과 19기가와트의 풍력전력이 증가할 것이라고 예상했다. 15기가와트는 400만 가구에 공급할 수 있는 전력이다.

7. 새로운 블루오션, 에너지 저장장치

최근 발전소에서 생산한 에너지를 저장한 뒤 필요할 때 공급하는 에너지 저장장치Energy Storage System, ESS가 주목받고 있다. 세계적으로 전력 수급이 어려운 상황에서 에너지 저장장치를 이용해 전력 수요를 관리하고, 태양광과 풍력 등의 신재생에너지 저장 시스템과 결합해 안정성과 효율을 높일 수 있기 때문이다. 이런 상황에서 스타트업 기업인 프리에토 배터리Prieto Battery가 현재의 리튬이온 배터리보다 최대 5배 이상 많은 에너지를 내장할 수 있는 새로운 기술을 개발했다.

프리에토 배터리에 따르면 2D 구조에 기반을 두고 있는 기존의 리튬이온 배터리는 대형 사이즈, 단기적 저장, 높은 원가라는 문제 때문에 대량의 에너지를 저장하기 어려웠다. 하지만 프리에토가 개발한 배터리는 3D 구조를 가지고 있어 최초로 충방전과 축전이 가능하다. 또한 제조 원가가 훨씬 저렴하고 부피는 최소화할 수 있어 친환경적이다. 형태의 변경도 자유자재로 가능해 기존의 전지와는 완전히 다른 기능을 발휘한다. 사실 그동안 배터리 용량을 증가하려는 시도는 꾸준히 진행되었다. 실제로 은아연silver-zinc과 같은 합금물질을 이용한 배터리는 리튬이온보다 많은 에너지를 저장하기도 했다. 하지만 지나치게 높은 제조원가로 인해 대규모 제조사들은 기존의 리튬이온 배터리를 고집할 수밖에 없었다.

그런 의미에서 프리에토 배터리의 기술은 에너지 시장에서 혁신적인 발전이라고 볼 수 있다. 이 기술로 인텔 캐피털Intel Capital과 같은 투자기업으로부터 상당한 금액의 투자를 이끌어내기도 했다. 프리에토 배터리는 고에너지를 저장하는 고체 전지를 웨어러블과 컴퓨터 분야에서도 실용화할 수 있도록 연구에 박차를 가할 계획이라고 밝혔다.

8. 슈퍼 박테리아를 무찌를 슈퍼 항생제, 테익소박틴

2015년 의학계는 1987년 이후 약 30년 만에 새로운 항생물질을 발견한 기쁨에 들썩였다. 20세기 과학을 비롯한 많은 분야의 발전이 이루어졌지만 그중에서도 현대의학의 발전은 놀라울 만큼 큰 성장을 이뤘다. 가장 두드러진 업적은 기적의 치료제라 불린 항생제의 개발이다. 항생제가 세상에 등장하기 이전에는 발병은 곧 죽음을 의미했다. 하지만 저렴하면서도 모든 감염을 빠르게 치료하는 항생제 덕분에 많은 사람들이 질병으로부터 해방되었고 삶의 질도 높아졌다. 하지만 애석하게도 항생제가 모든 질병을 정복하지는 못했다. 항생제 사용이 증가하자 내성을 지닌 세균이 나타났기 때문이다. 시간이 지날수록 점점 더 많은 세균들이 항생제에 내성을 갖게 된 것이 관찰되었고 평범한 세균성 질환으로 사망하는 환자의 수도 증가했다. 특히 2011년 독일에서 발생한 슈퍼박테리아가 확산되면서 많은 사람들이 공포에 떨어야 했다.

하지만 과학자들은 내성이 생긴 세균을 치료할 수 있는 방법이 분명히 존재한다고 믿으며 지속적으로 새로운 항생제를 개발하고 있다. 한편 미국 노스이스턴 대학교의 항균제발견센터 연구팀이 장기 복용에도 내성이 생기지 않는 항생물질을 발견했다. 학술지 〈네이처Nature〉에 게재된 내용에 따르면 1만여 종의 세균 실험 후 25가지 항생물질을 추려내 항생능력이 가장 뛰어나고 내성 가능성이 없는 하나를 발견했다고 한다. 테익소박틴teixobactin이라 이름 붙인 이 물질은 내성이 생기기 쉬운 세균 속 단백질을 공격하는 기존 항생제와 달리 내성이 거의 불가능한 세포벽 구성물질을 공격한다. 임상시험을 거쳐 정식으로 상용화되기에는 시간이 걸릴 것으로 예상되나, 시판된 뒤에는 세균과 관련한 수많은 질병에 상당한 효과를 가져올 것으로 보인다. 하지만 의료기술이 계속해서 발전하듯 세균도 끊임없이 진화하고 있다. 또 다른 내성을 갖게 될 세균과의 끊임없는 전쟁은 계속된다.

9. 임무 마치고 귀환한 팰컨 9, 로켓 재활용 시대를 열다

1926년 3월 미국의 물리학자 로버트 고다드Robert Goddard가 세계 최초로 액체 연료 로켓을 쏘아 올린 뒤 지금까지 수많은 로켓이 우주를 향해 발사되었다. 하지만 임무를 마친 뒤 무사히 지구로 돌아온 로켓은 없었다. 모두 산산조각이 난 채로 고철 덩어리에 불과한 결과를 가져왔을 뿐이다. 하지만 2015년 12월 미국 플로리다 주에서 민간 우주선 개발기업인 스페이스X가 발사한 위성 탑재 로켓 '팰컨 9'는 달랐다. 해발 200km 지점까지 솟아올라 궤도에 진입한 뒤 11개의 위성을 모두 배치하는 작업을 끝내고 1단 추진 로켓이 무사히 지상에 수직 착륙한 것이다.

스페이스X 창업자이자 영화 〈아이언맨Iron Man〉의 실제 모델로 널리 알려진 일론 머스크는 지상에 무사히 착륙한 팰컨 9의 상태를 보고받은 뒤 자신의 트위터에 '어떤 손상도 없고 멀쩡했다. 다시 쏠 준비는 끝났다'는 글을 남겼다. 발사 후 손상이 커 고철 덩어리가 돼 하는 수 없이 바다에 버렸던 로켓이 원형 그대로 돌아온다는 것은 우주개발에 매우 큰 의미를 갖는다. 그동안 천문학적으로 높은 로켓 발사비용은 우주개발을 방해하는 가장 큰 장애물이었다. 그중에서도 전체 제작비용의 80%가량을 차지하는 추진 로켓이 일회용인 탓에 어려움이 많았다. 그런데 추진 로켓을 회수하면 막대한 비용을 줄일 수 있다. 실제로 스페이스X는 이번 팰컨 9의 1회 발사에 약 760억 원이 들었다고 공개했다. 하지만 추진 로켓의 회수로 팰컨 9를 재활용한 다음 발사에는 2억 3,000만 원 정도가 들 것이라고 설명했다. 로켓 재활용으로 우주 발사비용을 100분의 1 이하로 낮출 수 있다고 장담한 것이다.

아직 해결하지 못한 우주의 비밀이 많은 상황에서 한정된 예산으로 우주 개발을 하기에는 분명한 한계가 있다. 그럼에도 희망적이라 보는 것은 로켓 재활용과 같은 새로운 기술이 우주개발에 지각변동을 가져올 수 있기 때문이다. 이제 민간인이 우주여행을 떠날 날도 얼마 남지 않았다.

10. 레이 커즈와일의 30년 후 미래

구글 엔지니어링 이사이자 미래학자인 레이 커즈와일Ray Kurzweil의 예측은 놀라움과 경탄을 자아낸다. 그는 25년 전인 1990년 컴퓨터가 인간의 지능을 능가할 것이며, 적어도 2010년에는 컴퓨터가 인터넷을 통해 무선으로 정보를 주고받을 것이라 예측했다. 1998년 그의 말대로 IBM의 슈퍼컴퓨터 딥블루는 체스 대회에서 세계 챔피언 게리 카스파로프Garry Kasparov를 물리치고 승리했다. 그리고 인터넷이 '무선'인 것이 너무도 당연해진 지는 이미 오래다. 커즈와일은 계속해서 미래의 변화를 예측하는 동시에 미래를 창조하고 있다.

2015년 커즈와일은 우리가 인류 역사상 가장 흥미로운 시간대에 살고 있다며 30년 후의 미래를 예측했다. 우선 10테라바이트 용량의 컴퓨터 가격이 1,000달러까지 떨어질 것을 예측했다. 10테라바이트는 뇌 신경과학자들이 추정한 인간의 두뇌용량이다. 즉 집집이 인간의 두뇌 수준을 갖춘 슈퍼컴퓨터를 가질 수 있다는 뜻이다.

또한 2020년에는 대부분의 질병이 소멸한다고 내다봤다. 나노봇의 발전이 현재의 의료기술을 넘어서서 혈관이나 신체 내부에 나노봇을 투입해 질병이 발병하기 전에 파악해 고치기 때문이다. 실제로 인공지능을 가늠하는 기준인 튜링테스트에서 이미 인간의 지능을 따라잡았다. 곧 무인자동차가 도로를 정복하고 고속도로에서 인간의 운전이 금지될 것이다.

커즈와일은 2030년대에는 가상현실이 마치 진짜로 느껴질 만큼 기술이 발달하며, 자신의 감정이나 의식을 소프트웨어처럼 업로드할 수 있다고 예측했다. 2040년대에는 인공지능이 생체지능을 수십억 배 능가하며, 나노봇이 모여 인조식품을 경작하고, 인간은 이를 먹으며 생활할 것이라 내다봤다. 2045년에는 인간이 대뇌신피질을 클라우드에 있는 합성신피질과 무선으로 연결해 자신의 지능을 높일 것이라 말했다. 인공지능과 인간의 융합이 자연스러운 현상이 되는 것이다.

이러한 미래혁명이 가능한 것은 '수확 가속의 법칙The Law of Accelerating Returns' 때문에 가능하다는 게 커즈와일의 주장이다. 컴퓨터의 처리 속도가 2년마다 2배씩 빨라지고 있는 무어의 법칙Moore's law도 이 원리에 기초하며 기하급수적으로 성장했다는 것이다. 그가 예측한 인공지능, 가상현실, 나노봇 등의 각종 기술을 비롯한 미래를 누구보다 먼저 목격하고 싶다면 그의 예측에 몰두해야 할 것이다.

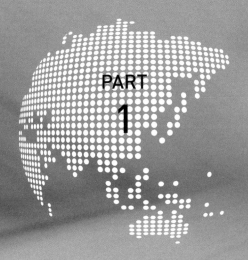

PART

1

거대한 변화

STATE OF THE FUTURE

기존 정부는 '정부 대체'
신기술을 통제 못한다

딥 러닝deep learning에서 유전자 편집에 이르기까지, 기술의 세계는 빠르게 움직이고 있다. 싱귤래리티 대학교에서는 이와 같은 놀라운 기술이 방정식의 절반에 불과하다고 믿는다. 나머지 절반은 기술을 사용하는 방법이다. 어떻게 하면 기술이 인류가 직면한 도전과제들을 다루고 해결할 수 있을까? 밀레니엄 프로젝트에서는 이를 지난 20년간 15대 지구촌 도전과제로 정하고 연구했으며, 싱귤래리티 대학교에서는 글로벌 그랜드 챌린지global grand challenge라고 명명했다. 글로벌 그랜드 챌린지에는 에너지, 환경, 식품, 물, 재해 복구, 우주, 안보, 보건, 교육, 번영이 포함되어 있다.

여기에 새로운 항목이 추가되었다. 바로 통치governance다. 시스테딩 연구소Seasteading Institute, 한국대표 박영숙는 통치의 문제를 해결할 수 있을 뿐 아니라 그렇게 하는 것이 다른 글로벌 그랜드 챌린지를 해결하는 데 필수적이라고 믿는다. 패트리 프리드먼Patri Friedman과 피터 틸Peter Thiel이 10여 년 전에 창설한 시스테딩연구소는 스타트업 기업이 아니라 스타트업 국가startup nations를 지향하며, 공해 상에 해상국가를 건설하기 위해 만들어진 단체다. 이들은 국가나 정부 시스템을 시대의 변화에 맞게 바꿔야 하며, 가장 훌륭한 형태의 새로운 국가나 정부 시스템을 개발하기 위해 연구소를 설립했다고 한다.

국민국가는 약 370년, 근대 의회는 약 310년, 삼권 분립은 약 230년의 역사를 가진다. 이런 시스템이 인공지능, 블록체인, 슈퍼컴퓨터 등에 의해 대체되기 시작했다. 1950년대 중반부터 세계정부, 세계헌법 등국가를 초월한 시스템을 만들기 위한 노력이 시작되었다. 블록체인디지털 화폐의 바탕을 이루는 기술을 기반으로 한 시스템 '통치 2.0'이 부상하고 있다.

현존하는 정부 형태는 18세기 이후 국민국가의 기틀이 확립되고, 삼권 분립이란 이론이 정립되면서 갖춰지게 되었다고 본다. 입법·사법·행정으로 국가 권력의 작용을 나눠 이를 각각의 기관에 분담시킴으로써 상호 간에 견제와 균형을 유지해 국가 권력의 집중과 남용을 방지하는 통치조직 원리를 말한다. 삼권 분립은 1787년 미국연방헌법에서 최초로 도입되었고, 1791년 프랑스 헌법 등이 채택한 바 있다. 이후 헌법적 원리로 발전한 삼권 분립이 인터넷 모바일 시대에 다양한 도전을 받고 있다.

통치의 최종 목표는 무엇인가? 모든 국민의 공정한 참여가 보장되고 정의와 인권의 원칙에 부합되고, 편견에 차별받지 않으며, 기하급수적으로 변하는 세상의 수요에 대응할 수 있는 사회적 통치가 있는 세상을 만드는 것이다. 하지만 오늘날 신뢰의 부족, 부패, 목적에 맞지 않는 정부 등 형편없는 통치를 지구 어느 곳에서나 쉽게 발견할 수 있다. 최근 퓨 리서치 센터의 조사에 의하면 미국인의 불과 19%만이 정부를 '항상' 또는 '대부분' 신뢰한다고 응답했다. 이는 지난 60년 동안 가장 낮은 수치다. 세계경제포럼World Economic Forum, WEF은 부패비용이 2조 6,000억 달러 규모로 전 세계 GDP의 5% 이상이라고 추정하고 있으며 매년 뇌물로 주어지는 돈이 1조 달러를 초과한다고 추정했다.

그 수치를 넘어, 부패 때문에 학교를 건축할 돈이 없어 여자아이들은 학교에 갈 수 없고, 교사에게 급여를 주지 못하며, 돈이 다른 용도로 전용된다. 부패 때문에 어머니는 아이에게 기본적인 진료도 받게 해줄 수 없다. 다른 예로 기후 변화의 문제가 있다. 2015년 파리에서 열린 유엔 기후 변화 컨퍼런스에서 196개국의 지도자와 고위 관료들이 12일 동안 지구를 구하기 위한 합의에 도달하고자 했다. 유엔 기후 변화 컨퍼런스에 따르면 97%의 기후과학자들이 기후 변화는 사실이며 이는 인간의 행동이 원인이라고 주장하고 있지만, 상당수의 사람은 이를 받아들이지 않으며 많은 정부의 정책들 역시 이 문제의 심각성과 강도를 반영하지 못하고 있다.

이런 상황에서 기존 형태의 국가와 정부가 세계적 재앙을 방지하기 위해 올바른 정책을 만들어갈 수 있을까? 세계는 환경적, 경제적, 사회적, 기술적으로 점점 더 연결되어 가고 있지만 국가에 기반을 둔 낡은 통치 구조는 새롭게 대두되는 도전에 대응하지 못하고 있다.

많은 새로운 기술이 이미 정부 구조에 부담을 주고 있다. 민간 부문의 드론 사용, 무인 자율주행자동차, 유전공학, 크라우드 펀딩crowd funding, 인공지능, 사이버 범죄 등이 그렇다.

기술은 통치에 새로운 도전과제를 부여하는 동시에 통치를 위한 새로운 접근방법도 내놓고 있다. 그중에서 가장 혁신적인 기술이 블록체인으로 대부분의 계약에 적용할 수 있고 투명성, 책임성, 효율성의 제고를 위해 사용될 수 있다. 가상현실은 정책의 결과로 나타날 미래를 체감할 수 있게 해주며 이를 통해 공감대를 넓힐 수 있다. 그 밖에도 액체민주주의liquid democracy: 사안마다 자신의 투표권을 자신보다 식견이 있을 것 같은 사람에게 위임해 가장 뛰어난 전문가에게 힘을 주는 시스템, 애드호크라시adhocracy: 능률성과 신축성을 추구해 기능별로 분화된 조직 모형으로, 관료제와 대응되는 개념, 루미오Loomio: 토론과 투표를 위한 플랫폼, 홀라크라시holacracy: 관리자 없는 조직체계 등 새로운 형태의 직접 민주주의와 의사결정 구조가 대두하고 있다.

현재의 통치구조는 변화되는 세상에 적응하지 못해 이제 붕괴될 시기에 이르렀다. 기술이 기하급수적으로 변화하는 세상에서 통치구조는 선형 속도로 변화되고 있다. 인류가 재난에 이르는 결말을 피하기 위해, 그리고 모든 글로벌 그랜드 챌린지들이 해결되는 평등한 세계를 만들어가기 위해 이러한 차이는 반드시 수정되어야 한다. 그 힌트가 될 블록체인, 비트네이션bitnation, 백피드backfeed 등의 신기술을 살펴보겠다.

사람들의 자발적인 행동에 의미를 부여하고 이를 의미 있는 공동 창조의 결과로 만드는 도구인 이들은 정부를 붕괴시키는 도구가 된다.

행정부의 모든 업무를 대신하는 블록체인

2009년 발행되어 큰 주목을 받았던 디지털 가상화폐 '비트코인'의 핵심기술인 '블록체인'은 지금은 비트코인보다 더 뜨거운 관심의 대상이다. 비트코인의 거래·저장 시스템으로 출발한 블록체인은 데이터가 모이는 곳이라면 어디든지 적용될 수 있기 때문이다. 120개가 넘는 블록체인 관련 스타트업에 10억 달러 이상이 투자되었으며 골드만삭스Goldman Sachs와 바클리스Barclays, 마이크로소프트, IBM 등 대형 금융기업과 IT information technology: 정보기술기업들도 이 기술에 눈독을 들이고 있다.

블록체인은 기존에 공인받은 제삼자만 검증·기록·보관할 수 있었던 금융회사의 중앙집중형 장부 서버를 네트워크 참여자 모두에게 분산하는 기술이다. 각 참여자는 모두 같은 내용의 장부를 갖게 되며 새로운 거래가 일어날 경우 모든 참여자의 장부에 똑같이 업데이트되고 승인받는 구조다. 이런 일련의 거래 정보를 10분 단위로 기록해 '블록'으로 만들어 모든 참여자에게 전송한다. 이 블록이 유효하다고 확인되면 기존의 블록과 '체인'으로 연결하는 것이다. 애초에 장부를 조작하려고 해도 이를 보관하고 있는 모든 참여자의 컴퓨터를 조작해야 하는데, 수시로 업데이트되는 특성상 이는 불가능한 일이기 때문에 안전성 측면에서 신뢰도가 매우 높다. 따라서 고객 데이터베이스 유지 보수와 보안에 따른 막대한 비용을 줄일 수 있어 글로벌 금융회사들이 이 기술에 관심이 높은 것이다.

한편 참여자 모두가 정보를 공평하게 제공받기 때문에 형평성 측면에서도 뛰어나며, 이런 점을 잘 활용하면 국가 관리와 계약, 법률, 심지어 국가의 기본 인프라가 될 수도 있다.

블록체인은 단순히 화폐만을 위한 것이 아니다. 완전히 새로운 국가 관리 구조를 만드는 핵심기술이 되어 나폴레옹 시대에서 출발한 '국민국가'라는 개념을 대체할 수 있다. 블록체인을 통해 세상을 바꿀 수 있다는 생각을 하는 사람들이 늘고 있다. 세상을 분산화된 정부로 리빌딩할 수 있기 때문이다.

블록체인은 정부가 하는 기능의 일부를 대체할 수 있다. 출생 및 사망 신고, 결혼, 공증, 토지 등기, 기업 등기와 같은 기능에도 적용할 수 있다. 블록체인으로 정부 기능을 분산하고 더 효율적으로, 더 공정하게 만들 수 있다.

정부의 결혼제도는 오늘날 가장 낡은 시스템 가운데 하나다. 결혼은 매우 개인적인 문제인데 정부에 의해 강제되고 있으며 국가마다 법률도 다르다. 결혼은 단순히 하나의 사례이지만, 결혼이 국가 안에서만 일어나지는 않는다. 국가 간 교류가 늘어날수록 국제결혼 역시 증가한다. 이때 어느 한 국가의 인정만 받으면 되는가? 만약 블록체인이 결혼을 인증해준다면 국가 권력의 힘을 통할 필요가 없다. 이런 개념이 확장되어서 인터넷 국민이 되면 전적으로 국민의 힘에 의존한 세계 국가를 만들 수 있을 것으로 예측된다.

블록체인을 '사랑의 징표' 즉 결혼으로 사용한 부부도 있다. IT 전문 매체 〈테크니컬리 브루클린Technically Brooklyn〉에 따르면 잭 르보Zach Lebeau와 킴 잭슨Kim Jackson 부부는 2015년 블록체인을 통해 결혼했다. 결혼을 일종의 계약관계로 인식하게 해 블록체인에 저장한 것이다. 그들은 모든 네트워크 참여자가 확인할 수 있는 불변의 기록인 블록체인이 영원한 사랑을 기록하기에 적합하다고 보았다. 블록체인 결혼이 미래에 국가 행정 시스템과 연동되면 법적 구속력도 생기며, 이혼 조건에 맞으면 자동으로 이혼이 성립하는 시스템이 된다.

정부의 행정 시스템에 블록체인 기술을 사용하는 국가도 이미 존재한다. 온두라스 정부는 부정부패와 탈세를 막기 위해 블록체인을 이용한 부동산등기 시스템을 시범 구축했다. 아일랜드와 잉글랜드 사이의 작은 섬나라인 맨 섬은 기업 등록 시스템에 블록체인 기술을 도입하는 방안을 테스트하고 있다.

블록체인 기반의
'스마트 계약' 의회 대체

미국의 총기사고는 해를 거듭할수록 점점 증가하고, 총기협회의 로비에 굴복한 의회가 총기단속법을 승인해주지 않자 오바마 정부는 다른 방법으로 총기 단속을 진행하기로 했다. 버락 오바마Barack Obama 미국 대통령이 새로운 총기규제 행정명령 내용을 2016년 1월 5일 공개했다. 총기 구매자의 신원조회 실시가 의무화되어 있는 '총기판매 종사자' 등록 범위를 확대했다. 이에 따라 총기판매 종사자는 판매 장소와 상관없이 일정 기준에 따라 등록 의무가 생긴다. 이는 인터넷상에 총기판매 웹사이트를 겨냥한 것이다.

미 사회에서는 이번 명령을 두고 격렬한 논쟁이 불붙었다. 정말 필요한 것은 의회가 관련법 자체를 바꾸는 것이지만, 이것이 불가능하자 의회를 우회하는 편법으로 총기거래 규제 행정명령을 사용한 것이다.

이는 이익집단의 로비로 의회가 제 역할을 못하게 되고, 특히 의회의원들의 이익에 의해 입법 활동을 제대로 하지 않는 경우가 빈번해지기 때문에 정부가 긴급한 상황에서 '의회를 우회하는 행정명령' 제도를 크게 활용하게 될 미래를 보여준다.

사실 의회나 국회가 국민을 제대로 대변하지 못한 것은 오래된 일이기 때문에 미래사회에는 이런 모든 기능을 국민이 직접 실행하게 된다. 이에 따라 국민의 힘이 더욱 커지는 미래가 온다. 그 미래의 실마리가 바로 '스마트 계약'이다.

스마트 계약은 블록체인을 통해 일정 조건을 만족시키면 거래가 자동으로 실행되도록 프로그래밍하는 것으로, 소유권 이전이나 상속·증여 등에 이미 사용되고 있다. 블록체인 기술을 활용해 중개수수료 부담을 크게 줄인 해외 송금 서비스, 블록체인을 기반으로 한 장외주식 거래 플랫폼인 나스닥 링크 등, 그동안 안전한 돈거래를 위해 중간관리자인 은행을 이용했다면 블록체인을 통해서는 은행 없이도 믿을 수 있는 거래가 가능해져 은행 수수료를 절감할 수 있다. 또 미래에 블록체인 기술은 정부가 하는 기능 일부를 맡음으로써 정부를 더 효율적으로 분산해서 더 공정하게 만들 수도 있을 것으로 기대되고 있다.

블록체인이 본격적으로 운용되어 모든 법률을 '스마트 계약' 관계로 분석, 저장하고 행정 시스템과 연동하면 공무원의 업무를 대신할 수 있다. 부동산 등기 시스템에서 디지털 신분증, 모든 임대나 법률 계약을 대체하는 스마트 계약은 앞으로 기상이변이나 천재지변 등으로 인한 행정적인 공백, 2015년 국회처럼 법률을 제때에 통과시켜주지 않아서 일어나는 각종 국정 운영 공백 상태를 없애준다. 즉 정부 없이도 블록체인이 국가를 운영하게 되는 것이다.

스마트 계약은 계약 조건을 자동으로 실행할 수 있는 컴퓨터 프로그램으로, 1994년에 닉 자보Nick Szabo라는 컴퓨터과학자가 비트코인의 기반으로써 암호해독 이론으로 만든 용어다. 그 기술의 핵심은 컴퓨터 프로그램을 실제 자산과 상호작용하게 하며, 미리 프로그래밍해놓은 조건에 맞으면 계약이 자동으로 이뤄지면서 해당되는 계약조항을 실행시켜주는 프로세스다.

스마트 계약은 암호화된 화폐 세계의 킬러앱killer app: 핵심기술이 사용된 경쟁력 있는 프로그램이나 컨텐츠, 상품이다. 스마트 계약이 지원하지 못하는 금융 시스템은 없기 때문에 모든 계약이 조건에 맞으면 자동으로 실현된다. 앞으로 은행은 수동으로 운영하던 모든 프로그램을 없애고 이 스마트 계약 시스템으로 대체할 것이다. 스마트 계약의 가능성은 지금의 간단한 은행업무나 법률자문 처리를 넘어 다양하게 발전할 것이다. 자동차나 주택 등 모든 것을 스마트 계약 시스템과 연결하면 손쉽게 보안 처리된다. 금융기술의 최첨단에 이 스마트 계약이 있다.

은행을 통해 주택 저당 계약을 하면 일반적으로 수십 년에 걸쳐 대출금을 갚는다. 그 결과 원금은 투자자에게 지불하며, 이자를 은행에 내면 이 돈은 은행에 투자에 사용하고 정부에 세금을 내고, 주택보험을 지불하며, 월별 결제비용을 처리한다. 스마트 계약 프로그램은 이런 과정을 전부 소멸시킨다. 아주 간단한 계산이지만 사람이 하려니 어려운 것을 스마트 계약이 관리해준다.

각종 법률의 적용을 알아보기 위해 우리는 변호사를 찾는다. 그런데 스마트 계약 법률 시스템이 진화하면 우리는 더 이상 변호사를 찾지 않게 될 것이다. 모든 것을 계약 시스템에 등록하면 법률이 자동으로 적용되고 개개인에게 통보된다. 그러나 스마트 계약이 모든 법적 시스템을 대체하지는 않을 것이다.

그렇더라도 미래에 변호사의 역할은 지금과 매우 달라진다. 개별 계약을 주선하고 관리하는 것이 아니라, 스마트 계약 템플릿을 생성하는 직종으로 전환된다. 계약이나 법률의 핵심이 무엇인지 파악해 다양한 맞춤형 법률 스마트 계약을 연구하는 것이다. 정말 좋은 계약서는 기업이 요금을 부과하며 사용하게 된다.

주민참여예산제도, 주민참여입법제도로 국민들이 원하는 예산과 법안을 '스마트 계약'이 지원하면 그 계약이 조건에 맞을 경우 자동으로 실행되어 의회나 의원이 필요 없어진다. 의회나 의원들의 세비로 수많은 주민참여예산 및 입법 담당 전문가 일자리를 창출할 수 있다.

한편 스마트 계약과 사물인터넷의 결합은 일상의 다양한 분야에도 큰 파급력을 가져온다. 블록체인 기술이 사물인터넷의 보안성과 효율성을 높여주고 스마트 계약을 통해 기기 사이의 의사소통 및 구동의 범위가 확대된다. IBM은 2016년 초 국제전자제품박람회Consumer Technology Show, CES에서 블록체인 기반 사물인터넷 기술인 '어댑트ADEPT'를 선보였다. 이 기술을 적용한 세탁기는 세제가 떨어지면 세제를 자동주문하고 결제한다. 일상생활에 블록체인이 자리 잡고 있다.

직접민주주의의 플랫폼
'비트네이션'

'비트네이션'은 스스로 참여하는 통치를 위한 공동 플랫폼이다. 비트네이션은 전통적인 정부가 제공하는 것과 동일한 서비스를 제공하지만, 지리적으로 자유롭고 분산화되어 있으며 자발적이다.

비트네이션은 '비트로 만든 국가'라는 뜻이다. 컴퓨터의 기억장치는 모든 신호를 이진수로 고쳐서 기억하는데, 여기서 사용하는 숫자 0, 1과 같이 신호를 나타내는 최소 단위를 비트라고 한다. 여기에는 모든 국민이 참여하는 국가, 최소 단위로 정보를 분산해 보존함으로써 신뢰를 높이는 국가라는 의미가 담겨 있다. 중앙 집중된 정보는 해킹하기 쉬운 반면 퍼즐로 나눠서 보관되는 정보는 해킹이 불가능한 만큼, 정보는 나누면 나눌수록 신뢰도가 높아진다. 부정부패로 연결되는 정보의 중앙 집중을 막기 위해 비트네이션을 만들자는 것이다. 비트네이션은 암호화되어 모든 사용자에게 분산화된 거래장부를 바탕으로 하는 블록체인 기술에 의해 뒷받침된다.

'비트네이션'은 실제로 난민들에게 임시 디지털신분증과 비트코인 기반 신용카드 등을 발급하고 있다. 행정적 공백상태에 놓인 난민을 위해 국제공증인 역할을 함으로써 난민이 가족이나 친지들에게 생존 여부를 알리고 생활비를 받을 수도 있다.

비트네이션의 특징은 무국경, 분산화, 자발성을 꼽을 수 있다.

1. 무국경: 비트네이션은 출신 지역이나 거주 지역 또는 어떤 나라의 여권을 가지고 있는지를 구분하지 않는다. 모든 사람은 평등하게 통치 서비스를 받을 권리가 있다.

2. 분산화: 비트네이션은 P2P peer to peer: 네트워크상에서 개인과 개인이 직접 연결되는 것 자율성을 보장하기 위해 암호화되어 전 세계 수백만 명의 사용자에게 분산화된 블록체인 위에서 운영된다.

3. 자발성: 비트네이션은 오픈소스 open source: 무상으로 공개된 소스코드 또는 소프트웨어 철학을 바탕으로 하며 사용자들이 자신만의 통치 기능을 개발할 수 있는 플랫폼을 제공한다. 비트네이션은 개인에게 권력을 주는 것뿐 아니라, 다양하고 여러 목적을 가진 아이디어들을 대변해준다. 이 독창적인 플랫폼은 같은 철학을 가지고 같은 미래를 보고자 하는 사람들이 중간조정자, 즉 현존하는 정부라는 도구 없이 서로 돕고 어우러져 살아갈 수 있게 해준다. 그들 모두가 통치 권한을 가진 국민이 되는 것이다.

호텔이 방 가격을 마음대로 정하던 시절이 있었다. 택시가 요금을 마음대로 매기고 식당들은 음식 가격을 마음대로 정하던 시절이 있었다. 은행들이 돈을 지배하고 개인은 여기에 아무 말도 못하던 시절이 있었다. 2015년 현재 에어비앤비AirBnB: 자신의 주거지 일부를 다른 사람에게 빌려주는 서비스와 카우치서핑Couchsurfing 같은 P2P 웹사이트를 통해 호텔을 검색하고 경험을 타인들과 나누며 서로 돕는다. 블라블라카BlaBlaCar와 같은 사이트에서는 카 셰어링car sharing: 차량을 예약하고 자신의 위치와 가까운 주차장에서 차를 빌린 후 반납하는 제도 방법을 제공하고 있어 엄지손가락을 움직이는 것만으로 돈과 시간을 절약해준다.

우리가 가진 스마트폰과 관련 기술들은 개인에게 은행의 힘을 부여하고 있다. 운영시간 제한도 없고 관료주의도 없고 개인의 선택에 의해 이익을 보는 제삼자도 없다. 앞으로 10년 후 우리는 어떻게 살지, 어디로 갈지, 어디에 돈을 쓰고 나눌지를 스스로 결정할 수 있는 P2P 세상에서 살게 된다. 중간자인 정부가 필요 없어질 수 있다.

비트네이션이 세계인에게 제공하는 서비스 중 결혼 서비스를 이용해 이미 수백 명이 결혼했고, 부동산 등기 서비스 이용도 활발하다. 수천만, 수억 명이 이용하게 되면 그야말로 거대한 온라인 가상국가로 커진다.

공유
협업경제

'공유경제sharing economy'란 2008년 미국 하버드 법대 로런스 레식Lawrence Lessig 교수에 의해 처음 사용된 말로, 한번 생산된 제품을 여럿이 공유해 쓰는 협업 소비를 기본으로 한 경제 방식을 말한다. 대량 생산과 대량 소비가 특징인 20세기 자본주의 경제에 대비해 생겨났으며, '나눠 쓰기'라는 뜻으로 자동차, 빈방, 책 등 활용도가 떨어지는 물건이나 부동산을 다른 사람들과 함께 공유함으로써 자원 활용을 극대화하는 경제 활동이다. 소유자 입장에서는 효율을 높이고, 구매자는 싼값에 이용할 수 있어 모두에게 이익이 돌아간다. 또 최근에는 경기침체와 환경오염의 대안을 모색하는 사회운동으로 확대되어 쓰이고 있다.

2011년 미국의 〈타임Time〉 지는 전 세계를 바꿀 10개의 아이디어로 '공유sharing'를 제시했다. 〈타임〉 지의 선정대로 공유경제는 혁신적 비즈니스의 해답이 되어주고 있다. 새로운 것을 창출해 이익을 얻기보다 기존에 있던 것을 활용해 수익을 창출하는 공유경제 기업들이 급부상하고 있다. '우버'와 '에어비앤비'가 공유경제의 성공적 모델이라는 사실은 이미 유명하며, 우리나라에서도 카셰어링 사업을 중심으로 공유경제 모델이 나오고 있다.

우버는 GM이나 현대자동차의 매출을 능가했고, 에어비앤비는 힐튼 호텔보다 커졌다. 한국의 대기업들도 이런 추세를 따라 공유경제를 바탕으로 한 새로운 사업 모델들을 연달아 선보일 것으로 전망된다. 카카오에서 카카오택시 서비스를 출시했으며, 롯데는 2015년 6월 카셰어링 업체 그린카의 모기업인 KT렌탈을 인수했다. 국내 카셰어링 1위 업체인 쏘카는 SK와 베인캐피털로부터 650억 원 규모의 투자를 이끌어냈다. SK의 경우 590억 원을 투자해 쏘카의 지분 20%를 획득했다. 지식과 정보, 자원을 공유하는 오픈 플랫폼을 구축하고 품질 좋은 중소기업 제품과 농산물 유통을 강화하는 가칭 '경기도 주식회사'도 있다.

소셜 혁신가인 레이첼 보츠먼Rachel Botsman은 세계 경제가 공유경제를 넘어 협업경제collaborative economy로 이동하고 있다고 말한다. 협업경제는 공유경제와 비슷한 개념으로, 협업소비 운동collaborative consumption movement에서 나온 말이다.

보츠먼은 옥스퍼드 대학교 사이드 비즈니스 스쿨 MBA과정으로 협업경제를 강의하고 있다. 그녀가 주장하는 이 이론은 그녀의 저서 《내 것이 네 것: 협업소비의 등장What's Mine Is Yours: The Rise of Collaborative ConsumptionSep》에서 말하듯이 '내 것이 네 것이 될 수 있고 네 것이 내 것이 되는' 즉 함께 많이 벌어 나누는 경제를 말한다. 이 협업경제는 기업이나 사회에 혁명적인 변화를 몰고 오며, 이 변화는 더 많은 기회를 만들어낸다. 더 많은 사람이 모여서 함께 나누는 경제, 함께 버는 경제 시스템으로 가면 더 적은 노력으로 더 많이 얻게 되며 더 많은 일자리가 창출되고 더 많이 만족하게 된다는 것이다.

협업경제는 협동조합과는 또 다른 형태로, 협동조합이 조합에 가입한 사람들에게만 이득을 가져다주는 경제라면 협업경제는 조합에 가입하지 않아도 협업소비로 이익을 더 넓게 골고루 나눌 수 있다는 주장이다.

더 공평한 공유경제를 만드는 플랫폼 백피드

모든 선진국의 중산층은 스트레스를 받고 있다. 〈포브스Forbes〉의 억만장자 목록에 기술 산업의 억만장자들이 채워지고 있는 가운데 불평등은 갈수록 커지고 있다. 수많은 프리랜서가 임시직을 거듭하며 힘들게 살 때 스타트업 기업가들은 성공적인 투자 회수나 회사 매각 '로또'를 꿈꾸고 있다. 이런 현대에 공정한 사회를 꿈꾸던 대학원생들이 만든 스타트업 기업 백피드가 거대한 혁명을 일으키려 하고 있다.

공유경제는 기술 관련 기업에서 뜨거운 유행어다. 우버, 태스크래빗TaskRabbit, 파이버Fiverr, 애플로즈Applause, 에어비앤비 같은 회사들이 여기에 해당한다. 하지만 가치를 생산하는 사람들의 몫은 작은 반면, 구매자와 판매자 사이의 상호작용을 조정해주는 회사들이 비정상적으로 부유해졌다. 힐러리 클린턴Hillary Clinton은 최근 유세 연설에서 '공유경제'를 비난하며 공유경제 회사들이 일자리 보호와 미래의 일자리 문제에 기여하는지 심각한 의문을 가지고 있다고 말했다. 경제학자 로버트 라이시Robert B. Reich도 "공유경제는 완곡한 표현이다. 더 정확한 단어는 '부스러기 공유' 경제다"라고 비판했다. 기술 이론가인 자론 러니어Jaron Lanier는 실리콘밸리가 종 모양의 정규분포 곡선이 아니라 힘의 법칙 또는 승자만이 독식하는 결과를 계획한다고 비판했다.

백피드의 공동 설립자인 메이튼 필드Matan Field, 프리마베라 드 필리피 Primavera De Filippi, 탤 서포스Tal Serphos는 디지털 경제에서 기여와 보상 사이에 부조화가 일어나고 있다고 결론을 내리고 이를 해결하기로 했다. 이론 물리학 박사학위를 가지고 있으며 끈 이론String theory의 전문가인 필드, 하버드 로스쿨의 연구원 드 필리피, 히브리 대학교에서 집단유전학 석사학위를 받고 금융권에서 일한 경험이 있는 서포스는 분산화를 지지하는 사람들의 커뮤니티를 함께 만들었고 분산화를 실천하기 위해 백피드를 설립했다.

필드는 현재의 비효율적인 경제를 만든 것은 온라인에 경제적 가치를 창출하는 사람들의 거대한 네트워크가 있는데, 이들이 기여한 만큼 보상받지 못하기 때문이라고 설명했다. 서포스는 페이스북, 구글 서치, 인스타그램Instagram과 같은 거대 인터넷 서비스 기업들이 처음에는 사람들에게 참여하면 보상을 받는 듯한 느낌을 주도록 만들어졌다고 설명한다. 그리고 약간의 보상이 있었던 것도 사실이다. 페이스북 사용자들은 '좋아요'와 친구들의 댓글로 보상을 받았다. 언론인은 구글에서 주목받는 것을 통해, 우버 운전자들은 남는 시간에 적당한 현금을 벌수 있는 것으로 보상을 받았다. 그러나 이 모든 경우에서 구글, 페이스북, 우버가 수십억 달러의 현실적인 보상을 거둔 반면 사용자들은 너무 작거나 무형의 보상을 받았다. 서포스의 말에 의하면 이러한 서비스의 사용자들은 거스름돈을 덜 받은 듯한 느낌을 갖기 시작했다.

"인터넷이 가진 문제는, 이론적으로는 P2P 경제가 이제 중재자 없이 이루어질 수 있지만 현실적으로는 이를 조정하는 것이 매우 힘들다는 것"이라고 지적한 드 필리피는 2009년 블록체인이 개발되기 전까지는 이것이 현실이었다고 말했다.

앞서 설명한 것처럼 블록체인은 사용자 모두에게 분산화된 공공의 장부다. 거래가 일어나면 각 참여자의 승인을 받아야 한다. 이때 블록체인에 저장된 거래기록이 맞는지 확인해 거래를 승인하는 역할을 맡은 사람을 '채굴자'라고 한다. 컴퓨팅 파워와 전기를 소모해야 하는 채굴자의 참여를 독려하기 위해 비트코인 시스템은 채굴자에게 비트코인을 지급하는 것으로 보상한다. 채굴자는 비트코인을 팔아 이익을 남길 수 있지만, 채굴자 간에 경쟁이 치열해지거나 비트코인 가격이 폭락하면 어려움에 처한다.

시스템의 가치를 만들어주는 사용자에게 직접적인 보상을 해주는 것이다. 이런 가치 분배 시스템을 백피드는 금융뿐 아니라 사회 전체에 응용하는 인터페이스를 개발하려고 한다.

예를 들어 백피드 플랫폼에서 잡지를 개발한다고 해보자. 먼저 수십 명의 기자들이 모여 기사를 쓸 것이다. 기자들은 각각의 기여에 대해 순위가 매겨지고 보상을 받는다. 비트코인과 같은 토큰을 받게 되는데 독자들은 기사를 읽기 위해 토큰을 구매해야 한다. 토큰을 구할 수 있는 유일한 방법은 기자들에게 사는 것이다. 이런 방식으로 현실적인 보상을 받는 구조다.

백피드는 분산화된 조직을 만들어 협력하는 모든 종류의 집단을 위한 플랫폼이 될 것이다. 분산화된 택시 서비스, 분산화된 소셜네트워크, 분산화된 보험회사, 심지어 분산화된 학교 시스템에도 적용할 수 있다.

당신의 자녀를 가르치는 유치원 교사가 훌륭하다고 하자. 그 교사가 맡고 있는 아이들의 부모가 모두 그녀를 1년 더 근무하게 하기 위해 보너스를 지급하고 싶어한다. 하지만 현재의 시스템에서는 관료주의에 의해 급여가 결정되기 때문에 그녀가 돈을 더 많이 벌 방법은 직장을 옮기거나 직업을 바꾸는 것밖에 없다. 하지만 서포스에 의하면 1만 명 정도의 구성원을 가진 지역사회는 백피드형 교육 시스템을 운영할 수 있다.

평범한 직장을 다니는 사람의 승진이나 연봉에 관련된 인사고과 역시 한 사람의 상사에 의해 결정되지 않고 커뮤니티에 의해 실시간으로 결정된다. 진정으로 열심히 하고 능력 있는 사람이 제대로 대우받는 것이다. 이런 시스템이 불평등을 감소시키지 못할 수도 있지만, 불공정은 확실히 감소시킬 것이다. 백피드 플랫폼은 현재 개발 중이며, 이 플랫폼이 개발되면 다양한 분야에서 응용될 것이다.

백피드의 비전은 이상향처럼 들린다. 플랫폼이 한창 만들어지는 중이라 어떻게 움직일지 아직 알 수 없다. 이상적인 계획을 가지고 제대로 가동된다고 하더라도 의도하지 않은 결과들이 수없이 나타나게 마련이다. 그러나 디지털 경제가 필연적 이데올로기인 시대이고, 로봇이 사람의 일자리를 빼앗아가며, 빈부 격차가 심화되는 미래에 백피드와 같은 플랫폼은 경쟁에서 뒤떨어지는 많은 사람에게 희망을 줄 것이다.

PART
2

파괴와 창조

STATE OF THE FUTURE

빌 할랄Bill Halal 조지워싱턴 대학교 교수가 운영하는 미래예측 사이트 테크캐스트 글로벌TechCast Global은 각종 첨단기술의 부상연도, 미국의 시장 규모, 전문가 신뢰도 등의 정보를 우리에게 전해준다.

최근 테크캐스트는 우버를 모델로 해서 기존 산업의 파괴 및 변화의 과정을 살펴보았다. 우버의 등장으로 인해 일반인이 서비스 등록을 하고 운전하면서 택시업의 기존 질서가 파괴되고 고객운송 서비스업이 재편되는 것이다. 신산업이 경제적 격변을 가져오며, 비즈니스 형태를 바꾸는 시발점이 되고 있다.

1. 디지털 경제는 어떻게 만들어지는가

우버, 에어비앤비에 의해 경제적 격변기가 다가오고 있다. 이들 서비스의 핵심은 바로 IT의 성장에 기반을 둔다. IT를 이용해 우버는 경쟁자들보다 탁월한 경쟁우위를 차지했다. 업무 프로세스의 일부를 자동화함으로써 신속하고 편리한 서비스를 지향했다. 우버의 경우 GPS global positioning system: 위성항법장치와 모바일 온라인 등의 기술을 접목했다.

우버의 성공은 기타 업계에서도 유사한 비즈니스 모델의 출현을 불러왔다. 승객과 빈 차를 바로 연결해주는 IT의 경쟁력은 이미 검증되었다. 따라서 이를 응용한 경쟁업체의 등장을 쉽게 예상할 수 있다. 이로 인해 경쟁은 더욱 거세질 것이다.

업계의 변환은 이제 막을 수 없는 현실이 되었다. 기존 업체들이 아무리 저항한다 한들 대세는 정해졌다. 결국 더 편리하고 값싼 서비스를 쫓아가는 것이 본능이기 때문이다.

- 마크 세브닝Mark Sevening, 노스럽 그루먼 코퍼레이션Northrop Grumman Corporation : 기술은 본질적으로 이익을 제공하지만, 동시에 어떤 장점을 없애버리기도 한다. 기술은 결국 사회를 바꾸고 혁신하고, 그 자리에 있는 사람들은 버리고 떠나가 버린다.

- 톰 애벌리스Tom Abeles 온 더 호라이즌On-The-Horizon : 우버나 에어비앤비는, 예를 들면 교통수단에서 목적지로 가는 차와 그들의 고객 사이에 있는 택시회사라는 우회로 없이 바로 연결해주는 틈새시장을 찾은 것이다. 이것은 보험설계사들의 이윤을 없앤 전자보험 열풍과 비슷하다.

• 루팜 시리바스타바Rupam Shrivastava, 이플래닛 캐피털ePlanet Capatal : 에어비앤비와 우버의 성공은 시장효율성을 찾는 움직임의 직접적인 결과다. 주식시장이 1950년대에 이런 시장효율성을 찾아 나서서 성공했고, 파생상품이 1990년대에, 그리고 도매시장을 없앤 이베이eBay와 아마존이 그러했다. 항공권은 익스피디아Expedia를 통해 중간이윤을 없애고, 부동산시장은 질로닷컴Zillow.com 등을 통해 중간이윤을 없애는 혁신을 2000년대 초중반에 이뤄냈다. 이제 우버가 교통시장의 중간자를 없애고 있으며, 주택 임대에서는 에어비앤비가 나섰다.

• 켄 해리스Ken Harris, 콘실리언스Consilience : 자동차 판매업계는 테슬라Tesla에 의해 파괴되고 있다. 전통적으로 자동차 딜러가 구매자와 제조업체 사이에서 중간이윤을 챙겼다. 그런데 테슬라는 자동차 구매자에 직접 공장 판매를 시도해 성공했다. 각 주의 법, 즉 자동차는 딜러로부터 구매하라는 법에 도전해 성공한 것이다. 그러나 이런 파괴현상은 아직은 거대한 반대와 도전에 직면해 있다. 우버 기사들은 아직 고용자 혜택을 받지 못하며, 자신들의 일상이나 스케줄을 조절할 수 없다. 콜이 들어오면 언제든지 나가서 택시를 몰아야 한다. 이렇게 무질서하게 운행되면 향후 큰 사고로 이어질 수도 있다. 재해가 일어나면 대안이 없는 상황이다. 그래서 이들도 조직을 만들고 있다. 한편 에어비앤비 역시 도전받고 있다. 에어비앤비로 집을 빌린 사람이 테러리스트 아지트로 삼을 경우에 어떻

게 찾아낼 수 있겠는가?

• 베른 휠라이트Verne Wheelright 퍼스널 퓨처스 네트워크Personal Futures
  Network : 우버는 무인자동차에 앞서 상용화된 사회 변화의 선두주
  자다. 기술이 다가오면 그 뒤에 그 기술이 필요로 하는 법이 만들
  어진다. 가까운 미래에 무인자동차의 인공지능이 우버의 기사를
  대체할 것이다. 무인자동차의 인공지능은 신뢰성 측면에서 인간보
  다 나으며, 온종일 이동해도 피로감이 없어 효율적이다. 따라서 한
  가정에 차가 한 대만 있어도 되는 미래가 올 것이며 더 익숙해지면
  자동차를 전혀 소유하지 않는 사회로 만들 것이다.

• 마르셀 불링가Marcel Bullinga, 미래학자 : 우버 비즈니스 모델이 무인
  자동차가 나오자마자 사라지지는 않을 것이다. 하지만 역할은 조
  금 바뀌어서 사람과 기계를 연결해주는 플랫폼이 될 것이다. 택시
  기사들은 우버로 중간자를 제거했기 때문에 더 많은 돈을 벌 수
  있게 되었다. 그리고 미래에는 '기사' 기능을 차 자체에 넘기고 기존
  우버 기사들은 차를 소유하고 임대하면서 생계를 이어갈 것이다.

• 로버트 핑클스타인Robert Finkelstein, 로보틱 테크놀로지Robotic Technology
  Inc : 우버 기사들이나 우버 비즈니스 모델은 일시적인 것이다. 2020
  년경에 무인자동차가 본격 등장하면 자동차 소유주는 자기 차를
  택시나 물건 배송 등에 빌려주는 비즈니스로 돈을 벌게 된다. 우버

는 그때가 되면 무인자동차 택시 관리 서비스를 제공하는 회사로 변할 수 있다. 아니면 소프트웨어 기업으로서 통신 서비스 제공자로 독립하거나 서비스 제공자로 남을 것이다.

• 올리비에 아담Olivier Adam, 5데카5Deka Inc. : 우버는 집카Zipcar 사용보다 더 진보된 애플리케이션이다. 집카의 비즈니스 모델인 카 셰어링은 다소 한계가 있는 것이 현실이다. 크게 저렴하지도 않고 차를 소유하는 것보다 약간 더 유연한 정도로, 이용자 대부분은 차를 가지고 있으면서 장거리를 이동할 경우 등에 카 셰어링을 이용한다. 그리고 차가 주차되어 있는 위치까지 특정 시간에 가야 한다. 그런데 스마트폰의 버튼을 누르면 자동차가 내가 있는 위치에 와서 나를 데리고 간다고 생각해보자. 우버가 훨씬 편리하며, 이 차가 무인자동차라면 더더욱 편리할 것이다. 모든 사람의 비용을 절감해주고 이동을 더 유연하게 해주며, 자기 차를 이용하는 것보다 더 편하다.

무인자동차가 나오면 대중교통이 소멸할 수도 있다. 대중교통 이용에 관한 인센티브가 없다면, 예를 들어 무인자동차보다 훨씬 저렴하지 않다면 무인자동차가 대중교통을 삼킬 수도 있다. 무인자동차가 표준이 될 때 개인이 자동차를 소유한다는 것은 의미가 거의 없다. 자동차 구매비용이나 보험료, 유지비에 청소까지 해야 하는 등 불편하기 그지없기 때문이다. 무인자동차가 나오기 전에 우버 서비스만으로도 자동차 판매는 2025년까지 절반으로 줄어들 수 있다. 그리고 무인자동차가 마침내 상용화되면 세차장 등 자동차 관리업종들도 소멸하고 자동차의 개인 소유가 소멸하면 자동차보험회사도 소멸할 것이다. 자동차는 특수층이나 부유층의 사치로만 남을 것이다.

2. 소멸하는 모든 비즈니스의 미래

자동차뿐만 아니라 많은 것들이 사라지고 있다. 종합 지식전달의 도구였던 백과사전도 사라지고 있으며, 앞으로 여행사, 신문사도 사라질 것이다. 영화관도 넷플릭스Netflix가 대신하게 된다. 그 다음으로 소멸하는 산업과 직업은 어떤 것이 있을까? 의료·의학·교육·법·경제 등의 변화는 장기적으로 어디를 향하고 있을까?

- 아나마리아 베리아Anamaria Beria, 메릴랜드 대학교 : 의료산업도 파괴가 일어날 것이다. 부상하고 있는 가상의료는 라이프스타일과 예방의학 사이의 연관관계를 연구하고 있으며, 정책과 보험 관점에서 큰 변화를 가져올 것이다. 건강 모니터링 애플리케이션과 기존 의료에서 만들어진 '빅 데이터'가 전염병이나 의료 관련 정보를 환자 스스로 찾아서 배우고 실천할 수 있는 환경을 만들고 있다. 미래에는 의사의 조언이나 진료가 필요 없는 세상이 온다. 온라인 진단과 처방을 제공하는 회사들이 이미 많이 등장했다. 그렇다고 하더라도 의사가 환자의 얼굴을 직접 보고 진료해야 하는 경우 역시 많다. 그런데 미래에는 이 역시 가상현실, 로봇 등이 진화해 대체함

으로써 종래의 의료산업을 붕괴시킬 것이 예상된다.

우리는 아직도 이런 엄청난 변화가 사회에 미치는 영향은 물론 사회 변화가 일어난다는 사실도 잘 이해하지 못하고 있다. 기술과 인식 사이의 괴리를 극복하기 위해 미래에 어떤 변화가 일어나고 이것이 인간에게 어떤 영향을 미치는지 사회과학적 연구가 다시 주목받을 것이다. 가령 병이 나서 아무 생각 없이 병원으로 갔는데 병원이 사라졌다. 그럴 때 고령인구는 어디로 가서 어떤 서비스를 받아야 하는가.

• 클렘 베졸드Clem Bezold, 대안미래연구소Institute for Alternative Futures : 건강 관리가 중요한 변화를 겪는다. 우선 병원이나 의사를 통하지 않게 되는데, 2025년에 1차 진료는 대부분 스스로 하게 된다. 센서 등을 통해 수집한 자기 증상을 집에서 컴퓨터를 통해 왓슨 헬스Watson Health에 물어본다. 디지털 헬스 코치, 늘어나는 개인 유전체 정보 등 가족 단위별 진료기록을 데이터화해서 이를 바탕으로 1차 진료를 스스로 해결하는 것이다. 또 발생 가능성이 큰 질병을 미리 예방하기 위해 식이조절을 하거나 시술을 하는 예방의학이 발달한다. 의료 외에도 법률 서비스 역시 빅 데이터의 활용으로 인공지능이 대신하게 된다. 인간의 일자리를 점차적으로 인공지능에 내주면서 실업률은 점차 높아질 것이다.

• 댄 애벌로Dan Abelow, 익스팬다이버스Expandiverse : 의료 자동화로 다

음과 같은 변화가 찾아올 것이다.

1. 환자 제로: 새로운 전염병 예방이 가능하다.

2. 응급의료의 시작점: 언제 어디서나 즉시 진단 가능한 센터가 생긴다.

3. 비상사태를 포함, 조직 간 디지털 의료가 조정 가능해지며 응급 조치가 효과적으로 이루어진다.

4. 예상치 못한 치명적인 전염성 질병, 생화학 테러 공격이 관리된다.

5. 저개발국을 포함한 모든 사람에게 디지털 의료 서비스를 제공한다.

6. 감염성 질환은 질병 발생지에서 치료한다.

7. 세계 의료 시스템 내부로부터 디지털 의료 시스템 변환이 시작된다.

8. 전 세계적으로 질병을 치료하기 위한 '전략적 비축'으로 약물을 보관한다.

• 채드윅 시그레이브스Chadwick Seagraves, 노스캐롤라이나 주립대학교
: 도서관 사서와 IT 전문가도 소멸할 수 있다. 기존의 도서관이 진화하고 모든 종류의 기술과 경쟁하기 위해 강제로 변하고 있다. 도서관은 사서가 책을 찾아주는 서비스 외에 부가 서비스 및 역할에 집중한다. 책을 보러 오는 사람이 거의 없고, 도서관에서 구하던 정보를 이제는 가정에서 쉽게 찾을 수 있기 때문에 도서관은 '신뢰할 수 있는 정보'를 찾아준다는 목표를 내세우며 사람들을 모으려고 한다. 도서관은 10년 이상 새로운 길을 찾고 있고 대규모 프로젝트도 개발하고 있다. 미래의 도서관은 주민들이 모이는 메이커 센터로 변할 것이다.

• 카를로스 셸Carlos Scheel, TEC 드 몬테레이TEC de Monterrey : 지구과학이 다음번으로 변하는 분야라고 본다. 지구는 무분별한 산업화의 결과로 토지, 물, 공기가 복구할 수 없을 정도로 오염되었다. 식수를 생산하기 위해 기존에 없던 신기술이 개발되어야 하며, 토양 복구, 깨끗한 공기, 식품 유통, 감염 사망에 대한 해결책을 찾는 노력이 가장 중요한 과제로 떠오를 것이다.

• 고빈다라즈 수브라마니Govindaraj Subramani, PA컨설팅그룹PA Consulting Group : 〈월스트리트저널Wall Street Journal〉의 최근 기사는 우버나 핸디Handy 같은 급부상하는 서비스업계 노동자들이 '우리는 로봇이 아니다'라고 불만을 토로한다고 실었다. 공유경제가 급격하게 다가오고 있지만 이에 대한 불만도 있다.

테크캐스트 팀은 집단지성 시스템을 통해 미래는 살펴보고 예측을 구체화한다. 시장의 효율성에 대한 연구 결과 어떤 기술이 경제 변화를 주도하는지 파악하는 것이다. 여기서 살펴본 우버는 자동차 개인 소유가 임대와 무인자동차 등의 시장으로 급변하는 미래를 보여준다. 의료, 도서관 그리고 환경 분야마저 새로운 산업이나 기술에 의해 급격하게 소멸하는 현상이 일어나고 있다. 첨단기술이 사회를 변화시키며, 이는 불가피한 변화다.

테크캐스트 글로벌은 새로운 기술과 사회 동향을 지속적으로 추적하고 분석하며, 빠르게 변화하는 환경의 데이터들이 지속적으로 업데이트하고 있다.

에너지 교통혁명
2025

State of the Future The Millennium Project

에너지 전문가 토니 세바는 자신의 저서 《에너지혁명 2030》에서 2030
년에 석유, 석탄, 가스, 핵 발전, 한국전력과 같은 대형 발전소, 바이
오연료, 수소자동차 및 수소에너지 등이 소멸한다고 예측했다. 그러나
그는 2015년 12월에 방한했을 때, 이 미래가 더 이른 2025년에 올 것
이라고 주장했다. 그는 2020년만 되어도 사람들이 전기차를 주로 타게
되며, 전기차를 가득 충전하면 5일간 가정에서 사용하는 전기를 대체
할 수 있으므로, 전기차가 '달리는 발전소' 역할을 하게 될 것이라고 이
야기했다. 배터리 세상이 오는 것이다.

토니 세바는 또한 전기차를 충전하는 비용이 무료가 될 것이라고 예
측했다. 태양광의 원가가 무료에 가깝기 때문에 전기차 제조기업이 자
동차를 판매할 때 5년간 무료 충전 옵션을 추가한다고 해도 1,500달러
정도의 비용밖에 들지 않는다. 이는 현재 휘발유 자동차를 판매하는

데 따르는 고객과 딜러의 인센티브인 3,000달러의 절반밖에 되지 않는 금액이다. 2025년이 되면 광고를 보는 대신 무료로 충전할 수 있는 자동차 충전소가 엄청나게 늘어날 것이다. 충전하는 동안 고객들이 광고를 보며 커피를 마시는 휴게공간이 충전소와 결합해 지금의 커피전문점처럼 인기를 끌 것이다.

이처럼 세상이 달라지게 하는 데는 교통 분야에서 네 가지 신기술이 활약할 것이다. 이는 'EESS'로 에너지 저장장치ESS, 전기차electric vehicle, EV, 무인자동차self driving car: 자율주행 자동차, 태양광solar을 말하며, 2020년에 S곡선을 치고 올라가 티핑포인트를 지나 에너지 교통 혁명을 불러올 것이다.

1. ESS가 바꾸는 세상

2016년이 되면 리튬이온배터리 가격이 급격히 하락할 것이다. 노트북의 배터리 가격이 15년간 매년 14% 하락했고 2010년 이후에는 매년 16% 하락 중이다. 배터리 산업은 3조 달러 이상의 투자가 이루어지고 있고 대부분은 전자제품 배터리, 전기차 배터리, ESS 배터리에 투자된다.

2015년 5월 테슬라가 가정용 배터리 파워월power wall을 3,000달러에 판매하기 시작하자 첫 주에만 3만, 8,000대의 주문이 밀려들었다. 테슬라의 일론 머스크는 1억 6,000개면 미국에 다른 발전소가 불필요하며 20억 개면 전 세계 태양광 마이크로 그리드micro grid: 기존의 광역적 전력 시스템으로부터 독립된 분산전원으로 신재생 에너지원과 ESS가 융·복합된 차세대 전력 체계로 에너지를 제공할 수 있다고 말한다. 테슬라는 100kWh의 ESS를 250달러에 제작한다는 목표를 갖고 있으며, 테슬라 배터리 공장 기가팩토리에 50억 달러를 투자해 6,500개 일자리를 만드는 한편 50GW 전기자동차 배터리를 50만 개 생산해 가격을 30% 내리겠다고 발표했다. 테슬라가 2020년에 35GWh, BYD가 34GWh, 폭스콘Foxcon과 LG화학이 22GWh, 그리고 닛산Nissan, 삼성SDI, 애플Apple, 보쉬Bosch, 폭스바겐Volks wagon 등이 대량 생산에 들어가면 2020년 ESS는 절반가로 하락하면서, 화석에너지 발전단가보다 낮아질 것이다.

미국은 지난 2010년 ESS 설치 의무화 법안을 제정하고 500W~1MWh 가정·중대형 ESS 설치 시 투자세액의 30%를 감면해주고 있다. 그뿐만 아니라 2014년에 캘리포니아 주 테하차피 풍력발전단지의 모솔리스 변전소에 북미 최대 규모의 32MWh급 ESS 구축을 완료해 현재 가동하고 있다. 독일의 경우 LG화학, 삼성SDI 등과 함께 자국 최대 규모 10.8MWh ESS 사업을 구축하고, 2020년까지 마이크로 그리드의 비율을 총 전력 생산량 대비 25%까지 확대할 것으로 발표했다. 한편 일본은 지난 2011년 이미 자가 발전량이 전체 발전량의 22.6%에 이르렀다.

한국은 대형 발전, 즉 원자력과 석탄 발전의 단가는 싸지만 태양광에는 없는 송전비용을 제하고도 유지·관리비용, 사회비용, 환경비용, 기후 변화비용을 고려해야 한다. 대형 발전소에서 전력을 보내기 위한 변전소 및 송전탑을 설치하고 유지하는 비용만 해도 지난 10년간 27조 원이 들었다. 태양광은 송전비용이 없이 지붕 위에서 생산해 지붕 밑에서 쓰는 편리한 에너지다.

2. EV가 바꾸는 세상

전기차가 일반화되면 석유 소비의 60% 이상을 차지하던 휘발유 자동차가 사라지면서 석유회사가 붕괴된다. 자동차를 구성하는 부품 가운데, 자동차의 시동이 켜 있는 동안 계속 움직이는 엔진이나 벨트 등에 사용되는 부품이 휘발유 자동차는 2,000여 개인 반면 전기자동차는 18개뿐이다. 움직이는 부품은 고장이 잦은 만큼, 움직이는 부품이 적은 전기자동차는 수리해야 할 일도 적다. 심지어 테슬라는 전기차 영구품질보증을 제공하고 있다. 배터리 기술의 발달로 보아 2017년이 되면 한 번 충전해서 320km를 갈 수 있는 전기차가 3,500달러에 판매될 것이다. 특히 이런 전기차들은 무료 충전 옵션이 붙기 때문에 일반 자동차와 비슷한 가격이라면 고객은 전기차를 선호할 것이다. 그때가 휘발유 자동차의 소멸이 시작되는 시점이다.

휘발유 자동차가 17~21%의 연료 효율성을 가지며 나머지 80%는 매연으로 공기를 오염시키는 반면, 전기차는 90~95% 연료 효율성을 가져 에너지 효율 측면에서도 뛰어나다. 현재 테슬라뿐만 아니라 GMgeneral Motors: 제너럴 모터스, 닛산 등의 기존 자동차 업체도, 아이폰을 생산하는 폭스콘 등 IT 관련 제조업체들도 뛰어들고 있다.

3. 무인자동차가 바꾸는 세상

미국의 네 개 주가 무인자동차의 운행을 승인했다. 구글의 무인자동차는 2만km를 달렸으며 마운틴뷰만 아니라 샌프란시스코, 심지어 미국에서 멕시코까지 운행을 마쳤다. 그 가운데 발생한 19건의 사고는 구글 무인자동차가 낸 것이 아니라 사람이 몰던 차가 구글 무인자동차와 접촉사고를 일으킨 것이 전부다.

2018년부터 무인자동차는 일상생활 속에 서서히 모습을 드러낼 것이다. 무인자동차 전방의 장애물을 감지하고 알려주는 360도 센서 라이다light detection and ranging, LiDAR: 레이저 반사광을 이용해 물체와의 거리를 측정하는 기술가 2012년에 처음 개발되었을 때 1억 5,000만 원에 달하던 것이 곧 스마트폰 크기로 줄어들고 가격도 수십만 원대까지 떨어질 것이다. 일반 자동차나 무인자동차나 거의 같은 가격대가 형성된다는 뜻이다.

테슬라는 2016년부터 자사 상품의 90%를 무인자동차로 구성하고, 닛산 르노도 2018년부터 무인자동차를 대량 생산할 계획이다. 한편 무인자동차가 시장에 널리 분포되면 카 셰어링 역시 유행하게 되어 미래에는 15명 가운데 1명만 차를 사는 꼴이 될 것이다.

자동차는 주택 다음으로 돈을 많이 투자하던 자산이지만 미래는 자동차를 소유하기보다 우버 이용하는 것이 효율적인 이동법으로 변하고 있다. 현재 전 세계 100만 명이 우버를 운전하며 1,000만 명이 우버를 탄다. 결국 전 세계의 80%는 자동차를 사지 않게 되며, 주차장 역시 80% 소멸하게 된다.

4. 태양광이 바꾸는 세상

태양광 발전의 생산가가 W당 100달러일 때도 있었다. 현재는 효율성이 높아져서 W당 60센트까지 떨어지고 있다. 태양광 발전의 가파른 가격 하락이 지속되어 태양광 시장은 2000~2014년에 132배나 증가 했다.

태양광 발전에너지 발전단가가 화석에너지 발전단가와 같아지는 시점을 태양광 그리드 패리티grid parity라고 하는데, 2016년 미국에서는 50개 주 가운데 47개 주가 그리드 패리티가 되며 2017년에는 국제시장의 80%가 그리드 패리티를 맞을 것이다.

태양광 발전은 자원이 아니라 기술이다. 태양광 발전기술은 기하급수적으로 발전한다. 태양광 발전장치는 2년마다 42%씩 증가하며, 전 세계의 에너지에서 태양광 발전이 차지하는 비율이 1%가 된 것을 기준으로 기하급수적으로 늘어난다. 2014년에 세계 에너지의 1%가 태양광 발전이 되었으며, 이후 2년마다 2배로 증가하면, 14년 후인 2030년에 거의 모든 에너지는 태양광 발전이 된다. 태양광 발전이 다른 모든 에너지를 삼키고 독주하게 되는 이유는 가격이 가장 저렴해지기 때문이다. 다른 모든 에너지는 송전비용이 있다. 하지만 태양광은 지붕 위에서 집으로 끌어오므로 송전비용이 없다. 또 태양광 에너지 생산비용은 2020년이 되면 에너지 송전비용보다 낮아진다. 그러므로 다른 에너지 생산가가 0이어도 송전비용 때문에 태양광 발전보다는 비쌀 수밖에 없다.

태양광은 곧 다가올 미래의 거대한 시장이다. 이 시장에 뒤처지지 않기 위해서 우리도 노력해야 한다. 이를 위해 드림메이커센터와 세계기후변화상황실, 신성솔라에너지, K-밸리재단과 썬빌리지 등이 참여해 솔라 메이커스 칼리지Solar Makers College를 설립했다. 이곳은 태양광 에너지 활성화 운동을 벌이고 태양광 에너지의 저변 확대를 위한 다양한 활동을 벌이고자 하는 토니 세바의 활동에 협력하는 기관이다. 토니 세바는 벤처를 설립해 전 세계에 솔라 칼리지를 세울 계획이라고 밝혔다. 극심한 지구 온난화와 해수면 상승을 막기 위해서는 민간의 의식 변화가 중요한데, 교육을 통해 이를 실현하고자 한다. 즉 자기 집 지붕에 태양광 패널을 설치하고 에너지 저장장치, 즉 전장고를 냉장고 옆에 두고 스스로 에너지 생산자를 만드는 것이다.

이곳에서는 학생은 물론 주부, 고령자 등 일반인에게 짧게는 이틀부터 3개월, 6개월간 다양한 태양광발전과 관련된 일자리 훈련을 시킬 계획이다. 창업 지원 및 무료 태양광 발전 강연도 제공한다.

오바마 대통령은 2016년 연두교서에서 미국의 최대 일자리 창출 분야가 바로 태양광산업이며, 2015년의 전체 경제보다 12배가량 더 빨리 성장한 부분도 태양광산업이라고 말했다. 태양광 에너지산업은 전년도에 비해 20% 이상 성장했으며 총 20만 9,000명을 고용했는데 특히 이 분야 일자리는 상당한 양의 훈련이나 교육 없이도 전국 평균보다 높은 임금을 받을 수 있고 유동성을 가진 일자리라고 강조했다. 솔라 칼리지의 필요성이 여기에 있다.

토니 세바는 한국 정부의 '기후변화 대응 에너지 신사업'에 최대 걸림돌이 사실상 녹색성장기본법이라고 보았다. 신재생에너지에서 소멸할 것들, 즉 쓰레기 소각 등 폐기물, 수소연료전지, 바이오, 지열, 파력, 조력 등 너무 다양한 것에 의무적으로 보급목표를 정했는데, 사실상 에너지시장은 2025년이면 태양광과 풍력이 거의 대부분을 차지할 것임을 간과하고 있다는 것이다. 그는 정부 정책이 미래예측에 맞게 태양광과 이를 보완하는 풍력으로 수렴되어야 한다고 조언했다.

피크 자동차 이후,
주문형 교통 시대 온다

자동차 판매 수가 최고점에 이른 뒤 감소하고 있다. 미국에서는 자동차 시장의 성장 속도를 나타내는 데이터가 이를 증명하기 시작했다. 경제가 '피크 자동차' 시대에 접어들어 자동차 소유, 총 마일, 연간 판매량의 증가에 전례 없는 감속으로 시장의 포화점을 나타내는 것이다.

자동차 시장은 수십 년 동안 엄청난 속도로 성장했다. 변화가 시작된 것은 2007년으로 경제 붕괴, 디지털 혁명, 도시 생활 등이 원인이다. 같은 기간에 집카, 우버, 리프트Lyft 등으로 운송 수단이 대체되기 시작했다. 이어서 세계의 모든 주요 도시에 자동차 네트워크가 생겨났고, 전기자동차 증가, 무인자동차, 출산율 감소, 혼잡한 고속도로의 증가 등이 있었다.

높은 출산율과 개발 인프라를 특징으로 하는 아프리카 대륙의 경우 '피크 자동차' 시대에 도달하려면 멀었지만, 운송 수단에 대한 오늘날 사고의 변화는 자동차산업 전반에 걸쳐 일어나고 있다.

차를 소유하는 것은 오늘날 비행기나 말을 소유하는 것처럼 취미 또는 부의 기준으로 여겨지는 미래가 10년 안에 온다. 개인이 차를 소유해 금융비용, 세금, 수리비용, 보험, 가스, 오일 교환, 청소 등 관리에 신경 쓰거나 속도, 소음, 오염, 신호 위반, 주차 등에 관한 1만 가지의 교통법규 준수에 대해 책임지는 것은 과거의 일이 된다. 자동차산업은 판매보다는 규제하는 방향으로 느리게 움직이기 시작했다.

오늘날 1억 4,400만 미국인들이 통근용으로 하루에 자동차를 평균 52분 주행한다. 자동차 운전에 소비되는 비생산적인 시간이 줄어든다면 하루에 남는 52분은 무엇을 할 수 있을까?

10년 후 외출하기 위해 무인자동차를 부르는 스마트폰을 상상해보자. 무인자동차는 2, 3분 안에 도착해 직장, 학교, 쇼핑몰 등 원하는 곳은 어디든지 데려다주게 된다. 주문형 교통은 우버나 리프트 같은 회사가 이미 시행하고 있으며, 운전자가 없다면 비용은 급격하게 낮아진다.

럭스 리서치Rux Rearch에 따르면 2030년까지 무인자동차 시장은 870억 달러 이상 성장한다. 기술이 완성되면 주문형 운송회사가 소비자의 수요를 충족시키기 위해 대부분의 대도시에 등장할 것이다.

거의 모든 사람이 차를 더는 소유하지 않기 때문에 스타일, 색상, 브랜드, 등급 등은 문제가 되지 않는다. 이 새로운 세계에서 패배자는 보험 및 금융회사, 판매 대리점이 된다. 동시에 교통경찰, 교통 법원의 변호사와 판사, 주차장, 자동차 폐기소, 택시 및 리무진 서비스는 현재 인간 중심의 자동차 세계와 함께 사라질 것이다.

세계는 앞으로 10년 전후로 피크 자동차 시대를 맞이할 것으로 보인다. 자동차산업은 과거와 비교했을 때 느리게 변화하고 있지만, 주문형 교통으로 빠르게 교체된다면 피크 자동차의 시기는 더 빨리 올 수도 있다.

교통 관련 정책은 수백만 명의 이용자인 개인보다 주문형 교통의 주역인 자동차 기업을 규제하게 되고 소음, 오염, 음주운전, 교통사고 및 사망 역시 사라질 것이다. 도시 계획은 무인 고속도로와 무인 대중교통이라는 특성에 맞춰 인프라를 생산하고, 대부분의 소비자는 더 중요한 일을 위해 사용할 수 있는 시간과 돈을 얻게 된다.

반면에 주문형 교통 시대에 찾아올 단점도 있다. 자동차 사고를 일으키는 해커, 무인자동차를 방해하는 노조, 실직자들의 저항, 테러용으로 사용되는 무인자동차 등이 이 시나리오에 존재하는 잠재적인 위협들이다. 주문형 교통이 앞으로 나아가는 길은 결코 순탄하지만은 않을 것이다.

5년 안에 인공지능이 스마트폰 대신한다

에릭슨 소비자연구소Ericsson Consumer Lab가 9개국, 5,000명 이상의 스마트폰 사용자들을 대상으로 한 조사 '10가지 핫 소비자 트렌드 2016'에서 인공지능 인터페이스가 5년 안에 스마트폰을 대체할 것이라고 발표했다.

스마트폰 사용자들은 인공지능이 인터넷 검색, 여행안내, 개인 비서와 같은 많은 일상 활동을 곧 지배할 것이라고 믿고 있다. 조사 결과 44%는 인공지능 시스템이 교사와 같은 유익한 존재가 될 것이며 3분의 1은 인공지능 인터페이스가 친구가 되어줄 것이라고 응답했다. 조사 대상자의 3분의 1은 민감한 문제에 관해 사람보다 인공지능 인터페이스가 더 믿음직하다고 대답했으며, 29%는 자신의 건강 상태에 관해 인공지능 시스템과 이야기할 때 더 편안함을 느꼈다고 응답했다.

많은 응답자는 스마트폰이 다음과 같은 세 가지 제한이 있다고 대답했다.

첫째, 비실용적이다. 손바닥 안에 하나의 스크린을 갖는 것은 운전이나 요리처럼 언제나 실용적인 해결책은 아니다. 스마트폰 사용자의 3분의 1은 7~8인치 스크린을 원하는데 이는 배터리 소모와 무게 문제를 일으킨다. 배터리 용량이 제한되어 있기 때문이다.

둘째, 착용할 수 없다. 스마트폰 사용자의 85%는 5년 안에 인공지능을 갖춘 웨어러블 전자기기들이 일상화되고 스크린을 터치할 필요성이 줄어들 것으로 생각한다. 그리고 사용자의 절반은 집안의 기기들과 직접 이야기할 수 있을 것이라고 믿고 있다.

셋째, 실제에 더 가까운 가상현실과 3D를 원한다. 스마트폰 사용자들은 시청자 주위를 가상으로 둘러싸고 상영되는 영화, 게임, 스포츠 관람을 위한 가상현실 헤드셋을 원한다. 그리고 절반이 넘는 사용자들은 5년 안에 홀로그래픽 스크린이 대세가 될 것으로 생각하고 있다. 절반이 넘는 스마트폰 사용자들은 온라인에서 옷을 입어볼 수 있는 3D 아바타를 원하며, 64%는 온라인 쇼핑을 할 때 제품의 실제 사이즈와 형태를 볼 수 있으면 좋겠다고 생각한다. 사용자의 절반은 쇼핑 절차를 건너뛰고 수저, 장난감, 가전제품의 부품 등 가정용품들을 직접 3D 프린팅하기를 원한다. 45%는 심지어 자신이 먹을 음식이나 영양소조차 프린트할 수 있기를 원한다.

에릭슨 소비자연구소의 '핫 소비자 트렌드10'

1. 라이프스타일 네트워크 효과 The lifestyle network effect

이용자의 80%는 현재 온라인 서비스의 확대로 얻어지는 혜택의 효과를 경험하고 있다. 세계적으로 소비자의 3분의 1은 이미 다양한 형태의 공유경제에 참여하고 있다.

2. 스트리밍 네이티브 Streaming natives

10대들은 다른 연령집단보다 유튜브 비디오를 더 많이 시청한다. 16~19세 연령대의 46%는 매일 1시간 이상 유튜브를 시청한다.

3. 인공지능이 스크린 시대의 종말을 불러온다 AI ends the screen age

인공지능은 스마트폰 스크린 없이도 물체와의 상호작용을 가능하게 만들 것이다. 스마트폰 사용자의 절반은 향후 5년 안에 스마트폰이 과거의 물건이 될 것이라고 생각한다.

4. 가상이 현실이 된다 Virtual gets real

소비자는 스포츠 관람, 화상전화 같은 일상 활동을 위한 가상현실 기술을 원한다. 심지어 45%는 자신들이 먹을 음식조차 인쇄할 수 있기를 바랐다.

5. 센서가 달린 주택 Sensing homes

스마트폰 사용자의 55%는 향후 5년 안에 건축자재인 벽돌에 형태 변화나 누출, 전기 문제를 감시할 수 있는 센서가 포함될 것이라고 믿는다. 스마트홈에 관한 콘셉트를 뿌리부터 다시 생각할 필요가 있다.

6. 스마트 통근자 Smart commuters

통근자들은 이동 중에 수동적 존재가 되는 것에서 벗어나 자신의 시간을 의미 있게 사용하기를 원한다. 86%는 이용 가능하다면 개인화된 통근 서비스를 이용할 것이라고 응답했다.

7. 긴급 채팅 Emergency chat

소셜네트워크는 긴급 서비스 이용에서도 선호하는 방식이 될 것이다. 60%의 사용자들이 재난정보 앱app:스마트폰 등에 다운받아 사용할 수 있는 응용프로그램으로, 애플리케이션을 줄인 말에 관심을 가졌다.

8. 체내 센서 Internables

우리 신체의 기능들을 측정할 수 있는 체내 센서들은 새로운 웨어러블 기기가 된다. 응답자의 80%는 시각, 기억, 청각과 같은 감각 인식과 인지능력을 확장해주는 기술을 사용할 것이라고 답했다.

9. 모든 것이 해킹당한다 Everything gets hacked

대부분의 스마트폰 사용자들은 해킹과 바이러스가 지속적인 문제가 될 것이라고 응답했다.

10. 네티즌 기자 Netizen journalists

소비자들은 정보를 어느 때보다 더 많이 공유하며 이러한 방식으로 사회에 더 많은 영향력을 행사할 수 있다고 믿고 있다. 3분의 1 이상이 부도덕한 기업을 온라인에서 경고하는 것이 경찰서에 가는 것보다 더 효과적이라고 믿고 있다.

전자화폐와 핀테크, 금융혁명

05

State of the Future The Millennium Project

비트코인으로 대표되는 대안화폐가 지난 몇 년 동안 금융권을 흔들었다. 비단 전자화폐만이 아니더라도 더 안전한 금융을 추구하는 사람들로 인해 씨티 그룹City Group, 골드만 삭스, 웰스 파고Wells Fargo 같은 금융기업도 미래에는 사라질 것이라는 예측이 있다. 그렇더라도 직접 쓴 입금 전표를 가지고 창구로 가는 고령인구 고객이 있는 동안 은행은 유지될 것이다.

은행은 다른 사람의 돈으로 투자하고 높은 투자 수익률을 유지하기 위해 자기 위치를 최대한 활용하는 콧대 높은 사업가일 뿐이었다. 은행 친화적인 기존 산업들에 의해 투자된 돈과 그들에 의해 만들어진 법률과 체제에 둘러싸여 은행의 마지막 날은 지금까지 연기되었다. 그러나 모든 산업은 결국 종말을 맞는다. 금융기업의 종말로 예상되는 시기는 2037년이다. 이것은 현실적인 시나리오인가? 그렇다면 우리가 주의해야 하는 중요한 요소는 무엇인가?

모든 서비스가 인터넷, 네트워크 속으로 스며들고 있지만, 금융산업이 갑자기 가상공간의 세계로 완전히 들어가지는 않을 것이다. 그 중 간단계라고 할 만한 것이 핀테크fintech다. 핀테크는 이름 그대로 '금융finance'과 '기술technology'이 결합한 서비스, 또는 그런 서비스를 하는 회사를 가리키는 말이다. 핀테크 분야는 은행업 및 금융 데이터 분석banking & data analytics, 지급결제payment, 자본시장 관련기술capital market tech, 자산관리finance management 등을 포함한다.

핀테크는 기존의 금융 질서를 파괴하며 창의와 혁신에 바탕을 둔 비즈니스 모델들을 쏟아내고 있다. 통화의 종류, 결제 시스템 같은 기존의 장벽을 허물고, 더 간편하고 보안 문제까지 해결한 기술들이 속속 등장하고 있다. 최근에는 결제나 송금 서비스뿐만 아니라 고객의 개인정보·신용도·금융사고 여부 등을 빅 데이터 분석으로 정확하게 파악해 개인 자산관리 서비스까지 하고 있다. 결제 시스템의 사례로 카카오페이, 삼성페이, 애플페이, 구글페이 등이 빠르게 성장하고 있다.

핀테크는 금융과 IT산업이 융합되어 만들어낸 새로운 산업이라고 할 수 있다. 원래 금융산업은 IT산업 다음으로 IT를 많이 도입하던 분야다. 핀테크라는 이름이 나오기 전부터 인터넷뱅킹과 모바일뱅킹이 활성화되었으며, 은행은 거래 대부분을 전산으로 처리한다. 실제로 현금화되어 움직이는 돈은 극히 일부이며, 그 외의 돈은 전산상의 숫자에 불과하다. 핀테크가 활성화되면 기존 화폐의 가치는 그대로겠지만, 실물 자체는 거의 사라질 것이다. 핀테크는 그 특성상 IT기업에서 활발하게 개발 중인데, 현재 세계적으로 8,000개 이상의 핀테크 벤처기업이 생겨났고 계속 성장하고 있다.

핀테크가 완전히 보편화되는 미래에는 모든 거래가 스마트폰 등의 전자기기로 이루어질 것이다. 즉 은행의 미래가 모바일이다. 비단 스마트폰이 아니라 액세서리에 내장되거나 웨어러블 컴퓨터에 이식될 수도 있다. 이것이 한 단계 더 발달하면 거래 수수료 없이 가상의 통화로 전 세계의 돈을 즉시 전송할 수 있다. 웨스턴 유니온Western Union은 현재 연 5,830억 달러의 송금사업을 지배하고 9%의 거래 수수료를 수집한다. 이 시장이 핀테크와 가상화폐로 전환되는 것이다. 또한 2020년까지 미국 P2P 대출사업의 30%를 처리할 것으로 예상된다. 기존 은행의 종말이 점점 가까이 다가오는 것이다.

사실 2007~2008년 서브프라임 모기지 사태로 인한 경기 침체 이후, 은행은 소비자 신뢰를 회복하지 못하고 있다. 비아콤Viacom 미디어가 2015년에 실시한 여론 조사에서 미국인이 사랑하는 은행 브랜드는 10개중 4개라고 밝혀졌으며, 전체의 71%가 은행이 하는 말을 듣기보다 치과에 갈 것이라고 말했다.

은행은 지금도 계속 지점을 줄여가고 있으며, 창구도 없애고 있다. 이는 사람들이 은행 업무를 위해 은행에 직접 오지 않고 인터넷뱅킹이나 모바일뱅킹을 하는 탓이다. 이보다 더 큰 이유는 새로운 금융기술 탓이다.

한편 은행이 핀테크라는 새로운 기술로 인해 소멸한다면, 증권사는 크라우드 펀딩으로 인해 사라질 위기를 맞는다.

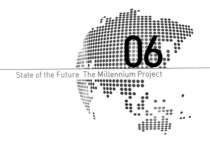

크라우드 펀딩이
주식시장 대체한다

반짝이는 아이디어를 가진 개인이나 스타트업 기업은 모두 성공을 위해 돈이 필요하다. 아이디어를 현실화하는 기술 혁신을 위해 현금의 흐름이 가능해야 한다. 이미 잘나가는 기업은 상장을 통해 현금을 주식시장에서 조달할 수 있다. 하지만 창업자들은 처음에는 상장하는 것도 불가능할뿐더러 신뢰도 없어 아무리 훌륭한 아이디어라도 투자자를 구하기가 쉽지 않다. 따라서 그들이 자금을 얻기 위해 미래에 필요한 것이 새롭고 강력한 메커니즘이다. 그 메커니즘이 바로 크라우드 펀딩이다.

2015년 4월 에릭 미기코브스키Eric Migicovsky의 스마트워치 페블Pebble이 크라우드 펀딩의 역사를 바꾸면서 펀딩을 마감했다. 페블은 7만 8,471명의 후원자로부터 2,033만 8,986달러를 모금해 페블 타임이라는 신제품 제작에 필요한 자금을 충분히 조달하면서 킥스타터 캠페인을 마감했다. 이로써 이전에 극적으로 1,300만 달러를 모금해 기록을 세운 라이언 그레퍼Ryan Grepper의 기록을 깼다.

페블 타임 스마트워치의 크라우드 펀딩 캠페인은 두 가지 이유에서 중요하다. 첫째, 크라우드 펀딩의 빠른 성장을 한눈에 보여준다. 2012년 크라우드 펀딩 플랫폼은 미 시장조사기관 매솔루션Massolution의 보고서에 따르면, 27억 달러를 모금하면서 1만 개 이상의 캠페인을 성공으로 이끌었다. 2015년 크라우드 펀딩 플랫폼은 그 규모가 50억 달러를 넘는다. 킥스타터에서만 16억 달러 이상을 모금하고 8만 개 프로젝트에 자금을 지원했다.

세계은행World Bank의 2013년 연구에 따르면, 크라우드 펀딩은 오늘날 글로벌 벤처캐피털 산업의 약 1.8배 크기로 성장했으며, 2025년에 글로벌 크라우드 펀딩 시장은 약 1,000억 달러에 육박할 것으로 보았다.

둘째, 대기업이 아닌 중소기업의 손에 힘을 실어준다. 중소기업이나 스타트업 기업은 과거처럼 글로벌 기업 애플이나 삼성에 투자받거나 그들과 경쟁하려고 하기보다는 페블 타임처럼 대담하게 자신들의 장점을 크라우드 펀딩에 어필해 자금을 지원받기로 결정한다. 이런 성공의 핵심은 소규모 기업이나 스타트업 기업이 수많은 팬들과 대규모 얼리 어댑터라는 10만 명 이상의 온라인 커뮤니티를 갖고 있기에 가능하다.

페블 타임 스마트워치보다 애플의 아이워치가 100배 이상 많이 팔리겠지만, 크라우드 펀딩 캠페인은 페블 타임에게 자신의 신제품을 발표할 기회를 주었으며 애플의 아이워치가 시장에 범람하기 전에 제품 판매를 미리 시작할 수 있게 해주었다.

페블 타임의 성공에는 미 증권거래위원회가 비공인 투자자들로 하여금 주식 기반의 크라우드 펀딩, 즉 지분 투자형 크라우드 펀딩에 참여할 수 있게 허용한 것도 크게 작용했다. 미 증권거래위원회는 기업이 비공인 투자자로부터 5,000만 달러까지 투자 지원 모금을 할 수 있도록 법을 바꾸었다. 지분 투자형 크라우드 펀딩이 합법적인 방법이 되면서 시장의 돌파구를 마련한 것이다. 페블 타임 같은 지분 투자형 크라우드 펀딩이 성공하면서 창업투자회사나 벤처캐피털 투자 자본 수십억 달러가 문을 열어놓은 기업들에 흘러갈 수 있게 되었다.

이 새로운 법의 발효로 일반인들이 증권거래소가 아닌 크라우드 펀딩에서 주식을 살 수 있게 되면서 새로운 시장을 창출할 것이다. 그 효과는 엄청나서 자칫 주식시장의 붕괴로 이어질 수도 있다.

강력한 커뮤니티나 팬을 보유하고 있는 기업이라면 이제는 주식시장에서 자금을 끌어올 필요가 없다. 신규 사업에 투자할 때 돈이 필요하면 추종자들, 즉 직접투자자들이나 기존에 자사 제품을 사용하는 애호가들에게 주식을 팔 수 있다.

이런 시스템은 전 세계적으로 새로운 사업을 시작하는 기업가들에게 비교적 쉽게 사업 자금을 충당할 수 있도록 힘을 실어주고, 현재 지구촌의 심각한 문제 중 하나인 일자리 창출 문제를 해결할 수도 있다.

인접 산업을 융합해가는 첨단기술 기업

기존에 탄탄한 산업들을 파괴한 가장 좋은 예는 스마트폰 기술 혁명이다. 오늘날 스마트폰은 수많은 기술을 합한 어떤 기기보다 더 많은 기능을 가지고 있다. 카메라, 음악 및 동영상 플레이어, 달력, 전화기, 문자 서비스, 웹브라우저, 비서, 게임 플랫폼, 그 밖에 수만 가지의 앱을 가지고 있다. 스마트폰에 새로운 기능이 추가될 때마다 인접 산업은 위험에 빠지게 된다. 싱귤래리티 대학교의 피터 디아만디스Peter Diamandis 학장이 '인접 산업 파괴자'가 미래에 더욱 증가할 것이라고 이야기한다.

1. 페이스북이 문자메시지를 붕괴시킨다.

페이스북은 2015년 3월 메신저Messenger를 출범시키면서 모바일 플랫폼으로 적극 활용하기로 했다. 전 세계 7억 명의 적극적 이용자를 가진 페이스북의 메신저 서비스에 따라 2017년 텔코 SMSTelco SMS의 북미

사업 수익이 38% 감소할 것으로 예상된다.

2. 테슬라는 에너지 저장산업을 붕괴시킨다.

전기자동차회사인 테슬라가 파워월과 파워팩을 통해 에너지 저장 산업을 붕괴시킬 것이다. 테슬라는 자동차를 위해 개발된 배터리 기술을 주택과 기업에 도입하는 방법으로 새로운 190조 달러의 시장에 뛰어들었다.

3. 구글은 휴대전화 산업을 붕괴시킨다.

구글은 인터넷 검색업체로 시작했다. 그러나 2008년 휴대전화 하드웨어 사업에 뛰어든 이래 안드로이드를 통해 모바일 OS operating system: 운영체계를 붕괴시키기 시작했다. 안드로이드는 현재 82.8%의 시장점유율을 나타내고 있다.

4. 아마존은 종이책 산업을 붕괴시킨다.

아마존은 종이로 만든 책을 판매하는 회사로 출발했지만 이제 전자책으로 옮겨가고 있다. 2010년 이후 킨들은 전 세계 전자책 리더기의 62.8%를 차지하고 있다. 아마존은 매년 16.2억 달러의 디지털 전자책을 판매해 시장을 선도하고 있다.

5. 넷플릭스는 컨텐츠 창조 시장을 붕괴시킨다.

넷플릭스는 DVD 우편발송 시장을 웹상의 비디오 스트리밍으로 전환시키며 41억 달러 규모의 회사로 성장했다. 이제 넷플릭스는 넷플릭스 오리지널스Netflix Originals를 통해 오리지널 컨텐츠 제작기업을 붕괴시키려하고 있다.

6. 우버는 배달산업을 붕괴시킨다.

우버는 우버이츠UberEats를 통해 식품배달 시장을 붕괴시키고 있다. 2015년 식품 배달시장은 연간 700억 달러에 이르지만 그중 90억 달러만이 온라인에서 이루어진다. 뉴욕에서만 1만 4,000명의 운전자가 그룹허브GrubHub: 식당 음식을 배달하는 회사의 몫을 위협하고 있다.

7. 링크드인은 리크루팅 산업을 붕괴시킨다.

링크드인Linkedin은 2011년 탤런트 파이프라인 Talent Pipeline: 현재에는 리크루터로 알려져 있음을 설립해 연간 260억 달러에 이르는 리크루팅 시장을 붕괴시키고 있다.

8. 레드불은 출판산업을 붕괴시킨다.

500억 캔의 판매량을 가진 에너지드링크 회사 레드불Redbull이 레드불 미디어하우스를 설립해 스포츠, 문화, 라이프스타일에 관한 컨텐츠를 생산하고 있다. 이 회사는 이미 세계의 선도적인 미디어 회사의 하나가 되었다.

9. 후지필름은 화장품 산업을 붕괴시킨다

카메라 회사인 후지필름의 핵심산업에는 20만 종의 화학물질이 사용된다. 그중 4,000종의 항산화제는 화장품 용도로 사용될 수 있다. 아스타리프트Astalift라는 브랜드가 지난 5년 동안 시장에 참여하고 있다.

10. 애플은 음악 플레이어 시장을 붕괴시킨다.

애플은 인접 산업 파괴자로 악명이 높다. 2001년 아이튠즈를 내놓은 이후 애플은 시장에 우수한 MP3플레이어가 없다는 것을 알게 되었다. 그래서 애플은 아이팟을 만들어 6억 개 이상 판매했다. 애플은 자신들의 고유 기술을 또 하나의 인접 산업 시장에 이식시켜 아이폰을 만들어냈다.

11. 페이스북, 구글, 스페이스X, 버진과 퀄컴은 통신시장을 붕괴시킨다.

많은 기업이 전 세계 모든 사람에게 초당 1메가바이트의 통신환경을 제공하기 위해 노력하면서 잠재적으로 전 세계 통신 인프라를 붕괴시키고 있다. 스페이스X 단독으로도 4,000개가 넘는 위성을 통해 이같은 목표를 달성할 수 있을 것으로 보인다. 구글은 수천 개의 기구를, 버진Virgin과 퀄컴Qualcomm은 원웹 글로벌 통신망을 만들기 위해 648개의 위성을 띄울 것이다.

12. 구글과 애플, 우버와 테슬라는 자동차산업과 디트로이트를 붕괴시킨다.

실리콘밸리의 기술기업 네 곳은 우리가 타고 다니는 자동차산업을 붕괴시키기 위해 수십억 달러를 투자하고 있다.

13. 트위터, 페이스북, 인스타그램, 유튜브가 언론산업을 붕괴시킨다.

개인이 언론사의 소유주라고 해도 과언이 아닌 시대다. 개인이 트위터, 페이스북, 인스타그램, 유튜브의 계정에 사건사고는 물론 신문과 방송에 올라올 만한 컨텐츠를 올린다. 트랜스미디어 시대에는 기성 언론인의 전문성이 붕괴되며, 누구라도 방송을 하고 뉴스를 전한다. 동시에 제품 및 서비스의 홍보와 마케팅은 뉴스와 혼합되며, 문자의 시대가 가고 이미지 동영상의 시대가 온다.

또 하나의 변화는 지식과 경험을 판매하는 시대가 온 것이다. 지금까지는 자신의 경험과 지식을 무료로 유튜브 등에 올렸다. 그런데 윈벤션Winvention에서는 자신의 컨텐츠에 스스로 가격을 매겨 돈을 벌 수 있다. 자신의 컨텐츠를 한꺼번에 모든 미디어에 한 번의 클릭으로 올릴 수 있는 윈벤션닷컴이 트랜스미디어 시대를 본격적으로 연다.

스티븐 코틀러Steven Kotler와 피터 디아만디스는 최근 급부상하는 산업으로 네트워크와 센서, 무한 컴퓨팅infinite computing, 인공지능, 로봇공학, 합성생물학, 3D 프린팅 등을 들었다. 그들은 이 기술들이 기존의 기술을 파괴하고 세상을 바꿀 것이라고 말했다.

이 기술들은 거대 기업들이 수억 달러를 투자해 개발하고 있는 탓에 스타트업 기업이나 개인이 이를 활용해 사업화하기는 힘들었다. 그런데 이제 변화가 시작되고 있다. 이런 기술의 비용이 감소하고, 사용자에게 우호적인 인터페이스의 개발이 시작된 것이다. 다른 플랫폼에서도 이용할 수 있게 되어감에 따라 마침내 대중화되려는 조짐이 보인다. 이제 막 가트너Gartner의 하이퍼 사이클hypher cycle의 정점으로 치닫고 있는 상황에서 작은 기업들에게는 큰 기회로 다가오고 있다.

이런 신기술의 활용을 위해서는 가트너의 곡선을 이해해야 하는데,

그 전에 가트너의 하이퍼 사이클이 강력한 편견을 갖게 하기도 한다는 점을 먼저 염두에 두자.

가트너 하이퍼 사이클은 가트너 리서치에 의해 만들어진 사이클로, 새로운 기술이 시장에 나오는 과정과 그 기술이 돌파, 이동하는 전형적인 패턴을 설명해준다. 새로운 기술 도입이 시작되면 추진력을 얻고, 그 기술은 점차 큰 관심을 받으면서 기대치의 정점을 향한다. 정점을 찍은 뒤에는 급속한 실망과 환상이 깨지는 상황을 맞는다. 그러고는 서서히 실제 제품들이 나오면서 마지막에는 생산의 정점을 맞는다.

다시 말해 기술이 처음 나오면 단기적으로 무한한 가능성에 대해 모두가 과도한 기대를 하며, 기술은 초기 과대광고로 이용자들의 기대감이 정점을 찍는다. 다음 단계가 기술은 등장했지만 이를 활용한 제품이 나오는 데는 어려운 점이 많아 '환멸의 추락'을 맞고, 기대치는 최저점을 찍는다. 이 지점에서 많은 기술이 소멸하는데, 여기에는 제품이 성공적으로 생산되는 경우도 포함되어 있다. 과대광고에 대한 실망으로 제품이 나와도 부정적인 평가가 지속되어 신제품을 죽이는 것이다. 하지만 이런 과도기를 뚫고 살아남은 제품은 대량 생산에 들어가고 대규모 변화를 가져오는 세상을 바꾸는 기술이 된다.

개인용 컴퓨터personal computer, PC를 예로 들어보자. 최초로 PC라는 말을 사용한 사람은 스튜어트 브랜드Stewart Brand다. 그가 PC라는 아이디어를 가장 먼저 공개한 것은 1960년대 후반으로, 그는 PC가 '세상을 변화시킬 것'이라고 상당히 기대했다. 하지만 세상을 바꿀 이 엄청난 기계, 즉 PC가 마침내 세상에 나왔을 때는 한동안 사람들의 외면을 받으면서 천덕꾸러기가 되었다. 사람들은 PC를 게임용으로만 사용했다. 테이블 게임기였다. 이것은 최고의 환멸, 기만의 단계였다. 기존의 어떤 기기의 대용품도 아닌 완전히 새로운 기기인 PC를 가지고 어떤 사업을 할 수 있다고 생각할 수 있었겠는가? 많은 사람이 상상력이 부족했다. 지금의 무궁무진한 기회를 아무도 눈치채지 못했다.

기술이 환멸의 추락을 끝내자 PC의 사이클은 다시 상승하기 시작하면서 '깨달음'을 느낀 기업들로 인해 사이클의 곡선이 올라가고 있었다. 이 단계에서는 주로 전문가들이 사용해 모범 사례best practice를 만들고, 공급업체가 확산하면서 2차 투자가 시작되었다.

PC의 사례에 대입해볼 때, 우리가 신기술에 투자해야 하는 것은 어느 시기일까? 너무 늦지도 너무 빠르지도 않으며 기술이 눈부시게 발전한 상황으로, 2차 투자가 시작되는 시점이다. 가장 중요한 힌트는 기업가들이 기술 개발을 쉽게 이해하고 상호작용, 즉 간단한 고급 사용자들의 인터페이스나 게이트웨이gateway: 컴퓨터 등의 통신을 위한 장치 같은 기술의 개발이 시작될 때다. 인터넷의 인터페이스 변환이 바로 이 시점에서 일어난 것이다.

사실 인터넷은 좌절 때문에 태어났다. 1960년대 초 연구원들이 지역이 멀어서 상호 자료 교환이나 연결이 불가능해 좌절하고 있을 때 인터넷이 개발되었다. 당시 지구촌에 있는 컴퓨팅 센터는 몇 되지 않았다. 지금처럼 매사추세츠 공과대학Massachusetts Institute of Technology, MIT도 캘리포니아 공과대학도 없었다.

그러던 1963년 J.C.R. 리클라이더J.C.R. Licklider라는 이름의 컴퓨터공학자가 '은하계 컴퓨터 네트워크'라는 네트워크를 만들자고 동료에게 제안했다. 전통적인 회로 스위치 기술을 대체하는 이 기술은 패킷 스위칭이란 신기술로 이어졌다. 이는 연구원들의 전화 라인을 컴퓨터센터로 연결해주는 것이었다. 당시 그들은 각 지역에서 개발한 정보를 하나로 연결하거나 서로 자료를 교환하는 일이 절실히 필요했었다. 이것이 바로 고등연구기관네트워크 프로젝트The Advanced Research Projects Agency Network, ARPANET: 아르파넷로 오늘날의 인터넷이다. 아르파넷은 마침내 1975년에 작동에 들어갔다. 주로 텍스트 기반의 자료만 이동 가능하던 이 복잡한 네트워크는 주로 과학자들에 의해서만 사용되었다. 그러다가 1993년 어바나샴페인 일리노이 대학교의 22세 대학생 마크 안드레센Marc Andreessen이 공동제작한 '모자이크Mosaic'가 등장했다. 이것이 최초의 웹 브라우저이자 인터넷 최초의 사용자 친화적인 인터페이스였다. 모자이크는 많은 사람이 급속하게 인터넷을 이용하게 만들었다.

유닉스Unix가 윈도Window로 대체되고, 1993년 초에 26개에 불과하던 웹 사이트가 전 세계적으로 1만 개로 퍼진 것은 1995년 8월이었다. 이것이 사용자 인터페이스의 강력한 힘이다. 투자의 시기가 여기다. 사람들이 사용자 친화적인 인터페이스를 만들기 시작하는 그 순간이다.

애플이 앱스토어를 만들고 난 뒤 우후죽순처럼 나온 애플리케이션의 폭발을 보면 알 수 있다. 이때가 애플리케이션에 투자하는 적기였다. 기업가들이 인터페이스를 지속적으로 개선시키면 새로운 스타트업 기업들이 속속 등장한다. 이때 인터페이스 기술 혁신이 일어나고 긍정적인 피드백이 나오며, 하룻밤 자고 나면 더 좋은 기술이 나오면서 끔찍한 경쟁이 시작된다.

흥미로운 것은 이때 강력하고 효율적인 인터페이스를 만드는 개발자들이 기하급수적인 기술 개발을 시작하는데, 지금이 바로 그런 상황이다. 그 대상 기술들이 앞서 언급한 네트워크와 센서, 인공지능, 로봇, 합성생물학, 3D 프린터 등이다.

2025년의 온라인교육, 머신 러닝이 대세

인터넷 등 네트워크의 비용은 미래에 더 저렴해지고 기기는 더욱 다양해지며 속도는 더욱 빨라질 것이다. 기술혁명이 지속되고 가속하기 때문에 이러한 추측은 그다지 어려운 일이 아니다. 어디서든 연결되는 네트워크를 바탕으로 쿠날 촐라Kunal Chawla와 벤 자페Ben Jaffe가 2025년의 온라인 교육의 변화를 예측했다.

1. 넘쳐나는 컨텐츠

교육 컨텐츠의 제작이나 출판의 진입 장벽이 극단적으로 낮아지며 엄청난 양의 컨텐츠가 제작, 출판될 것이다. 하지만 이들 대부분은 그저 그런 품질로, 오히려 사용자들이 만든 동영상, 기사, 블로그 포스트들이 더 훌륭한 컨텐츠로 인정받으며 '유행 선도자'가 등장할 것이다.

컨텐츠 제작의 폭발적 증가는 수많은 컨텐츠가 전부 검색되거나 발견되지 않는다는 의미이기도 하다. 예를 들어 유튜브에서 '곱셈하는 법'을 검색하면 30만 개가 넘는 결과가 나온다. 대부분의 컨텐츠는 품질에 관계없이 노출되므로, 수많은 컨텐츠에서 양질의 컨텐츠를 찾아내는 기술이 필요할 것이다.

2. 상호작용의 밀착성

온라인 학습자는 코치나 실시간 강사와 더 실제적으로 연결된다. 인스타에듀InstaEdu나 유다시티Uudacity와 같은 교육기업은 연결성의 미래에 투자하고 있다. 앞으로는 브라질의 학교의 어린 학생들은 은퇴한 장년 미국인에게 영어를 배우게 된다. 지금은 존재하지 않지만 구글의 헬프아웃은 전문가와 학생들을 온라인에서 만나게 해주었다. 이러한 방식은 성공적인 미래형 교육 행태다.

또 다른 회사들은 코치나 강사가 아닌 자동화된 솔루션에 의한 교육 경험을 구축하는 데 전력을 다할 것이다. 이 방식은 좀 더 확장성이 있다. 다만 강사를 구할 능력이 되는 사람들은 이 방식을 선택하지 않을 것이다. 온라인 교육이 보편화될수록 학습자는 그 가운데서도 더욱 개인화된 프로그램을 찾게 될 것이다. 강의를 직접 듣는 것은 지금도 충분히 비싸고 앞으로는 가격이 더 오를 것이다. 하지만 높은 가격에도 수요는 증가할 것이다. 인간 사이에 상호작용이 일어나는 이런 학습은 신분의 상징이 되고 일부 계층만이 그 비용을 감당할 수 있을 것이다.

3. 시험의 변화

교육현장에서의 시험과 평가는 선다형, 즉 답을 선택하는 평가방법에서 프로젝트와 포트폴리오 기반 표현 방식이나 시험으로 전환된다. 미국의 K-12 과정(유치원-고등학교) 학사 일정에는 표준화된 시험이 도입될 것이다. 2002년에 모든 주에서 연례 시험을 치를 것을 규정한 낙오학생 방지법No Child Left Behind Act이 제정된 이래 이러한 시험의 용도가 커지게 되었다.

하지만 시험들은 갈수록 중요성을 잃는다. 미국의 기업들은 구글과 같은 기술 선도 기업을 따라 입사지원을 받을 때 성적증명서나 GPAGrade Point Average: 미국 학교의 학점에 해당하는 성적 평점를 묻지 않는다. 이미 적어도 180개 정도의 우수한 미국의 대학들이 입학 사정에서 SATScholastic Aptitude Test: 미국의 대학입학 자격시험 성적을 요구하지 않으며 이 숫자는 점점 더 늘어나고 있다.

그래서 시험은 앞으로 프로젝트 기반, 또는 제약이 없는 과업이나 성과 평가 시스템으로 전환되고 학생들의 학습 수요와 직업 시장의 수요에 맞출 수 있는 방향으로 바뀐다. 오늘날 우리가 직면한 한계의 하나는 평가의 한계다. 그러나 기계적 학습반복해서 익히는 학습법이 줄어들면 그 한계도 사라질 것이다.

4. 머신 러닝의 상호작용

머신 러닝machine learning이 미래 학습의 개인 동반자가 되어줄 것이다. 머신 러닝은 시간이 지나면서 데이터를 분석해 배운 것을 이해하는 시스템이다. 예를 들면 페이스북의 오토 태그, 라디오에서 나오는 노래를 스마트폰이 식별해내는 것, 시리가 사용자의 말을 인식하는 것 등을 들 수 있다.

현재 대부분의 머신 러닝 시스템은 인간의 상호작용을 모방하지 못한다. 그러나 우리는 발을 겨우 담그기 시작했고 10년 이내에 인간의 상호작용을 모방한 머신 러닝을 사용하게 된다.

자동화된 시스템이 이미 학생 개개인의 요구에 맞춘 피드백을 제공하기 시작했다. 이 시스템은 시간이 지나면서 더 향상되고, 사회적 지위와는 관계없이 모든 학생이 이용하게 된다.

5. 사회 정서적 학습

언제 일어나게 될지 확신하지 못하지만, 사회 정서적 학습social-emotional learning의 필요성은 더욱 늘어나고 그에 따라 더욱 확대될 것이다. 이를 통해 학생들에게 동정심, 타인에 대한 공감과 비폭력적으로 갈등을 해결하는 방법 등을 가르칠 수 있다.

스크린 상영이 아닌 완전히 새로운 방식의 영화

State of the Future The Millennium Project

미국 최초의 상업 영화관이 1905년에 문을 연 이래 영화는 사운드, 색상, 컴퓨터그래픽, 화질 등 많은 부분에서 획기적으로 발전해왔다. 그러나 하나의 사실만은 바뀌지 않았다. 우리가 좋아하는 영화를 큰 스크린으로 보기 위해서는 영화관에 가야 한다는 점이다.

하지만 이것이 얼마나 오래갈 것인가? 20세기폭스 스튜디오와 싱귤래리티 대학교에서 주최한 최근 프로그램에서 이 질문이 관중석에 떠돌고 있었다. 과연 영화관은 사라지는 중인가?

가까운 영화관에 가서 2시간 동안 영화를 보는 일은 아주 오래된 경험이다. 이제 장편 영화들은 다수의 미디어 플랫폼에서 상영되고 개봉 후에도 영화를 볼 수 있는 미디어들은 지속적으로 확대되고 있다. 이를 가속화해줄 새롭고 강력한 미디어가 다가오고 있다.

수년의 개발 과정을 거쳐 최초의 하이엔드high-end: 고급 지향 소비자용 가상현실virtual reality, VR 기기가 2016년에 등장할 예정이다. 이 VR기기는 사람들이 소파에 앉아서 아이맥스보다 더 완전하게 화면 속으로 빠져드는 경험을 하게 해줄 것이다.

지난 수십 년 동안 사람들은 풀 서라운드 사운드를 갖추고 고해상도의 대형 스크린을 가진 텔레비전을 거실에 놓으려고 노력했다. 큰 영화관의 경험을 집에서도 누릴 수 있기를 원한 것이다. VR기기가 완전한 몰입 화면만을 제공하는 것은 아니다. 관객이 제작자가 되어 스토리텔링을 만드는 경험 또한 할 수 있도록 새로운 기술을 제공할 것이다. 관객이 오른쪽, 왼쪽, 위, 아래를 볼 때마다 VR기기는 지시를 받아 다른 각도의 장면을 보여주고 새로운 스토리텔링의 흐름을 만들어 간다.

할리우드는 텔레비전에서 넷플릭스에 이르기까지 엔터테인먼트 산업이 분권화되는 문화적 환경에 적응하고자 노력해왔다. 그 가운데서도 VR은 영화산업의 다음 단계 이상의 것이 될 수 있다. 자신만의 VR 헤드셋을 착용하고 자신만의 이야기를 감독해본 관객들이 영화관에 가서 영화를 보려고 할까?

'엔터테인먼트의 미래, 영화 그리고 가상현실'이라는 주제의 패널이자 〈엑스맨X-men〉 시리즈와 〈마션The Martian〉의 제작자 사이먼 킨버그Simon Kinberg는 지금 경험이 공유된 사회로의 이동에 직면해 있는지를 질문했다. 그리고 가상현실을 경험한 미래 세대가 영화를 보러 영화관에 갈 것인지 모르겠다고 말했다. 현재의 관객들에게 영화관은 동질감을 부여하지만 미래 세대에게까지 이것이 통할 수 있을지는 알 수 없는 것이다.

가상현실 기업인 벌스Vres의 설립자이자 사장인 크리스 밀크Chris Milk 도 이 프로그램에 참여했다. 벌스는 〈시드라 위의 구름〉이라는 가상현 실 영화를 만들었다. 시리아 난민캠프에서 12살 소녀의 이야기를 촬영 한 것이다. 소녀와 가족은 시리아를 도망쳐 나와 사막을 통과해 요르 단으로 갔고 1년 반 동안 이 캠프에서 살고 있다.

"여러분이 헤드셋을 착용하고 있을 때 여러분은 모든 방향, 360도 방향으로 보고 있다는 것을 알아차릴 겁니다. 그 소녀 를 바라보며 그녀의 방에 앉아 있는 경험은 텔레비전 스크린 을 통해 보는 것이 아니고, 창문을 통해 보는 것이 아니라 그 녀와 함께 거기에 앉아 있는 경험입니다. 아래를 보면 그녀가 앉아 있는 땅에 여러분이 같이 앉아 있을 것입니다. 그리고 그러한 이유로 여러분은 그녀의 인간성을 더 깊게 느낄 것입 니다. 여러분은 그녀에게 더 깊이 공감할 것입니다."

밀크는 인터랙티브 기술과 인간의 이야기를 VR로 만들어 내는 기 술에서 선구자적 역할을 하고 있다. 밀크는 우리가 VR 스토리텔링을 경험한 지 불과 2년밖에 되지 않았고 하드웨어는 최초의 것이라는 점 을 지적했다. 새로운 제품들이 계속 개발될 것이다. 촉각을 경험할 수 있는 햅틱 글러브도 개발되고 있다. VR은 사회적 연결을 창조하는 능 력이 있다. 미래에는 서로 다른 곳에서 로그인한 VR 사용자들이 같은 영화를 보며 상호작용할 수 있을 것이다. 이렇게 되면 영화관 옆자리에 앉은 낯선 사람보다 영화 속 가상현실에서 만난 사람과 더 효과적인 연결고리를 갖게 된다.

밀크가 말한 대로 VR이 더욱 깊은 공감의 세계로 빠져들게 하고 즐거움을 공동으로 나누고자 하는 욕구가 지속된다면 우리가 알고 있는 영화관은 사라질 것이다.

PART
3

문제 해결

STATE OF THE FUTURE

숫자로 보는
2100년

22세기가 오기 전에 지구에서 일어날 통계를 숫자로 살펴보겠다. 이들 숫자는 대부분의 정부가 국민이 보지 않았으면 하는 수치들이다.

1. 109억 명

인구학자들의 예측으로 지구촌의 인구는 줄곧 증가하다가 2050년 경에 95억 명으로 정점을 찍고 감소하는 것으로 알려져 왔다. 하지만 최근의 유엔이 2100년에 세계 인구가 109억이 된다는 예측을 내놓았다. 아프리카의 출산율이 예상과 달리 감소하지 않고 있어서 전문가들은 세계 인구가 100억 명을 초과할 수도 있을 것으로 본다.

2. 900ppm

우리가 사용하는 에너지의 극적인 감소가 없다면 2100년까지 이산화탄소의 배출만으로 공기 중 이산화탄소가 400~500ppm 더 증가한다. 우리가 아무 조치도 취하지 않고 현재 모델을 그대로 유지할 경우 이산화탄소가 800~900ppm으로 늘어나는 것이다. 하지만 우리가 극적으로 이산화탄소를 줄여나간다면 최선의 시나리오는 약 450ppm이다. 이 정도를 유지해야 인류가 살아남을 수 있다.

3. 6.4℃

2100년까지 지구촌 평균 기온이 최소 2℃ 상승한다는 시나리오는 이산화탄소 배출이 최소한일 경우의 증가를 말한다. 우리가 이산화탄소 배출량을 줄이지 않으면 온도는 6.4℃로 예상보다 3배 이상 상승할 것이다. 이는 지역에 따라 다를 텐데 도시나 인구가 많은 곳이 극지방보다 온도 상승 폭이 훨씬 클 것이다. 열대 지방의 일부 지역에서는 기온이 높아 살을 태우는 온도가 된다.

4. 3℃

2100년 바다의 평균 기온은 오늘날보다 3℃ 높아질 가능성이 있다. 그 정도만으로도 바다에 사는 생물에 대한 영향력은 상당해서 예측이 불가능하다. 한류에서 사는 대구, 연어 등 냉수종은 지구 상에서 사라질 것이다. 동식물의 식량인 플랑크톤 역시 사라질 것이다. 식물성 플랑크톤으로부터 시작되는 먹이사슬이 파괴되면 인류에게 어떤 일이 일어날 것인가?

5. 98cm

지구 온난화는 연평균 강우량 역시 증가시킨다. 즉 해수면 상승이 일어나는데, 이는 강수 패턴과 강수 강도에도 변화를 가져온다. 해수면은 20세기에 약 19cm 상승했다. 해수면 상승의 40~50%는 온난화로 인한 해수 증가에 기인한다. 그 외에 35%는 녹는 빙하에 기인하고, 5%는 인간이 지하수를 끌어올려 버리는 데서 기인한다. 오갈랄라 대수층_{세계에서 가장 큰 지하수로 미국 8개 주의 지하에 걸쳐 있으며 중서부 농사의 주요 수원이다}의 물이 바다에 도달해서 해수면을 상승시키는 것이다. 해수면 상승은 그 속도가 점차 빨라지고 있다. 20세기 비율이 연간 1.7mm였던 데 비해 오늘날의 해수면 상승은 연간 3.2mm다. 해수면 상승은 앞으로 폭발적으로 늘어날 것이다. 또 상승 폭은 바다 표면에 걸쳐 균등하게 분산되지 않는다. 어떤 지역에서는 해수면이 하락하기도 할 것이다. 그렇더라도 2100년에는 상승 폭이 높은 곳은 약 98cm, 낮은 곳은 약 28cm 높아질 것이다.

6. pH 0.3

2100년 지구 상에서 탄소의 폐해는 엄청날 것이다. 이산화탄소가 물 형태의 탄산과 결합해서 물을 산성화시키기 때문이다. 이는 지금도 그 증상이 나타나고 있어 산성비를 내리게 한다. 수치 7을 기준으로 낮은 경우 산성, 높은 경우 알칼리성으로 나뉘는 pH 농도가 점점 떨어지고 있다. 바다 역시 산성도가 높아져 대양의 pH 수준을 0.3포인트 낮췄다. 2100년에 대기의 이산화탄소의 2배로 증가하면 굳이 수온 상승이 아니더라도 pH 수준 감소로 대부분의 해양의 생명체가 사라질 것이다.

7. 10억 명

해수면 상승과 평균기온의 변화로 2100년의 세계는 인류가 살 수 없는 환경으로 변하는 지역이 많을 것이다. 피난처를 찾기 위해 현재 많은 사람이 노력하지만 희망이 그다지 보이지 않는다. 미래의 기후 시나리오에 따르면 2100년에 지구에는 2억에서 최대 10억 명의 난민이 발생할 것이다. 현재의 해발 1m 이내의 땅은 모두 수몰된다고 봐도 무방하다. 난민은 살 수 있는 땅으로 가려는 인구로, 이들 대부분은 태평양과 인도양 국가들의 주민일 것이다. 이들의 일부는 고층 구조물 및 제방을 구축해 살아가려 할 것이다.

8. 109억 명

인구가 늘어나면서 인류가 먹는 육류의 수요도 증가해 가축 수도 함께 증가할 것이다. 2100년이 되면 인류가 먹을 옥수수를 가축의 사료로 모두 소비하는 일이 발생할 수도 있다. 인류가 식습관을 바꾸거나 육류의 대안을 마련해야 한다. 109억 명의 인류에 육류를 공급하기 위해 2100년에는 곤충이나 배양육_{살아 있는 동물의 세포를 배양해서 세포공학 기술로 생산하는 살코기}이 식재료로 활용되는 상황이 올 수밖에 없다.

9. 30% 감소

인구는 늘어나는 반면 온난화와 기후 변화로 곡물 부족이 심각해진다. 기후 변화가 심해지면 작물 수확량이 최대 30%까지 감소한다고 예측된다. 작물을 키울 더 많은 땅을 얻기 위해 삼림을 벌채하면 이산화탄소를 흡수할 우림이 사라지면서 기후 변화는 더 심해지는 악순환을 겪는다. 이에 대한 획기적인 대안이 필요하다.

10. 수백만 명

평균수명이 연장된다고 한들 이런 환경 속에서 인류가 건강을 유지할 수 있을까? 그렇지 않다. 미래에는 영양실조가 다시 찾아오며, 지구 온난화로 인간과 동물의 질병이 증가할 것이다. 예를 들어 온난화로 인한 북극의 기후 변화는 새로운 세균의 등장과 해충들의 급격한 증가를 불러올 수도 있다. 또 인간의 질병이 극지방으로 번지는 경우도 있을 것이다. 인류에게서 사라졌던 질병이 기후 변화로 인해 다시 출현하는 경우도 나타난다. 서아프리카 에볼라의 최근 발발이 기후 변화라는 증거가 나오고 있다. 오늘날 16만 명이 기후 변화로 인한 질병으로 매년 사망한다. 그 수는 2020년까지 2배 이상 증가하며 2100년 사망 숫자는 수백만 명에 이를 것이다.

문제 해결의 새로운 플랫폼
X프라이즈

2030년 풍요의 시대가 다가오면 사람들에게는 삶의 의미나 목표가 달라진다. 의식주, 의료, 교육, 에너지, 교통 등이 풍부해지고 저렴해지면서 사람들은 인류를 위해 봉사하거나 더 큰 문제를 해결하고자 한다. 이것이 X프라이즈XPrize가 주장하는 지구촌의 과제를 해결하는 일이다. 기후 변화, 물 부족, 환경오염, 빈부 격차 국제 질병 등은 2030년에 심각한 위협으로 다가와 해결하지 않을 수 없게 된다.

　이런 문제는 한 가지만 잘하는 한 사람이 해결할 수 없다. 나노학자, 바이오학자, 물리학자, 공학자, 세포공학자, 토목공학자, 심리학자, 마케팅 전문가, 회계 전문가, 플랫폼 전문가 등 수많은 전문가가 협업해서 풀어야 하는 문제다. 이런 대형 지구촌 과제를 해결하기 위해 제정한 상이 X프라이즈 상이며, 시상하는 단체는 구글, 애플 등 다국적 기업이다.

X프라이즈는 1995년 피터 디아만디스와 세계적 미래학자 레이 커즈와일이 설립했으며, 그동안 막대한 상금을 제시하고 '달 착륙선 개발' '해양 산성화 문제' '어린이들의 문맹률 문제' 등을 주제로 대회를 열었다. X프라이즈 재단이 내거는 문제는 대부분 현실에서 풀기 어려운 문제들로, 로버트 웨이스Robert K. Weiss 대표는 "풀 수 없는 문제를 만나면 사람들은 고정관념을 버리고, 더 기발한 방법으로 문제를 풀려고 한다"면서 그 과정에서 우리 삶을 바꿀 실마리를 얻을 수 있다고 언급했다.

이 재단의 설립자이자 회장인 피터 디아만디스는 미 항공우주국National Aeronautics and Space Administration, NASA의 우주비행사를 꿈꿨다. 비록 우주비행사의 꿈을 이루지는 못했지만, 상을 정하고 목표를 추구하는 찰스 린드버그Charles Lindbergh의 '스피릿 오브 세인트루이스The Spirit of St Louis 호' 이야기에 영감을 받았다. 그래서 우주산업에 도전하기 위한 상업 항공사 설립에 착수했다. 그는 정부와 함께 할 수 없다면 홀로 구축해야 한다는 것을 알고 1996년에 1,000만 달러의 상금을 내걸었다. 목표는 3인의 승객을 태우고 2주에 두 번 100km를 갈 수 있는 개인 우주선을 만드는 것이었다.

이 대회의 상금은 안사리Ansari의 투자를 받아서 안사리 X프라이즈라고 명명되었다. 처음에는 모두가 이 도전을 무모하다고 여겼지만, 4년 만에 우승자가 탄생했다. 스케일드 컴퍼자이트Scaled Composites의 버트 루탄Elbert L. Burt Rutan이 주인공이다. 버트 루탄은 X프라이즈에 도전하기 위해 '스페이스십원SpaceShipOne'을 만들었으며 2004년 6월 민간 항공기로는 최초로 우주공간을 비행하는 데 성공했다.

X프라이즈에는 현재 구글, 테슬라, 퀄컴 등 글로벌 기업과 유명인들의 지원을 받고 있다. 특히 테슬라의 일론 머스크는 아프리카에서 교육을 해결하기 위한 X프라이즈를 진행하고 있다. 오늘날 10억 이상의 인구가 읽거나 쓸 수 없다. 그중의 4분의 1은 아이들이고 학교도 충분하지 않으며 선생님조차 부족하다. 문제 해결을 위해 X프라이즈 재단은 일론 머스크와 팀을 이루어 몇몇 기부자들과 함께 1,500만 달러의 세계 문맹퇴치 X프라이즈를 설계했다. 이 대회의 목적은 18개월 과정의 소프트웨어 응용프로그램을 개발하는 것이며, 문맹인 5~12세 학생들이 읽기, 쓰기, 수리 면에서 기본적인 능력을 갖출 수 있게 하면 된다. 단 학교나 교사의 도움 없이 이루어져야 한다.

아프리카에서는 비단 교육뿐만 아니라 해결해야 할 문제가 산적해 있다. 그중 X프라이즈가 주목한 것이 농업과 에너지다.

X프라이즈는 세상을 더 나은 곳으로 변화시키기 위해 문제를 해결하는 방법을 고안하는 이들에게 상금을 제공하는 단체다. 재단은 뚜렷한 목표가 있으며 그에 대한 보상이 있을 때 근본적인 해결책, 돌파구가 만들어질 것을 전제로 운영된다.

X프라이즈의 대상은 다음의 범주에 들어가는 것으로 한정한다.

1. 과감하고 대담한 목표 : 현재 해결되지 않은 문제 또는 해결방법을 향한 뚜렷한 길이 없는 문제에 초점을 두고 인류의 잠재력의 한계를 넓혀나간다.

2. 다양한 시장의 실패(시장이 기능을 제대로 하지 못하고 자원이 비효율적으로 배분되는 현상)를 대상으로 한다.

–자본이 투자되지 않은 문제

–자본이 투자되었지만 만족할 만한 결과가 없는 문제

–아무도 문제라는 것을 모르기 때문에 자본이 투자되지 않은 문제

–문제는 알려져 있지만 이것이 아직 다루어지지 않았다는 것을 아무도 모르는 문제

–해결 방법이 불가능하다고 생각되기 때문에 아무도 다루지 않는 문제

지금까지 다루어진 문제들은 주택(인간의 존엄성 문제, 수명연장과 집의 문제), 식품(전 세계적인 물 부족 문제, 유기농법과 유전자변형작물), 직업(자동화에 의해 일자리의 절반이 사라지는 미래, 수명연장), 마음(인공지능 공존하는 삶, 가상공간의 삶), 보건(수명연장과 건강수명, DNA 조작과 인간 복제의 문제), 에너지, 학습, 폐기물, 연결성 등이 있다.

X프라이즈의 이런 도전은 시사하는 바가 크다. 점점 더 글로벌화되고 융합되어 가는 세계에서 어떤 문제를 해결하기 위해 국가의 노력만으로는 부족하다. 기후 변화 문제만 봐도 그렇다. 온난화를 일으키는 주범인 화석연료 등은 선진국에서 가장 많이 소비되지만, 그로 인한 피해는 농업을 주로 하는 저개발국이 입고 있다. 이런 문제를 해결하려고 해도 자국의 이익을 우선하는 국가 이기주의로 인해 협력이 원활하지 않다. 하지만 어느 국가에도 피해가 없이 모든 국가가 이익을 얻

을 수 있는 획기적인 문제 해결책이 있다면 상황은 달라질 것이다.

바로 이런 해결책을 추구하는 X프라이즈가 미래로 갈수록 더욱 주목받을 것이다.

시험은 사라지지만
교육은 평생 계속된다

03

10대 학생들은 대부분의 시험이 '그저 쓸데없는 것'이라고 말한다. 시험은 다양한 학습 스타일을 반영하지 못하며 시험을 위해 암기했던 것은 시험이 끝난 뒤에는 곧 잊어버리게 된다고 말했다. 워싱턴 D.C.의 비영리기관 대도시학교연합the Council of the Great City Schools이 발표한 보고서에 따르면 '미국 대도시 공립학교의 평균적인 학생들은 유치원에서 고등학교를 졸업할 때까지 대개 112개의 의무 표준시험을 치른다. 또 전국 66개 대도시 학군을 조사한 결과 3~11학년의 표준시험 평균 시간은 20~25시간으로 나타났다. 8학년의 경우 연간 수업시간의 2.3%가 시험을 치르는 데 사용되는 것이다. 보고서에 의하면 이들 시험 중 많은 시험들에 불필요한 중복이 있었다. 10대들은 OMR답안지가 아닌 실제 세계를 통해 지식을 접할 기회를 원한다.

현재 케냐의 들판에서 스마트폰을 가지고 있는 마사이 전사가 25년

전의 미국 대통령보다 더 효율적으로 정보를 수집할 수 있다. 73%의 미국 10대들이 스마트폰을 가진 지금, 암기의 중요성은 사라지고 있다. 웹에서 47억 페이지의 정보를 이용할 수 있는 오늘날 학생들이 가진 가장 큰 도전과제는 정보를 찾고 평가하며 합성하는 기술이다.

이를 위해 필요한 것이 성장 마인드셋the growth mindset이다. 아이들은 교육, 즉 모든 학습의 목적이 무엇인지를 알고 싶어한다. 스탠퍼드 대학교의 심리학자인 캐롤 드웩Carol Dweck은 그 답이 '교육은 사람들에게 무엇이든 배우는 능력에 대해 자신감을 갖게 해주는 것'이라고 설명하며 이를 '성장 마인드셋'이라고 불렀다.

마인드셋은 고착 마인드셋과 성장 마인드셋으로 나뉜다. 실수를 대하는 방법과 그 실수를 통해 무엇을 얻느냐는 그 사람이 어떤 마인드셋을 가지고 있느냐에 따라 전적으로 달라진다. 성장 마인드셋은 세상 모든 존재는 앞으로 어떻게 하느냐에 달려 있다고 본다.

미래 교육에서 가장 중요한 것도 이것이다. 세상이 기하급수적으로 변하는 시대에 초등학교에서 대학교까지 약 16년 동안 얻은 지식으로 평생을 살아간다는 것은 안이한 생각이다. 계속해서 등장하는 새로운 것을 배우는 평생교육이 당연하다는 사실을 인정해야 한다.

한때 사람들은 평생직업을 가졌지만 오늘날 많은 연구자는 미래 세대가 20가지 정도의 직업을 가질 것으로 예측한다. 따라서 우리는 새로운 기술과 아이디어에 관해 끊임없이 학습할 준비가 되어 있어야 한다. 그렇게 할 수 있는 자신감을 길러주는 것이 미래 교육의 최고 목표다.

국영수 사라지고
소통·창의성·분석력·협업
배운다

2015년 11월 29일 한국직업능력개발원 보고서에 따르면 전체 대졸 취업자의 전공 불일치 비율은 2005년 23.8%에서 2011년 27.4%로 6년간 3.6%포인트 상승했다. 2011년 기준 인문계 취업률은 79.7%로 사회 81.8%, 공학87.8%계열과 최대 8.1%포인트 차이가 났다. 입사시험 준비, 어학연수, 자격증 취득 등에 소요된 비용을 모두 합해 평균을 낸 결과 인문계 졸업생은 1인당 745만 6,000원으로 사회495만 8,000원, 공학507만 5,000원계열보다 훨씬 많았다. '이공계 기피' 현상이 취업난으로 인해 '인문계 기피'로 옮겨갔다는 증거다.

만약 수백 년 전의 농부에게 아이들이 잘 살아가기 위해 어떤 기술을 익혀야 하느냐고 물었다면 그들은 주저 없이 우유 생산기술과 밭농사 기술이 필요하다고 대답했을 것이다. 현대에 들어서는 심지어 한 세대 안에서도 사라지고 새롭게 생겨나는 직업이 있다.

현존하는 직업 20억 개가 2030년에 소멸되고 현존 일자리 80%가 15년 안에 사라진다고 한다. 2011년에 초등학교에 입학한 어린이 중 65%는 아직 생기지도 않은 직업에 종사하게 된다. 직업 사이클이 가속화되는 세상에서 다음 세대들이 세상의 변화와 보조를 맞추게 하려면 어떤 기술을 가르쳐야 할까?

핀란드는 2020년까지 전통적인 수업 과정을 4C, 즉 소통communication, 창의성creativity, 비판적 사고critical thinking, 협업collaboration을 강조하는 주제로 대체할 것이라고 발표했다. 이 네 가지 기술이 팀워크나 협업의 핵심기술이며 오늘날 우리가 살아가는 '초연결 사회'에 가장 적합한 기술이라고 말한다. 한편 말레이시아 일부 지역은 문제해결 능력, 팀워크, 네트워크 등을 교과과정에 포함시키고 있다.

세계의 성공적인 기업가들은 4C와 더불어 3가지 기술을 더 요구한다. 적응성adaptability, 복원력과 기개resiliency and grit, 지속적으로 배우려는 사고방식mindset of continuous learning이다. 이 기술들은 학생들이 문제를 해결하고 창의적인 사고능력을 갖추게 하며 그들이 마주하게 될 신속한 변화에 대응할 수 있도록 해준다. 불확실성의 세계에서 유일하게 변하지 않는 것은 적응하고 중심을 잡으며, 다시 회복하는 능력이다.

핀란드와 마찬가지로 아르헨티나도 변화를 도모하고 있다. 아르헨티나의 초등학교와 중학교에서 코딩을 가르치며, 중고등학교의 교과과정에는 기술교육 2년, 창업 및 기업가정신 교육 3년이 포함되어 있다. 이는 학생들이 학교 밖에서 마주치게 될 현실이 무엇이든 적응할 수 있는 높은 적응력을 가르치려는 시도다.

가까운 미래에 무인자동차가 상용화되는 것에 대해서는 이미 여러 번 언급했고, 또 요즘 뉴스로도 많이 접할 수 있어 새삼스럽게 설명할 필요가 없다. 대부분의 자동차기업은 이미 무인자동차를 개발하고 있다. 토요타Toyota, 닛산, 메르세데스Mercedes, 아우디Audi, GM, BMW, 구글 등이 무인자동차를 개발하고 있으며 최근에는 애플 역시 무인자동차 시장에 뛰어들었다. 자동차 시장에서 시작해 이제 IT기업으로 넘어가는 추세다.

그런데 무인자동차의 상용화와 함께 사람들이 가장 많이 갖는 의문 가운데 하나가 정말로 안전한가 하는 의문이다.

무인자동차는 프로그램된 인공지능이 사람 대신 운전하기 때문에 더 안전하다는 것이 제조사 측의 입장이다. 사람 또는 사물과의 충돌을 인공지능이 제어하는 것이다. 하지만 실제로 그런 상황이 발생하면 로봇이 과연 올바른 선택을 할 수 있을까? 자동차의 에너지 발생, 추진력 등을 생각하면 운동을 하다가 그 자리에서 멈추거나 하는 엄청난 기술은 아직 없다. 추진력이 있는 상태에서 갑작스러운 장애물을 만날 경우 어느 쪽으로 피하고 어느 쪽으로 방향을 틀까? 인간은 철학이나 윤리를 배워서 무엇이 더 중요한지, 덜 중요한지 파악하려는 습성이 있다. 하지만 로봇도 윤리를 갖고 있을까?

자율주행자동차가 달리는데 앞에 두 사람이 걸어가고 있고, 그중 한 사람을 피하고 한 사람은 충돌할 수밖에 없는 상황에서 어떤 선택을 할 것인가? 사고를 피할 수 없는 상황에서 가장 나은 선택을 할 수 있을까?

다양한 자동차 충돌 상황에서 자동차가 해야 할 윤리적 의사결정을 하는 방법이 최근 제안되었다.

- 무인자동차는 임의의 결정을 내릴 코드를 실행할 수 있다.
- 무인자동차는 인간 운전자에게 제어시스템을 넘길 수 있다.
- 무인자동차는 디자이너가 미리 프로그래밍해둔 값, 또는 소유자에 의해 프로그래밍된 값에 기초해 결정을 내릴 수 있다.

자동차 인공지능의 마지막 선택은 좀 더 자세해질 필요가 있다. 예를 들어, 더 작거나 더 취약한 사람, 성인과 아이가 있을 때 아이를 피해야 한다는 선택 같은 것이다. 그리고 사람과 사물이 있으면 당연히 사물을 선택해야 하며, 극단적으로는 얼굴 인식을 통해 한 사람의 삶의 가치를 다른 사람의 삶의 가치와 비교해 급하게 한 사람을 선택해 그쪽으로 핸들을 꺾어야 한다.

이런 각각의 상황에서 컴퓨터는 스스로 선택하거나 다른 컴퓨터로 부터 정보를 아웃소싱하거나 이미 프로그램된 가치에 따라 선택을 할 것이다. 인간은 똑같은 의사결정에 직면했을 때, 동전을 던지거나 윤리적인 근거를 통해 결정한다. 특히 어려운 결정을 내려야 할 때 윤리적 사고가 움직인다.

이런 문제는 테드 토크TED Talk에서 루스 챙Ruth Chan 박사가 '어려운 선택은 어떻게 할까'라는 주제로 자신의 연구를 발표하며 논의되기 시작했다. 어려운 선택은 결정할 선택의 조건 및 대안이 어떤 것들이 있는지에 관해 정의가 명확히 내려져야 로봇의 선택이 쉽다. 가령 사람이 사물보다 중요하고, 어린이가 어른보다 더 중요하다는 식이다.

결정이 쉬운 경우는 하나의 대안이 다른 것보다 중요성에서 차이가 확연할 때다. 인간이 자연스러운 색상을 선호하는 경우, 방을 칠할 페인트로 형광 분홍보다는 밝은 베이지색을 선택하기가 더 쉽다. 문제는 대안을 얼른 선택하기 힘든 상황이다. 예를 들어 우리가 시골에서 일자리를 가지고 싶지만 도시에 일자리가 있을 경우다. 그리고 대부분의 사람은 이때 살기 싫어도 도시를 선택한다. 일이 삶의 장소보다 더 중요한 시대이기 때문이다.

이처럼 우리가 어떤 결정을 할 때는 비판적으로 분석해 결정하며, 그 선택을 한 정당한 이유를 찾는다. 방을 칠할 페인트를 선택할 때, 또는 시골이나 도시의 일자리를 선택할 때 객관적 측정 기준은 없다.

대신 우리는 결정을 내릴 이유를 찾아내고 이 작업을 수행할 때 법, 사회규범, 윤리 시스템을 적용한다. 그러나 기계는 이런 작업을 해서 선택하기가 어렵다.

구글은 최근 기계가 인간처럼 사회생활을 하고, 어떤 선택을 하는지 배우고 숙지하는 인공지능 구축 프로그램을 만들었다. 이 프로그램은 모든 상황에서 선택 명령을 내리는 것이 아니라 게임을 하듯이 그때그때 상황에 따라 달리 결정하도록 했다. 경험에서 배우고, 추측하는 능력을 인공지능이 배우도록 하는 것이다.

이런 인공지능이 무인자동차에 적용된다. 의사가 환자 대신 결정하는 것처럼 임의의 결정을 아웃소싱하거나, 현지 법률을 내장하고 법적 판결 데이터와 패턴을 샅샅이 뒤져 값을 미리 프로그램화하는 방법을 심어줘야 한다. 사람과 주위 사회, 그리고 시간이 지남에 따라 유사한 의사결정 과정을 관찰하고 적용해서 의사결정을 내리도록 해주어야 한다.

챙 박사의 이야기는 매력적이다. 그녀는 인간의 선택에는 반드시 이유가 있으며, 선택하는 과정에는 다양한 계산이 들어간다고 이야기한다. 인간 발달의 가장 높은 형태를 로봇은 모른다는 것이다. 상식으로 임의의 결정을 내리기가 힘들 경우, 인공지능은 누구를 위해 무엇을 선택하고 어떤 결정을 내려야 하는지를 다른 사람에게 묻지도 못한다. 인간의 가치와 의사결정 과정에 대한 통찰력을 갖추도록 만들기 위해서, 그리고 우리가 기계를 신뢰하도록 만들기 위해서는 인간과 동일한 정도의 성장과 성숙의 시간이 로봇에게도 필요할 수 있다.

어떤 경우에는 로봇이 인간보다 나은 결정을 내릴 수 있다. 인공지능과 인간이 공존하는 미래에 평화를 유지하기 위해 현재의 사법 시스템에 더해 새로운 메커니즘을 개발해야 할지 모른다. 세상에서 인간과 인공지능 간에 능력 차이가 큰 경우에 하나의 법칙을 적용하는 것은 큰 문제가 될 수도 있다.

다만 인간은 어려운 결정에 직면하면 결정하지 못하고 방황하지만 인공지능은 신속하게 결정할 수 있다. 그러므로 인간은 인간에게 가장 중요한 것이 무엇인지 결정하고, 이런 것들을 무인자동차의 인공지능에 입력하고 가르쳐야 한다.

문제를 해결해주는
미래 유망 기술들

미래에 환경이 변하고 삶이 변하면 생활 습관도 변하게 된다. 그러면 기존의 비즈니스가 아니라 새로운 비즈니스가 세계 경제의 중심에 자리 잡게 될 것이다. 2020년에 인터넷 인구는 70억 명을 넘어설 것이다. 이 인터넷을 하는 인구들이 동일한 항목에 143달러를 사용할 경우, 1조 달러의 매출로 이어진다. 즉 지구촌의 인구가 한 개씩 살 만한 물건을 만들면 곧 1조 달러 규모의 비즈니스가 되는 것이다.

세계 최초의 백만장자는 존 제이컵 애스터John Jacob Astor, 코닐리어스 밴더빌트Cornelius Vanderbilt 또는 뉴욕의 담배 제조업체 소유주 피에르 로릴라드Pierre Lorillard일 것이다. '백만장자'라는 용어 자체가 사용된 것이 19세기 초반이라고 하며, 이들보다 시기적으로 조금 늦게 등장한 존 D. 록펠러John D. Rockefeller는 세계 최초의 억만장자다. 그는 스탠더드오일Standard Oil에 투자한 결과 20세기 초반에 억만장자 범주에 들어갔다.

〈포브스Forbes〉에 따르면 현재는 빌 게이츠Bill Gates가 780억 달러의 순 자산을 소유해 1위이며, 2014년 억만장자 자격을 갖춘 사람은 1,645명 이다.

기업의 경우 가장 부자는 애플로 시가총액 6,830억 달러(소프트웨어, 하드웨어, 인터넷), 엑손 모빌Exxon Mobil 4,100억 달러(석유), 구글 3,670억 달러(소프트웨어, 인터넷), 마이크로소프트 3,950억 달러(소프트웨어, 하드 웨어, 인터넷), 버크셔 해서웨이Berkshire Hathaway 3,610억 달러(투자), 존슨 앤드 존슨Johnson & Johnson 2,770억 달러(의료 장비 및 서비스) 등이다. 이들 기업 역시 그러했지만, 앞으로 억만장자 기업이 되려면 다음과 같은 조 건을 갖춰야 한다.

- 신속한 확장
- 글로벌 기업
- 수요가 있는 제품 및 서비스 제공
- 세계 어느 곳이나 운송 가능한 제품
- 고수익성
- 최대 영향력

어느 시대에나 그렇지만 미래에도 삶에서 발견되는 다양한 문제를 해결해주어 우리 생활을 더 편리하고 윤택하게 해줄 기술들이 부각될 것이다. 특히 미래 주요 이슈인 기후 변화, 기술 발전의 급속한 속도, 자원 고갈 등의 문제를 해결해주는 아이디어들이 주목받을 것이다. 미래의 중심 비즈니스가 될 가능성 있는 것들을 살펴보자.

1. 전자화폐

최초의 세계 단일통화는 전자화폐가 될 것이다. 그들은 엄격한 규제, 국가 기반 경제의 영역 밖에서 작동하기 때문에, 암호화한 화폐 cryptocurrencies는 오늘날 복잡한 금융 시스템의 대안이 될 수 있다. 세계 성인인구의 절반, 즉 25억 명 이상이 은행계좌를 가지고 있지 않으며, 물건이나 서비스를 지급하고 빌리곤 한다. 그러므로 이들이 전자화폐를 사용하게 된다면 엄청난 시장이 만들어질 것이다. 이 분야의 기회는 거대하다.

2. 소행성 광업

2004년 유럽우주국European Space Agency의 우주선 로제타에 실려 발사된 착륙선 필레Philae가 10년 만인 2014년에 혜성 67P의 표면에 착륙했다. 비록 배터리 방전으로 혜성 표면을 탐사하지는 못하지만, 이 성과로 인해 우주에 대한 관심은 새롭게 시작되었다. 우주 탐사를 보내는 기업과 학자들이 기대하는 것은 소행성에 있는 자원의 채취다. 백금 기반 금속에 관한 인간의 요구가 증가하면서, 수천억 달러에 달하는 원료 수요가 생겨나고 있다. 이를 충족시켜 주는 우주 개발에 문 익스프레스Moon Express가 앞장서고 있다.

3. 즉시 학습

인간의 수명이 늘어나면서 더 많은 것을 배워야 하기 때문에 학습의 수요가 급증한다. MIT 미디어랩 설립자인 니콜라스 네그로폰테Nicholas Negroponte 교수는 알약을 먹는 것만으로 영어를 배우거나 셰익스피어 Shakespeare의 작품을 배울 수 있게 될 것이라고 예측했다. 황당해 보이지만, 이 예측은 기억형성 분자가 동물의 뇌에서 활동하는 것을 관찰한 결과에 기반을 두고 진행된 예측이다. '즉시 학습'의 개념은 학습에 관한 하나의 큰 돌파구이며 조 달러 단위의 산업이 된다.

4. 사물인터넷

모든 사물이 인터넷에 연결되는 사물인터넷은 사물이 가진 특성을 더욱 지능화하고, 인간의 개입을 최소한으로 줄여 자동화하며, 다양한 연결을 통한 정보 융합으로 인간에게 지식과 더 좋은 서비스를 제공해줄 것이다. 사물인터넷 시장은 급속히 성장해 2020년에 1조 7,000억 달러에 이를 것으로 예상된다.

5. 인간의 노화 예방과 치료

모든 사람이 노화를 멈추고 영원히 살기를 희망한다. 누구나 하루에 10달러만 지불해서 수명을 연장할 수 있다면 모두 10달러를 낼 것이다. 10달러를 내는 사람이 1억 명이라면 연간 3조 6,500억 달러의 수익이 난다. 다가오는 천 년을 위해 필요한 고소득을 가져다줄 산업 중하나다.

6. 무인기 '드론' 서비스

우리는 현재 드론 산업의 시작만을 보았다. 25km 이상의 고도에서 비행하는 드론은 미래에 태양광 에너지가 일반화되면 충전을 위해 땅으로 돌아올 필요가 없다. 태양광으로 충전되는 무인항공기는 서비스 및 수리를 스스로 하면서 5년 정도 공중에 떠 있을 것이다. 구글과 페이스북이 모두 이 같은 회사에 투자했다. 특히 구글 등은 무인기에 와이파이 공급기를 달아 전 세계에 무료 와이파이를 공급할 계획도 가지고 있다.

7. 날씨 제어기술

2015년 대한민국은 유례없는 가뭄으로 농사 등에 어려움을 겪었다. 이런 가뭄은 앞으로 계속될 것이라고 한다. 그 외에도 세계적으로 태풍, 허리케인, 쓰나미 등 날씨와 관련된 자연재해로 피해를 보는 곳이 많다. 비와 바람 등 날씨를 조절해 가뭄과 홍수, 한파와 폭염을 피할 수 있다면 어떨까? 중국을 시작으로 이미 실현된 날씨 제어기술은 미래에 더욱 주목받을 것이다.

8. 즉시 수면

노화 방지에 필요한 다양한 기술이 개발되고 있는데, 그중에서 중요한 것이 수면기술이다. 인간은 하루 8시간 잠을 자야 건강을 유지한다. 하지만 생활이 불규칙해지고 스트레스를 받으면서 많은 현대인이 수면장애를 겪고 있다. '즉시 수면' 장치가 개발되어 누구나 부작용 없이 저렴한 가격으로 사용할 수 있다면 큰 인기를 끌 것이다. '즉시 수면' 기술은 사람들의 생체리듬도 돌려주어 건강을 유지하게 하는 것은 물론 생산성 향상에도 도움을 줄 것이다.

9. 중력 제어

중력을 제어할 수 있다면 많은 것을 얻고, 파괴되는 많은 것을 살릴 수 있다. 작동하는 방법만 알아낸다면 다양한 가능성이 열린다.

10. 초고속 운송

신속하고 효율적인 여행을 가능하게 해 여행산업을 크게 바꿀 기술이다. 일론 머스크와 데릴 오스터Daryl Oster가 제안한 튜브 운송이 초고속 운송의 방법이 될 것이며, 이것이 실행되면 여행은 시작일 뿐, 다양한 방면에서 그 효과를 볼 것이다. 더 먼 곳까지 출퇴근이 가능해지며, 화석연료의 사용을 획기적으로 줄여 기후 변화를 막아준다. 또 식량이 충분한 국가에서 부족한 국가로 즉시 공급이 가능해 식량 부족을 해결하고, 세계 무역이 단순화될 것이다.

11. 시간 제어

시간을 제어하는 기술도 연구가 지속되고 있다. 이것이 실현되어 시간여행이 가능해지면 과거와 미래, 우주로 나갈 길이 열릴 것이다. 거리와 시간을 가로질러 이동할 수 있게 된다면 이 경험에 많은 사람들이 기꺼이 돈을 낼 것이다.

12. 물질의 인스턴트 제품 분해

우리가 원하는 어떤 제품을 다른 곳에서 순간 이동시키는 기술이 등장한다면 삶이 크게 변할 것이다. 이는 물질을 순간적으로 분해해 이동시킨 뒤 다시 융합시키는 기술이다. 이런 기술이 완성되면 물질의 이동뿐만 아니라 다른 용도로도 폭넓게 활용할 수 있을 것이다. 예를 들어 큰 바위를 순간적으로 분해하는 기술만으로 장애물을 제거할 수 있고 이를 필요한 곳에 쉽게 간단하게 보낼 수 있다.

13. 복제 또는 3D 장기 프린팅

노화 방지와 수명연장의 방법의 하나는 장기를 교체하거나 복제하는 것이다. 인간의 신체는 마모되고 질병에 걸린다. 더 젊고 강한 육체를 얻을 수 있게 된다면 어떨까. 그 기회에 얼마나 많은 사람이 뛰어들 것인가? 이 산업 역시 엄청난 부를 창조하는 산업이 된다. 3D 프린터로 장기를 프린트하면 장수, 수명연장이 가능해진다.

14. 3D 텔레프레즌스 아바타

현재 내가 있는 곳과 다른 곳에서, 내가 할 일을 아바타가 대신해줄 수 있다. 3D 텔레프레즌스 아바타telepresence avatar는 실물 크기의 자신을 다른 곳에서 존재하게 할 수 있다. 다른 사람과 상호작용할 수 있는 복제의 디지털 분신이다. 아바타는 나 대신 회의에 참석하고 잡담하며, 스포츠 경기에 참석해 승리할 수도 있다.

15. 인공지능

인공지능은 거의 모든 분야에서 게임 체인저가 될 운명이다. 인공지능 애플리케이션의 추가와 함께 삶의 질, 지능의 향상이 기하급수적으로 진행되어 모든 산업을 크게 개선시킬 것이다.

16. 로봇 서비스

로봇이 어떤 식으로 발전하게 될지, 인간과 같은 모습일지 아직 알 수 없다. 로봇은 일상생활에서 단순 반복되는 것들을 위주로 활동 범위를 넓혀갈 것이다. 그리고 인공지능이 발달해서 인공지능 로봇이 보편화되면 로봇이 기자가 되거나 작가로 활동하기도 하며, 인간의 지능을 대체하는 일을 하게 된다. 비교적 가까운 미래에 로봇 벤처기업들이 다양한 서비스를 개발할 것이다.

17. 스웜봇

모기보다 더 작은 크기의 비행 로봇이 여러 가지 원하는 물건을 순식간에 만들 수 있게 된다면 세상이 바뀔 것이다. 스웜봇swarmbots은 아주 작은 크기의 로봇들로 서로 연결해서 다양한 물건을 재현하고 자동차 등 기계까지 구성할 수 있다. 이런 기능은 다양한 편의를 제공해서 인간의 삶에서 다른 무엇보다도 우선되는 제품이 된다. 스웜봇의 기능은 샤워 후 젖은 몸을 말려주거나 화장을 해주며, 머리카락을 세팅해주고 외출할 때 옷이나 가방, 물건을 그 자리에서 순식간에 조립해준다. 그뿐만 아니라 드론이 되기도 하고 장애인들에게 외골격 갑옷을 만들어 걷게 해줄 수도 있다.

18. 에너지 저장

태양광 에너지를 집집이 개별 생산해 저장하게 되면 대형 전력 공급 업체가 필요 없어진다. 인간은 에너지만 있으면 다양한 기술을 개발하고 발전시킬 수 있다. 에너지를 저장하는 기술을 발전시켜 효율적으로 사용할 수만 있게 된다면 말이다.

19. 가상 전화번호, 가상 주소 서비스

쇼핑은 점차 실제 매장에서 인터넷 가상세계로 옮겨오고 있다. 특히 '직구'라고 불리는 해외주문 대행 서비스는 원하는 물건은 세계 어디서든 구하는 미래의 쇼핑을 더욱 잘 보여주고 있다. 가상현실이 더 활성화되면 쇼핑은 거의 온라인에서 이뤄지며 드론 배송으로 물건을 받게 될 것이다. 이때 개인의 집 주소가 해외에까지 노출되는 상황이 된다.

전 세계가 거미줄처럼 연결되면서 개인정보 유출의 문제는 국경을 초월한 이슈가 된다. 개인정보 유출의 근본적인 문제는 인터넷이라는 가상공간 내 소비자와 서비스업체 간 개인정보 제공·저장·유통 과정에서 발생한다. 서비스 특성상 소비자의 인적사항을 외부 업체들에 제공하면서 통제가 불가능해진 정보가 해커들에게 먹잇감이 되는 것이다.

이러한 문제를 해결하기 위한 서비스가 개인정보를 가상화해주는 서비스다. 신용카드번호 가상화 서비스, 일회용 전화번호 서비스, 그리고 스마트 주소 서비스가 여기에 해당한다.

가상주소인 스마트 주소는 평생 사용할 수 있어서 이사해도 가상주소의 정보만 수정하면 이사한 주소로 모든 서비스를 제공받을 수 있다. 또한 현재도 그렇지만 어디 사느냐가 사회 계층을 나누는 도구가 된다. 주소지가 강남이냐 강북이냐로 사회 계급이 결정되는 것이다. 이 때문에 세계는 주소를 가상의 스마트주소로 바꿔 사회 불평등을 없애고자 한다.

미래도시의 모델
중국 스마트 에코시티

State of the Future The Millennium Project

중국 정부는 톈진에 생태도시를 만들어 다양한 주민들이 지켜야 할 의무를 제시했다. 그 도시에 거주하면 약 4%의 도시농업 또는 실내농업을 해야 하며, 폐기물의 60%를 재활용하고, 탄소 배출의 수준을 지켜야 한다. 에너지의 20%는 신재생에너지를 사용해야 하고 도시 전체에 장애인시설을 설치해 배리어 프리barrier free 100%를 실현해야 하며, 교통수단은 90% 대중교통을 이용해야 하는 의무 등이 있다.

미래의 도시는 인간이 독창적으로 기후 변화를 해결하고 스마트 그린 솔루션을 구현하는 방법을 보여주어야 한다. 전 세계 온실가스 배출량의 80%를 차지하는 대도시들이 기후 변화에 공동 대응한다는 취지로 온실가스 감축 방안을 마련하기 위해 시작된 C40 기후 리더십 그룹C40 Climate Leadership Group은 지구촌의 최대 도시 69개가 모여서 기후 변화 대안을 내놓고 도시를 살리며 서로 협력하자는 모임이다. 2005년에 시작되었으며, 한국의 서울도 포함되어 있다. 구체적으로는 거대 도시들이 극단적인 기상 현상을 견딜 수 있도록 인프라를 강화하고, 시가지를 살기 좋은 장소로 만들며, 자동차 의존도를 줄이고, 대중교통의 개발에 초점을 맞추자는 공동 목표를 설정하고 있다.

거대 도시 모임인 C40은 도시의 구조나 설정을 특정 목적에 맞춰 변경하려는 시도로, 전 세계적으로 공유되는 기술과 효율성을 위한 디자인 등 새로운 수단과 방법을 웹사이트를 통해 알려준다. 그 방법의 하나가 톈진에 만드는 에코시티로, 베이징에서 150km 떨어진 곳에 위치하며 30km^2 규모의 땅에 조성된다.

합작으로 진행되는 이 톈진 에코시티는 '사회적으로 조화롭고 효율적이며 환경 친화적인 자원을 갖춘 지속 가능한 도시개발 모델'로서 세계 신도시의 모델과 비전이 될 것이다. 도시의 목표는 세 가지의 조화와 세 가지 문제 해결이다. 사회적, 경제적, 환경적 조화와 경제성, 지속 가능성과 확장성 문제를 해결하는 것이다.

중국은 스마트시티 프로젝트에 적용할 지표를 만들었는데, 톈진 에코시티도 이를 충족해야 한다. 하나는 2014년의 이산화황 배출목표인 310일 동안 아산화질소에 대한 국가배출 허용 수준을 초과하지 않는 공기의 품질 기준을 준수하는 것이다. 또 '미국 GDP의 100만 달러 단위당 탄소배출량은 150톤을 초과할 수 없다'는 목표도 맞춘다. 현존하는 자연습지가 유지되어야 한다는 목표도 있다. 수질은 가장 엄격한 국가의 기준을 충족해서 가정에서 수돗물을 마실 수 있어야 한다. 건물에서 하는 실내농업 기준을 충족하며, 채소를 자급자족할 수 있도록 도시 농업을 실시해야 한다. 또 각 가구당 녹색공간을 주민당 최소 12m² 즉 3.63평을 보유해야 한다. 에코시티가 충족해야 하는 다른 기준은 다음과 같다.

- 사용되는 모든 에너지의 20%를 신재생 태양광 및 지열에서 발전한다.
- 사용되는 물의 50%는 해수 담수화 및 오수 재활용으로 충당한다.
- 주택의 20%는 공개적으로 보조금을 지급한다.
- 도시의 100%가 장애인을 위한 배리어 프리를 실현한다.
- 폐기물의 60%를 재활용한다.
- 이동의 90%는 녹색 교통 즉 대중교통, 자전거 및 도보를 이용한다.

이 모든 조건을 수시로 검사해서 유지하기 때문에 톈진 에코시티는 관광과 교육의 장소로서도 기능할 것이다. 버스는 모두 전기차이며 대중교통은 무료로 제공된다. 빗물을 처리하는 시설과 배수는 오수처리 시설에서 정화해 재사용된다. 도로포장은 효율적인 배수를 위해 모래 벽돌을 사용한다.

톈진 에코시티의 유일한 문제는 인구 부족이다. 지금 거주하는 2만 명의 18배에 달하는 35만 명의 주민이 거주하도록 설계된 도시다. 중국 정부는 이 도시를 다른 도시의 모델로 만들고 싶어한다. 2030년 중국의 198개 도시가 스모그에 시달리고 오염된 지하수가 범람하는 도시가 된다는 예측 때문이다. 그런데 현재의 대도시들이 아무리 노력해도 재생이 불가능한 도시가 될 수도 있다는 우려가 있다. 2030년 스모그와 폐수로 뒤덮인 도시에서 거주할 중국 인구수가 10억 명으로, 농촌에서 도시로 유입되는 인구가 급증할 것으로 예상되기 때문이다. 이런 미래가 올 경우 삶의 질이 악화하는 것은 물론, 각종 질병으로 평균수명이 짧아지며 경제 역시 악화해 정부에 대한 불만이 내부 폭동으로 이어질 수도 있다. 이에 대한 대책으로 중국 정부는 에코시티를 전국으로 확장할 계획이다.

현재는 호응이 미미할지라도 중국에서 에코시티는 결국 성공할 수밖에 없고 또 중국 정부는 이를 성공해야만 한다. 그 이유는 2007년에 이미 중국 대도시가 수은, DDT_{dichloro-diphenyl-trichloroethane: 유기염소 계열의 살충제}, 폐수에 의해 극도로 오염되었다는 통계가 나왔고, 또 오염된 땅에 소금이 많이 포함되어 아무것도 생산되지 않는 등 심각한 환경오염 현상이 나타나기 시작했기 때문이다. 살아남기 위해서는 변화하는 수밖에 선택의 여지가 없다.

낙후지역 긴급 구호품
무인기로 공급

드론이 택배 등 배달 기능을 살려 세계를 완전히 바꿔놓을 것이라는 이야기는 이제 더는 새로운 것이 아니다. 아마존이 드론 배송 계획을 구체적으로 진행하기 시작했으며, 월마트Wal-mart도 최근 드론 배송을 발표했다. 넓은 땅을 가진 미국에서 드론 배송은 활발하게 진행되고 있다.

그런데 드론의 쓰임새는 비단 넓은 국토만이 아니라, 도로와 공항이 제대로 만들어지지 않은 저개발국, 정세가 불안한 곳의 난민들에게도 생필품이나 의약품을 배달하는 데 좋은 수단이 되어줄 것으로 보인다.

그 일환으로 2016년 르완다에 드론공항Droneport이 건설될 계획이다. 이 계획을 주도하는 것은 '포스터+파트너스Foster+Partner'로 드론으로 물품을 공급하는 데 상당한 경험을 갖춘 단체다.

길이 나지 않은 아프리카의 빈곤지역의 허브hub에서 드론을 날려 주민이 필요로 하는 의료 및 기타 긴급물품 공급을 위해 100km까지 여행할 수 있게 하는 것이 드론공항의 목적이다. 포스터＋파트너 사는 무인기로 물품을 전달할 네트워크를 레드라인과 블루라인으로 연결할 계획이다. 큰 용량의 물건이나 물품은 블루라인으로 배달하고 레드라인 네트워크는 보조금을 지급하거나, 전자상거래를 계획해 의료 및 비상용품이 필요할 때 작은 드론을 작동하게 만들려고 한다.

드론공항은 드론을 제조하거나 물건을 보관하고 배달하는 허브 역할을 하게 된다. 또 건강클리닉, 디지털스토어, 게시물 및 택배 서비스룸, 전자상거래 허브를 이 드론공항에 설치할 수 있다. 이런 시스템은 가난한 지역 청년들의 고용 창출에도 도움을 주기 위한 것이다.

포스터＋파트너는 지역 최대 10kg의 무게의 짐이나 택배를 나를 수 있는 드론을 사용할 예정이며, 드론에 관해 부족한 기술을 채우는 대로 기능과 역할을 확장해 나갈 예정이다. 초반에는 3m의 날개를 단 드론이 100km의 거리를 이동해 운반한다. 이 계획은 2025년까지 100kg 수용 가능한 6m의 날개를 가진 드론 생산을 목표로 한다.

이 프로젝트는 르완다 내 최대 44%의 인구가 생활용품을 택배로 배달받을 수 있는 네트워크를 만들 것이라고 말한다. 2020년까지 르완다에는 3개의 드론공항이 세워지며, 2016년 모든 실험을 끝낼 예정이다. 더 장기적인 계획은 향후 르완다 전국에 40개의 드론공항을 만들고 난 뒤에는 콩고에도 확장할 계획이다.

고급화, 첨단화되는
미래의 농업

농업은 우리 삶을 유지하는 데 가장 중요한 것 중 하나인 식량을 생산하는 산업이다. 하지만 뜨거운 태양 아래서 육체노동을 해야 하는 점, 기후의 영향을 많이 받는다는 점 때문에 청년층을 중심으로 농업은 그다지 선호하는 산업이 아니었다. 이런 추세는 점점 더 심화된다. 하지만 미래의 농업은 달라질 것이다. 각종 첨단기술의 발달로 인해 태양 아래서 오래 지치도록 하는 원시적인 농업을 대체하고 시장, 비용, 수분 함량 등 대부분을 자동으로 모니터하도록 훈련된 데이터 판독기 등으로 농업이 변신한다.

모든 산업과 마찬가지로 변화를 야기하는 아주 작은 힘들이 무수하게 존재하지만, 다음 세 가지 트렌드를 살펴보면 미래의 농업을 파악하는 데 어느 정도 도움이 될 것이다.

트렌드 1 - 정밀

- GPS와 라이다: 정확한 GPS시스템에 농토에서 농부들을 거의 완벽한 패턴으로 안내해주는 스티어링 어시스트 기능이 있는 트랙터와 결합하면 씨앗 튜브를 자동 차단하는 파종기를 가지고 훨씬 쉽고 가지런하게 곡물을 심을 수 있다. 제초제와 살충제의 분사 시스템은 최적의 일관성을 유지하기 위해 개별 스프레이 노즐이 셧 다운되는 GPS추적기를 사용한다.

  1mm까지 정확한 라이다 스캐너를 제조한 모두스Moedus 같은 신흥 기술 기업들은 GPS 정확성을 신속하게 개선시킬 뿐만 아니라 3D 이미지 특성을 데이터에 추가시키고 있다. 이 정도의 정밀성은 이미 존재하며, 훨씬 더 큰 정밀성을 위한 노력이 이어지고 있다.

- 스마트 더스트: 스마트 더스트smart dust 아이디어는 2001년 캘리포니아 대학교의 크리스토퍼 S.J. 피스터Kristofer S. J. Pister에 의해 처음 소개되었다. 센서, 로봇, 무선통신 기능을 포함한 아주 작은 장치로 빛, 온도, 진동, 화학 성분 등을 감지한다. 스마트 더스트는 사물인터넷 시대에 많은 분야에서 사용되는데, 농업에서는 씨앗을 뿌릴 때 함께 토양에 심어진다. 스마트 더스트는 실시간 정보를 농장에 보내 정확한 물 주기와 비료 주기를 시행할 수 있게 해준다.

  단순히 토양을 모니터하는 개념을 넘어 스마트 더스트는 토양과 식물 인터페이스가 될 수 있다. 과학자들은 현재 셀룰러 및 단일 분자 수준에서 생물학적 활동을 통제하고 모니터하는 나노스케일에 자성을 이용하는 것을 연구 중이다. 이를 활용해서 식물의 특성을 파악하고 해충을 쫓으며, 곡물 생산의 향상을 위한 마이크로 컨트롤을 실험하기 시작했다. 스마트 더스트를 사용하는 첫 세대에게는 꽤 많은 비용이 들고 수행하는 업무는 한정되겠지만, 몇 번의 혁신이 끝난 후 비용은 급감하며 시간이 지남에 따라 상용화될 것이다.

트렌드 2 - 관련성

• 스마트 푸드: 음식산업은 시간이 지남에 따라 인간의 신진대사 결과 요구되는 영양소 등에 관한 신호를 센서로 잡아내는 과학의 발전과 접목할 것이다. 첨단기술은 뇌파의 변동에서부터 심장 박동수의 미세한 변화, 위장의 소화 과정, 피부의 상태와 땀의 변화까지도 읽을 수 있는 실시간 반응 센서를 만들어낼 것이다. 신체적 상태를 점검한 센서는 인간에게 부족한 영양소를 채워줄 더 건강한 식단을 요구할 것이다. 이것이 농업과 소비자를 직접 연결해주는 공급망과 인터페이스로 설계된다.

2030년이면 일반 가정에 살고 있는 최종소비자의 요구에 근거한 식료품 목록을 생산하는 모니터링 시스템이 갖추어진다. 음식 주문은 자동으로, 또는 사람이 요구하는 대로 통제되어 이루어진다. 주문은 지역 공급업체에 할 것이며 지역 공급업자는 생산자와 지속적인 통신을 하게 된다. 전체 수요 중심의 공급망은 최종소비자의 요구에 따라 연결된다.

그 결과 미래에는 레스토랑에서 고객이 참깨 빵에 참깨 47개, 아몬드 바나나 맛을 첨가하고, 칼슘 3.6g, 칼륨 2.7g, 지방 13.2%의 치즈버거를 주문할 수 있다. 자동화된 사회에서는 가능한 일이다. 농부는 결과를 조작할 수 있도록 설계된 컴퓨터 프로세스를 통해 농작물을 관리하며 고객의 욕구를 미리 파악하고 음식 재고를 생산하지 않는 전문가가 된다. 그러면 자동화된 농업은 승인된 안전 지침에 따라 유전자를 조작하고 빛, 물, 산소가 최적화된 환경에서 실행된다. 안전한 음식 공급을 위해 시스템은 공급망의 단계마다 지속적으로 모니터링된다.

트렌드 3 - 제어

• 수직농업: 모든 사업은 변수를 통제함으로써 더 쉽게 관리된다. 농업은 너무 많은 변수로 인해 일관된 결과를 얻을 수 없는 산업이다. 몇 가지 변수를 살펴보면 다음과 같다.

첫째, 날씨 변수다. 농부가 '올해는 비의 양이 적절했어'라고 하는 말을 듣는 것은 드문 일이다. 결국 너무 덥거나, 너무 건조하거나, 비가 너무 많이 오거나, 너무 춥거나, 바람이 너무 세게 불거나, 번개, 토네이도, 우박 기타 등등의 날씨 변수가 있다.

둘째는 해충 변수다. 조류에서 곤충, 벌레, 나방, 다람쥐, 작물에 해를 끼치는 상상할 수 없는 작은 동물에 이르는 모든 것을 말한다.

이 외에도 토양 변수(미네랄 성분), 거리 변수(프로세서, 유통, 소비자에 이르는 운송비용) 등이 있다. 농부는 끊임없이 존재하는 수많은 변수를 통제하는 더 나은 방법을 찾고 있다. 여기에 더해 소비자 요구를 정밀하게 모니터해 거의 통제된 환경에서 초정밀 농업을 시행한다. 오늘날의 농업은 극단적인 외부의 영향으로 인한 부정확성이 문제로 미래 소비자 시장에 공급이 이상적이지 않다. 기존의 온실은 구축비용이 비싸고 운영이 비효율적이라서 미래의 농업은 수직 이동한다.

컬럼비아 대학교의 딕슨 데포미에Dickson Despommier 명예교수가 수직 농업의 구현을 실험 중이다. 수직농업의 개념은 식품의 생산을 위한 수직 온실로, 사일로 형태로 탑처럼 솟은 지상층과 지하층으로 이루어진다. 풍부한 표토로 가득한 지상층이나 벌집형으로 이루어진 원통형 사일로의 벽은 작은 표면적을 훨씬 큰 표면적의 땅으로 변환시키는 기능이 적용된다.

사일로의 전체 생산 지역은 재배, 제초, 급수, 수확, 수확 후 정리 등의 모든 필요한 일을 수행하는 로봇으로 관리된다.

• 하이브리드 곡물: 특별한 하이브리드 곡물이 제한된 공간에서 생산된다. 짧은 줄기 옥수수나 개별 사이즈의 과일과 채소 등 수직 농업에서 최적인 곡물이 만들어진다. 여기에 공기에서 추출한 수분을 모으는 시스템으로 생산한 물, 외부 풍력 발전기 등을 포함하고 있는 사일로 농업은 황량한 기후, 사막, 바위 땅 등 식물이 자라기 어려운 땅에서도 경작 가능하다. 이로써 농업 활동이 1년 내내 이루어지며, 단위면적당 1,000배 정도의 식품을 생산할 수 있는

능력을 갖추게 된다.

이상과 같이 미래의 농업은 정밀, 관련성, 제어의 세 가지 트렌드로 변화할 것이다. 차세대 농업 활동은 전례 없는 수준의 기회를 만들고, 농부를 지구 상 가장 높은 수준의 전문가로 만드는 첨단산업이 될 것이다. 구글이 선정한 최고의 미래학자 토머스 프레이Thomas Frey는 농업이 세상에서 가장 멋진 직업이 될 것이라고 말한다.

곤충이 급격하게
식품으로 변하고 있다

State of the Future The Millennium Project

2050년에 세계 인구는 90억 명에 이를 것으로 예상된다. 이에 따라 식량으로서 인간이 소비할 육류가 급증할 것이다. 하지만 소, 닭, 돼지 등 가축을 사육하는 데 지금도 탄소 발생이 문제가 되고 있다. 미래 인구의 육류 소비를 충족하기 위해 가축의 사용 외에 다른 대안이 필요하다. 이를 위해 배양육이 연구되고 있기도 하지만, 학자들이 생각한 다른 대안이 하나 더 있다. 이는 다름 아니라 단백질이 매우 풍부해 영양상 육류의 대용으로 완벽한 식품이 바로 곤충이다.

곤충을 식량으로 하는 것이 놀라운 일은 아니다. 많은 민족이 과거부터 곤충을 식량으로 사용하고 있기도 하고 현재는 많은 국가가 곤충 식량화 사업에 이미 뛰어들었다. 유엔식량농업기구Food and Agriculture Organization, FAO에 따르면 곤충의 종류는 2,013종에 이른다고 한다. 그중 일부를 식재료로 이미 사용하고 있다. 북미에서도 귀뚜라미가 일부 미

식가들에게 고급 요리로 소개되고 있기도 하다. 곤충을 사육하는 농장도 있는데, 캘리포니아의 실리콘밸리에 2012년에 최초의 곤충 농장이 설립되었다. 약 30여 종의 곤충을 키우는 이 농장은 앤드루 브렌타노Andrew Brentano와 그의 공동 설립자들이 시작했다. 이곳에 생산하는 제품은 거의 모두 구운 제품이며 대부분 가루로 생산한다.

브렌타노는 귀뚜라미를 식용으로 할 경우 돼지나 가금류 농장보다 환경오염을 훨씬 줄여준다고 주장하며 몇 가지 흥미로운 통계 비교를 제공했다.

- 쇠고기를 0.45kg 생산할 때 곤충은 11.33kg을 생산할 수 있다.
- 귀뚜라미를 0.45kg 생산할 때 드는 사료는 0.9kg뿐이다.
- 축산보다 물을 절약한다. 닭은 0.45kg의 고기를 생산하기 위해 물을 거의 1,900ℓ를 사용하고, 쇠고기는 그 4배 이상 사용한다. 감자와 당근의 0.45kg 생산하는 데 필요한 물은 3.8ℓ이고 귀뚜라미는 감자 당근과 같은 양의 물이 필요하다.
- 마지막으로 귀뚜라미는 가축을 사육할 때보다 온실가스를 80% 줄여주어 기후 변화의 훌륭한 대안이 된다.

귀뚜라미는 우리의 전통적인 육류 단백질 공급원보다 자원이 절감된다. 귀뚜라미가 냉혈 곤충이기 때문이다. 체온을 유지하기 위해 에너지를 공급해주지 않아도 되며, 단백질이 풍부하다. 덕분에 아프리카와 아시아에서 고기 단백질 공급원으로 중요한 식품으로 취급받는다.

현재 곤충을 식량으로 삼는 데 가장 큰 문제는 작물 재배하는 농민이 살충제를 광범위하게 사용해 곤충을 죽이고 있다는 점이다. 곤충의 소규모 사육은 대부분의 지역에서 현재 수행되고 있지만 공급이 제한하고, 무엇보다 일반인들에게 곤충을 식량으로 제공한다는 점을 이해시키는 데 애를 먹고 있다.

그래서 필요한 것이 곤충의 새로운 생산 방법과 섭취에 거부감 없도록 만드는 방법, 예를 들면 캘리포니아 농장처럼 가루로 만드는 법 등의 새로운 기술이 필요하다. 캐나다 몬트리올의 맥길 대학교 대학원생들이 만든 텍사스 소재의 곤충농업연구소가 이 모델을 수립하고 있다. 오스틴에 위치한 이곳은 주당 500만 마리 귀뚜라미를 처리하는데, 이 귀뚜라미를 키우는 데는 약 6주 정도가 소요된다.

현재 이 귀뚜라미는 주로 분말 형태로 100g에 10달러의 가격에 판매된다. 닭고기나 쇠고기와 크게 차이가 없는 가격이다. 그러나 인구가 현재보다 20억 명이 더 늘어나는 2050년에는 귀뚜라미 등 곤충이 저렴하게 일반적인 저녁식사로 공급될 것이다.

변화를 주도하는
체인지 메이킹

State of the Future The Millennium Project

인공지능, 사물인터넷, 무인자동차와 무인기 등 로봇, 인간-컴퓨터 인터페이스, 글로벌 브레인, 수명연장 기술, 3D 프린터…. 미래기술로 꼽히는 이 첨단기술들은 우리 삶을 편리하게 만들지만 한편으로는 일자리를 빼앗아갈 것이라고 여겨지기도 한다.

오늘날의 기술은 인간의 역할을 재정의하게 만든다. 어떤 일이 언제 사라질지, 경기 종료 시각을 알릴 필요는 없다. 다만 전환이 원활히 이루어질 수 있도록 새로운 일을 배울 자리를 만들어줘야 한다. 이는 새삼스러운 것이 아니다. 산업혁명 기간에 미국에서는 모든 자녀가 학교에 와서 읽기, 쓰기 및 수학을 배울 것을 요구했다. 다만 당시 교육은 노동자에게 새로운 산업이나 기계 작동에 필요한 기술을 개발하기보다는 기계를 사용하는 법을 가르쳤다. 하지만 기술의 발전과 함께 교육은 점차 변화해 20세기 전반에 걸쳐 인류는 모든 인간이 기술을 개발, 확보하는 데 엄청난 자원을 쏟아 부었다. 그리고 21세기인 지금 인간은 비슷한 작업을 하지만, 새로운 기술 개발과 융합의 필요성에 직면하고 있다.

우리 대부분은 STEMscience, technology, engineering, mathematics: 과학, 기술, 공학, 수학 교육에 대한 이야기를 들어 보았을 뿐만 아니라 그것이 매우 중요하다고 알고 있다. 그러나 아직 덜 알려진 것이 하나 있다. 공감하고 혁신하고 새로운 팀워크와 새로운 리더십을 가진 변화를 만드는change making 기술이다. STEM은 우리가 그 중요성을 이미 알고 적극 투자하고 있지만, 여기에 변화를 만드는 최신기술을 가지고 어떤 변화를 직접 만들어내는 능력, 즉 체인지 메이킹 능력을 갖춰야 한다.

체인지 메이킹은 중요한 것에 공감하고, 상호 연결된 세계에서 하나의 행동으로 모든 사람이 공감하도록 만들며, 이들이 세상을 바꿀 수 있도록 영향을 미칠 수 있는 능력을 말한다. '아랍의 봄Arab Spring: 2010년 튀니지의 한 젊은 노점상의 분신 시위에서 촉발돼 중동 및 북아프리카로 퍼져 나간 민주화 운동' '아이스 버킷 챌린지Ice Bucket Challenge: 루게릭병에 대한 관심을 환기하고 기부를 활성화하기 위해 머리에 얼음물을 뒤집어쓰는 퍼포먼스를 전파하는 운동' 등이 이런 대표적 변화의 사례이며, 이런 능력은 점차 더 중요해질 것이다. 특정 이슈나 정보의 전파 속도가 급격히 빨라져 새로운 기업과 산업이 형성되고, 종래에 수십 년이 걸렸던 변화는 이제 몇 달 안에 일어나고 있다.

권한이나 계층 시스템을 점점 더 유지하기 힘들어지는 미래에 다른 사람들과 어울리면서 그들을 공감하게 하고 그들의 마음을 얻을 수 있는 기술이 필요하다. 우리는 어떤 운동을 이끌고 성공하는 사람, 이 새로운 세계에서 새로운 변화를 탐색하고 이끌어간 사람들의 힘을 이미 경험했다.

생명공학의 윤리를 지키기로 한 로마 컨퍼런스, 3D 프린터로 살상하는 총을 프린트하지 못하게 자체 규제하는 3D 프린터 기업 리더들 등 스스로 관리하는 능력을 보았다. 이들 기술은 단지 기존의 리더 위치에 있는 사람들만이 가지는 리더십이 아니라 무언가를 만들어내고 모두의 협력을 끌어내는 이들에게 나타난다. 혁신은 점점 더 리더를 필요로 하며, 사람들이 자신의 말을 따르고 믿고 행하도록 하는 기술, 모두를 관리하지 않으면서도 반드시 모두 함께 도달하고 협업하게 만드는 기술, 모두가 공감하는 리더가 되는 기술이 필요하다.

미래에는 개인 모두에게 이런 기술이 필요하다. 왜냐하면 미래의 근로자는 대체로 혼자 작업하기 때문에 큰 그림을 그릴 줄 알아야 하고 작업의 우선순위를 스스로 매기며, 필요에 따라 다른 사람과 협업도 능숙하게 해내야 한다. 큰 그림을 그릴 줄 알아야 세상에 좋은 아이디어를 제공하고 구축할 수 있으며, 이를 관리할 줄도 알아야 한다.

1978년 미국에서 설립된 아쇼카 재단이 체인지 메이킹 운동을 앞장서서 전개하고 있다. 재단은 학교에서 체인지 메이킹을 교육할 수 있도록 지원하고 있다. 아쇼카 재단은 사회적 기업가를 지원하는 단체로, 사회를 변화시킬 창의적 아이디어를 지원하는 사업을 하고 있다. 미래를 위해 기업과 정부가 로봇 기술이나 인공지능 개발에 천문학적인 돈을 투자하지만, 정작 그런 미래를 살아갈 사람들에게는 투자가 미비한 것이 현실이다. 이런 투자에도 적극 나설 필요가 있다.

기술 발전의 발목을 잡는
특허 제도

IBM에 데이터센터를 만들었고 코볼common business oriented language, COBOL: 사무 처리를 위한 컴퓨터 프로그래밍 언어을 개발했으며 최초로 인터넷기업을 창업한 비벡 와드화Vivek Wadhwa는 듀크 대학교에서 창업 전문 경영학을 가르치는 교수다. 그는 창업자들에게 온갖 서비스를 제공하는 전문가로, 미래 특허청의 소멸을 예측하고 특허가 더는 소용없어지는 시대가 온다고 주장한다.

미국의 헌법을 만든 국가 창설의 아버지들은 헌법에 특별한 문구를 넣었다. '과학이나 예술 발전을 촉진시키기 위해서 과학자, 발명가, 예술가들에게 그들의 저작물이나 발명품에 중요한 권리를 짧은 시간 내에 확보해주어야 한다'고 써넣은 것이다.

미국의 헌법 제정자들은 틀리지 않았다. 그러한 권리, 즉 특허는 한 가지 기술 발전이 수십 년 또는 수백 년이 걸려서야 탄생하는 시기에는 필요했다. 오랫동안 연구해서 개발한 기술에는 그 투자비용과 시간을 보상할 만한 권리를 허용해야만 했다.

이 헌법은 수세기에 걸쳐 중요한 역할을 제공했다. 하지만 이제는 특허가 오히려 기술 발전의 발목을 잡고 있다. 오늘날 기하급수적으로 발전하는 기술 시대에 특허는 기술 혁신 최대의 적이 되었다. 이대로 가다가는 미국을 추락시키는 가장 큰 폐해가 바로 특허가 될 것이다.

전 세계적으로 볼 때 미국에서 가장 많은 신기술이 나오고 있는데, 다른 나라보다 빨리 이런 기술을 산업화해야 진짜 성공을 이룩할 수 있다. 그런데 특허청에서 특허를 제때에 내주지 않는 사이에 다른 나라에서 같은 기술을 개발해 미국의 연구기업들을 낭패에 빠뜨린다.

미국이 이런 실패를 하지 않을 방법은 특허청을 없애거나 특허법을 개혁하는 것뿐이다. 신기술이 시장에 맞춰 빠르게 특허를 얻고 발전 속도를 예측해 산업화해야 한다.

여기에 관해 캘리포니아 헤이스팅스 법대의 로빈 펠드먼Robin Feldman 교수와 스탠퍼드 법대의 마크 렘리Mark Lemley 교수가 공동 연구한 논문 '특허나 라이선스 혁신 필요'가 해결 방안을 제시한다.

특허의 가치는 제대로 된 검정 과정을 거쳐야 한다. 그렇지 않을 경우 개발자들이나 특허 보유자가 회사를 상대로 자신의 특허를 주장할 때 분쟁이 일어날 수 있기 때문이다. 특허 라이선스는 실제로 기술 개발, 기술 이전을 촉진하는 방법으로 이용되고 있다. 하지만 특허를 받는 시점이면 그 기술은 더 이상 쓸모없는 기술이 될 만큼 최근의 기술 발전의 속도는 빠르다. 그 탓에 새로운 혁신의 결과나 신제품이 개발되어 나오는 것을 거의 보지 못했다. 특허 프로세스가 헌법에 명시한 '짧은 시간'을 지킬 수 없는 상황이 된 것이다. 특허 라이선스 등은 산업화나 상업화에 상관없이, 신청하는 기업이나 대학에 허가되기 때문에 사실상 그런 기술은 전혀 쓸모가 없었다. 컴퓨터, 전자, 반도체, 제약, 의료기기, 생명공학을 포함한 11개 산업 분야에서 188개 기술 개발기업을 대상으로 설문조사를 한 결과, 특허 및 라이선스는 대부분 학술연구논문처럼 발급되고 인정되기 때문에 기업의 매출이나 사업에는 전혀 도움이 안 된다고 답했다.

펠드먼과 램리는 이런 이상한 결과가 특히 통신 및 에너지산업에서는 더욱 두드러진다고 주장한다. 이에 따라 특허나 라이선스의 소송 빈도 또한 높아지는데, 이는 기술 혁신 또는 기술 이전의 단계에서 시간을 너무 빼앗기거나 특허 전문가나 변리사에게 지불하는 비용이 과다해 발목을 잡힌다는 것이다. 따라서 최근에는 대부분의 기업이 단순히 그들이 독자적으로 개발한 기술을 특허받지 않고 상업화를 진행하는 추세다.

한편 특허관리 전문 기업non practicing entity, NPE이 중간에 과다한 수수료를 챙기면서 '특허괴물'로 악명 높다. 이들은 실현할 수 없거나 사업화할 수 없는 기술을 팔거나, 발명가로부터 새로운 기술을 가져와 효율적인 중간 서비스를 제공하지 않고 자신들의 배만 불린다. 특허관리 전문 기업들이 효율적 중간자 역할을 하려면 가난한 개발자의 아이디어, 가난한 발명가들에게 돈을 뜯어갈 것이 아니라 그들을 도와 사회적 착한 서비스를 제공해야 한다. 특허받은 아이디어를 현실화시키며 제품을 개발하는 회사가 나올 수 있도록 개선하고 혁신해야 한다. 하지만 이런 착한 서비스를 제공하는 일은 거의 불가능해 보인다. 첫째, 많은 특허관리 전문 기업들의 활동은 기술이 너무 빨리 변하는 IT나 컴퓨터에 관한 것들이 많기 때문이다. 이런 분야의 기술을 특허가 따라갈 수 없고, 특허청 역시 이런 신기술의 흐름을 파악하고 있는 경우가 드물다. 그 탓에 특허를 받아도 특허의 품질이 보장되지 않고 일반적으로 학자와 평론가에 의해 인정되어서 실제로는 가치가 없는 것도 많다. 가장 중요한 것은, 생명과학산업 분야의 특허는 사실상 쓸모없는 것이 대부분이며 창업을 하거나 사업을 시작하는 전문가들은 특허 활동에 큰 의미를 부여하지 않는다는 점이다. 또 대부분의 특허권자들은 자신과 비슷한 기술을 개발해 제품을 생산하는 업체들을 무조건 고소하기도 한다. 그래서 새로운 기술 개발의 발목을 잡는 행위를 특허권자 자신이 하고 있는 것이다. 그 결과 특허 라이선스는 새 제품이나 기술 이전에 거의 사용되지도 못한다.

펠드먼과 렘리의 연구 결과는 특허청의 개혁 노력에 초점을 맞추고, 특허에 관한 신속한 결정과 손쉬운 특허 발급의 필요성을 강조한다. 지금의 특허제도는 기술이 기하급수적으로 발전하는 미래에는 그 어떤 역할도 할 수 없다. 기술 혁신을 위해서 울퉁불퉁한 비포장도로는 더 이상 필요 없다. 미래를 위해서는 빠른 고속도로가 필요하다.

미래 도전을 극복할
12가지 '관리' 기술

State of the Future The Millennium Project

우리는 실시간으로 엄청난 양의 정보와 기술이 넘쳐나는 세상에서 몇 가지 규칙만 가지고 살아가고 있다. 대학 등 전통적인 학교에서는 세상에 지뢰처럼 숨어 있는 엄청난 수의 도전에 대처하지 못했다. 우리가 이런 도전에 대처하기 위해서 모든 것을 익히고 배울 필요는 없으며, 이것은 사실상 불가능하기도 하다. 다만 속도가 빠른 미래사회에 적응하기 위해 '새로운 규칙'에 익숙해지는 것이 중요하다. 학교에서는 배울 수 없는, 미래에 잘 대처할 수 있는 12가지 중요한 관리 기술을 소개한다.

1. 주의력 집중 관리

스마트폰 사용자들은 평균 하루에 220번 전화기를 확인한다. 피크타임에는 6~7초 간격으로 확인한다. 하루에 900번 이상 확인하면 중독이라고 할 수 있다.

문자는 스마트폰에서 가장 많이 사용되는 앱이다. 미국인들의 97%는 적어도 하루에 한 번 이상 문자를 사용한다. 밀레니얼 세대는 하루에 평균 67회의 문자를 주고받는다. 이메일에 답장하는 데는 90분이 소요되지만 문자에 답장하는 시간은 90초 이내다. 사람들은 평균 다섯 개의 소셜미디어 계정을 갖고 있으며 이 네트워크를 관리하는 데 하루에 1시간 40분을 사용한다. 미국에서 유튜브는 가장 대중적인 소셜네트워크로 방문율은 페이스북보다 8% 더 높다. 미국인은 하루에 평균 5.5시간을 비디오 컨텐츠에 소비한다. TV 시청 피크타임에는 70%가 넘는 인터넷 회선이 넷플릭스와 유튜브의 비디오 스트리밍에 사용된다. 페이스북과 유튜브는 둘 다 세계적으로 10억 명 이상의 사용자를 가지고 있으므로, 이는 미국만의 현상은 아니다.

그렇다면 당신은 직업을 위해, 친구와 가족들을 위해, 당신을 둘러싼 세계를 경험하기 위해 얼마나 많은 시간을 사용할 수 있는가? 주의력 집중 관리 기술은 다가오는 미래에 성공을 위해 꼭 익혀야 할 중요한 기술이 될 것이다.

2. 신기술 관리

언제쯤이면 드론 비행 기술을 익힐 필요가 생길까? 경솔하게 "절대로 그럴 일은 없다"고 말하지 마라. 당신이 방금 직장에서 해고되었고 당신의 친구는 드론 파일럿으로 높은 급여를 받고 있다고 한다면 생각을 바꾸겠는가? 이는 드론에만 해당하는 이야기가 아니다. 새로운 직업으로 급부상하고 있는 3D 프린터 설계, 아쿠아포닉스aquaponics: 물고기 양식과 수경재배를 결합한 미래 농업시스템 기술자, 크라우드 펀딩 컨설턴트, 3D 건축소재 전문가, 센서공학자, 데이터 분석가, 스마트 의류용 앱 전문가 등도 마찬가지다.

미래의 직업에 필요한 기술은 무엇이 있을까? 무인자동차 운용법, 스마트워치로 상사와 커뮤니케이션하는 방법, 스마트폰으로 스프레드시트를 통합하는 기술, 최근의 사물인터넷 기기에 익숙해지는 법, 텔레프레즌스 룸 사용법 등이 필요할까? 당신의 일자리가 사라진 뒤에 다음 직업을 계획할 시간이 있을 것이라고 생각한다면, 당신은 은퇴하는 날까지 이 문제로 고심하게 될 것이고 인생은 고통스러울 것이다.

3. 커뮤니케이션 관리

당신은 어디에 뉴스를 접하는가? 다수는 아직 신문을 읽고 TV를 보며 책과 잡지를 읽고 라디오를 듣는다. 그러나 전통적인 뉴스를 디지털로 대체하는 사람들이 점차 늘어나고 있다. 젊은 층에게는 페이스북, 인스타그램, 트위터, 유튜브 등이 그들의 유일한 뉴스 원천이다.

가족이나 친구들과 이야기할 때는 스카이프Skype를 쓰고 문자와 비디오 클립을 보내며, 게임을 하면서 채팅하고 사진을 보내고 페이스타임과 구글 행아웃을 이용한다. 그러나 비즈니스를 할 때면, 일대일 또는 일대다수의 언어적 커뮤니케이션이 여전히 기업들이 가장 소중하게 여기는 기술이다. 평균적으로 남성이 하루에 2,000단어를 말하는 것과 비교해 여성은 7,000단어를 말한다. 여성은 3.5배 더 많이 연습하기 때문에 이 분야에 유리하다.

게임, 소셜미디어, 스마트폰 앱 등의 새로운 커뮤니케이션 채널들이 증가하면서 사람들은 친구와 가족들과 계속 연락하지 못하면 불안에 시달리게 되었다. 그리고 커뮤니케이션 채널들을 끄게 되면 배제되었다는 느낌으로 더 큰 불안에 시달리게 된다.

커뮤니케이션 채널들을 효과적으로 관리하는 것은 학교에서 가르쳐주지 않는 중요한 기술이다.

4. 평판 관리

한 연구에 의하면, 2020년에 미국 근로자의 40% 이상 또는 6,000만 명 이상이 프리랜서, 계약직, 임시직 근로자가 될 것이라고 추산했다. 최근의 조사에 의하면 프리랜서들이 직면할 가장 큰 문제는 빈곤 수준의 수입이다.

링크드인의 창업자이자 회장인 레이드 호프먼Reid Hoffman은 "우리 인생을 기업이라고 여기고 관리하면 더 나아질 수 있다"고 말했다. 호프먼은 저서 《당신의 스타트업The Start-Up of You》에서 '온라인 평판이 성공을 위한 기초가 될 것'이라고 언급한다. 우리를 둘러싸고 있는 평판이란 우리가 통제할 수 없는 것이 아니다. 만약 온라인 평판이 중요하지 않다고 생각한다면 아래의 통계를 참조해보라

- 88%의 사람들은 사생활을 보호하지 않는 기업과는 비즈니스를 하지 않을 것이다.
- 이혼변호사의 80%는 증거를 찾기 위해 페이스북을 이용한다.

- 리크루터의 65%는 소셜미디어에 비속어를 자주 사용하는 구직자를 좋게 보지 않는다.
- 인사담당부장의 68%는 소셜미디어에서 본 어떤 것 때문에 채용 후보자를 채용하기로 결정한다.

이것은 학교에서 가르치지 않는 또 다른 중요한 기술이다.

5. 개인정보 관리

개인정보 보호와 투명성은 사회 스펙트럼의 양쪽 끝에 있다. 그러나 두 가지 다 사생활 침해의 깃발 아래에서 거대한 윤리적 이슈를 구성하고 있다. 드론의 사생활 침해 문제는 소셜미디어 개인정보 문제와 다르며 이는 온라인 소매업자, 사물인터넷, 빅 데이터, 이메일의 개인정보 유출 문제와 다르다.

사람들은 때로 적절하고 유용한 온라인 서비스를 이용하기 위해 개인의 신상을 공유한다. 그러나 기업들은 한번 개인정보를 수집하면 이를 이용해 돈을 벌기 위해 개인정보를 노출시킨다. 이로써 기업의 신뢰는 감소한다. 신뢰는 모든 형태의 혁신에 핵심적인 역할을 수행한다. 한편 사생활을 존중하는 개인정보의 자유로운 흐름은 혁신의 추진력이 된다. 글로벌 기업환경에서 신뢰할 수 있는 정보 공유를 가능하게 하는 법적 구조를 수립하는 것이 미래의 커다란 도전과제다.

6. 정보 관리

2008년 캘리포니아 대학교에서 사람들이 하루에 받아들이는 정보의 양에 관한 연구가 수행되었다. 연구 결과 2008년에 미국인들은 정보를 소비하는 데 하루 평균 11.8시간을 사용했으며 그 수치는 매년 2.6%씩 증가했다. 다른 나라들도 비슷한 수치를 나타냈다. 오늘날 사람들은 과거 어느 때보다 더 많은 정보에 노출되고 있다. 이 모든 정보를 더 잘 관리할 방법은 무엇인가? 개인의 정보 입출력을 효과적으로 관리할 수 있는 능력은 미래의 재능 시장에서 경쟁력을 높여줄 것이다.

7. 기회 관리

현재 미국인 중 5,400만 명은 프리랜서다. 프리랜서는 하나의 비즈니스의 형태가 되고 있다. 이들 대부분은 처음 시작할 때 단순히 일하는 시간을 늘려서 수입을 증가시키려 한다. 그러나 본업을 그만두고 주당 30~40시간의 프리랜서 일을 시작하게 되면, 더 많은 돈을 벌기 위해서는 두 가지 방법밖에 없다는 것을 알게 된다. 더 전문가가 되어서 시간당 수수료를 높이거나, 다른 프리랜서들을 자신의 프로젝트에 끌어들여서 더 크고 높은 수준의 프로젝트를 진행하는 것이다. 시간이 지나면서 더 많은 프리랜서가 전문성을 개발하고 팀을 이루어 전보다 더 많은 수입을 올리는 것을 보게 될 것이다. 또 공유경제는 우버 운전자, 잘리Zaarly, 상품 및 서비스에 관해 실시간 p2p거래를 지원하는 마켓 전문 거래자, 태스크 래빗Task Rabbit, 단기 아르바이트 중개 서비스 노동자, 에어비앤비 관리자 등 새로운 종류의 임시직 경제gig economy 전문가들에게 기회를 열어줄 것이다.

이는 새로운 시대의 직업군에 속하며, 진입장벽이 높지 않고 상사의 간섭 없이 자기 업무를 관리하고 성과를 낼 수 있다.

8. 기술 관리

첫 번째 아이폰이 세상에 나온 것은 2007년이었다. 이후 새로운 기기들이 쏟아져 나왔다. 어떤 것을 주목하고 어떤 것을 무시해야 하는가? 우리 일상 어디에나 센서들이 존재하게 되어 우리는 조만간 스마트 신발을 신고, 스마트 베개를 베고, 스마트 스푼으로 스마트 음식을 먹고 스마트 장난감을 갖고 노는 아이들을 보게 될 것이다. 어떤 기술을 선택하는가는 우리가 누구인가, 그리고 갈수록 기술 의존적으로 되어가는 세계에서의 우리의 역할은 무엇인가에 달려 있을 것이다.

조만간 우리는 자신의 드론, 스마트 하우스, 반려동물, 자동차, 옷, 심지어 상상의 친구들을 위한 앱을 다운로드하게 될 것이다. 기술과의 관계는 계속 진행하는 도전이 될 것이며 이러한 기술을 향상시키는 것은 이 시대에 성공하기 위한 핵심이 될 것이다.

9. 관계 관리

소셜미디어 세계에서 우리는 많은 사람을 알게 된다. 우리는 그들과 어떤 관계를 맺고 있는가? 이러한 관계의 가치를 정량적·정성적으로 어떻게 높일 것인가? 소셜네트워크의 크기가 증가함에 따라 각각의 사람들과 의미 있는 대화를 나누기가 어려워지고 있다. 깊은 관계를 맺고 있는 사람들과 그저 이름과 얼굴을 알고 있는 사람들 사이에는 서로 다른 규칙이 적용된다.

디지털 세대의 관계 관리 방법이 변하고 있다. 사랑과 결혼과 같은 감정적 결합조차 달라지고 있다. 결혼은 역사가 시작된 이래 사회구조의 기본을 이루는 한 축이었지만 새로운 세대에서는 그 중요성이 줄어들어 계약 의식 정도에 지나지 않게 되었다. 미래에는 변화되는 관계의 본질을 이해하는 것이 중요한 기술의 하나가 될 것이다.

10. 유산 관리

미래 세대는 당신을 어떻게 기억하게 될까? 당신의 성공과 실패, 당신의 성취와 잘못, 당신의 관대함과 인내심을 어떻게 받아들일까? 유산을 남기는 기본적인 방법은 재산을 남기는 것이지만 앞으로 사람들은 자신이 남길 정보의 자취를 관리할 수 있는 능력을 갖추게 될 것이다. 아직 태어나지도 않은 자손들과 커뮤니케이션할 수 있게 되는 미래를 위해 우리가 남기고 갈 것이 무엇인지가 더욱 중요해질 것이다. 만일 우리가 후손들에게 우리가 누구인지, 우리가 이룬 것들이 무엇인지 알려주고 싶다면 사진, 비디오, 온라인 문서 등으로 남길 수 있다. 그리고 미래 세대는 자신들의 특성을 남길 더 많은 도구를 갖게 된다. 인공지능 엔진을 갖춘 아바타를 이용해 미래 세대가 알고 싶어하는 것에 대답해줄 수도 있을 것이다.

11. 돈 관리

은행과 신용카드 회사들은 돈의 흐름을 투명하게 만드는 것에 매우 반대한다. 그 이유는 주로 우리 계정의 불투명성이 그들이 부과하는 염치없는 수수료와 요금에 직접적으로 비례하기 때문이다. 실리콘밸리의 최근 핀테크 스타트업 수가 8,000개를 넘으며 벤처 캐피털과 크라우드 펀딩을 통해 수십억 달러를 투자받았다. 또한 블록체인 기술이 주류 금융 시스템에 신속하게 적용되어 가고 있으며 전체 시스템의 근본적인 거래 비용을 제로로 만들어가고 있다. 이로 인해 실시간 투명성이 확보될 것이다.

12. 시간 관리

당신이 진정으로 시간을 통제한다고 느꼈던 때가 언제인가? 모든 사람의 인생에서 중요한 것 가운데 하나는 시간이다. 당신은 곰곰이 생각하며 시간을 보낼 수도 있고 지나치게 많은 스케줄을 잡을 수도 있다. 다른 사람과 함께 시간을 보낼 수도 있고, 시간을 낭비할 수도 있다. 또는 시간이 아예 존재하지 않는 듯 행동할 수도 있다. 그러나 우리는 시간을 늘릴 수도, 저장할 수도, 시간이 가득 들어 있는 가방을 살 수도 없다. 과거의 시간관리 시스템은 미래의 비즈니스 수요와 라이프 스타일에 맞추어 변할 필요가 있다. 이 목록에 있는 모든 항목은 효율성을 높이기 위한 것이다. 우리가 시간을 더 잘 관리하지 못하면 이러한 효율성을 만들어낼 수 없다.

PART
4

융합과 연결

STATE OF THE FUTURE

기계와 인간의 공생,
메타트렌드 시대

40억 지구촌 인구가 스마트폰을 구입하고 있다. 스마트폰보다 일찍 대중화된 PC는 총 16억 대로 5년마다 교체된다. 대규모 PC 산업을 능가하는 스마트폰 시장은 2년을 기점으로 새로운 스마트폰으로 교체되면서 업그레이드된다. 2020년이 되면 현재 30억 명인 인터넷 접속자가 70억 명으로 늘어날 것이다. 지금도 구글이나 페이스북 등이 30억 명을 대상으로 엄청난 부를 창출하는데, 여기에 50억 명의 고객이 추가되므로 소셜네트워크로 대표되는 인터넷 관련 사업이 미래의 유망사업이 된다.

우리의 주머니 속에서 가장 강력한 최신 기술에 대한 인간의 욕망이 충족되고 있다. 스마트폰이 그 주인공으로 인간과 기계의 공생관계와 합병이 시작되었다. 이것이 메타트렌드metatrend: 사회 문화 전반을 아우르는 광범위하고 보편적인 유행다. 점점 더 일상과 가까운 기술이 개발되고 우리의 사업, 우리 가족의 생활 등 모든 측면에 스마트폰이 침투하고 있다.

많은 사람이 스마트폰을 시야에서 벗어나지 않도록 가지고 있다. 또 스마트폰을 들여다보는 횟수가 점점 늘어나면서 스마트폰 없이는 살 수 없는 세상이 되었다. 스마트폰과 태블릿 PC는 소비자 가전업계의 매출 절반을 차지하고 있다.

우리 삶을 모두 연결시켜주는 스마트폰은 컴퓨팅 및 센서의 고유한 조합을 통해 더 많은 활용법이 개발되고 있다. 실리콘밸리의 한 연구소에서는 초당 1기가바이트의 공중파 속도를 보여주었다. 인간과 기계가 공생하는 미래를 상징적으로 보여주는 스마트폰의 네 가지 특징을 살펴보자.

• 연결성: 1991년 초기 2G 네트워크는 초당 수백 킬로바이트였다. 10년 후 등장한 3G 네트워크는 초당 메가바이트로 증가했고, 오늘날 초 최대 8메가바이트의 속도를 내는 4G네트워크가 실현되었다. 그리고 2014년 2월 스프린트Sprint의 CEOchief executive officer: 최고경영자인 댄 헤세Dan Hesse는 휴대전화로 초당 50~60메가바이트의 정보를 제공할 수 있는 초고속 네트워크 계획을 발표했다.

• 컴퓨팅: 3, 4년 전에 1,000개의 코어 프로세서에 연결이 가능한 경우는 MIT의 컴퓨터공학과나 미 국방성 장관 정도였다. 하지만 오늘날 휴대전화의 칩은 평균 초당 억대의 계산을 수행할 수 있을 정도로 발달했다. 칩 제조기술은 계속 발달해 그 크기가 매우 작아

질 것이다. 현재 가장 작은 칩은 14나노미터이며, 무어의 법칙을 적용하면 2020년에는 5나노미터 정도가 된다. 맨눈으로 구분할 수 없는 크기로, IBM은 나노튜브를 만들 계획이며 마이크로 칩 산업 그룹인 ITRS International Technology Roadmap for Semiconductors는 최근 보고서에서 5나노미터 '노드 node: 데이터 통신망에서 데이터를 전송하는 통로에 접속되는 하나 이상의 기능 단위'를 2019년에 발표하겠다고 선언했다. 스마트폰의 처리 능력은 이미 모든 기준으로 볼 때 슈퍼컴퓨터 수준이다. 스마트폰은 멀티 메가바이트를 연결하고 제공하고 있으며 클라우드에서는 진정으로 무한한 연산이 가능하다.

• 센서: 센서는 마법이다. 우리의 휴대전화의 센서는 최대 성장 제품군으로, 인간의 능력을 초인 수준으로 확장해주고 있다. 스마트폰은 영화 〈아이언맨〉에 등장하는 토니 스타크의 인공지능 비서 '자비스'로 진화할 것이다. 현재의 아이폰만 봐도 근접 센서, 주변 광 센서, 방향을 감지하는 가속도계, 자기장의 강도 및 방향을 측정하는 자력계, 자이로스코프 gyroscope의 기능을 가지고 있다. 여기에 8메가픽셀의 카메라와 마이크도 장착되어 있다.

그다음으로 어떤 센서가 추가될까? 혈액을 측정하는 센서, 우리가 먹는 음식의 성분 및 영양소, 공기의 품질 등을 알 수 있는 센서나 칩이 달릴 것이다.

모든 새로운 센서는 새로운 사업 영역을 만든다. 안드로이드용 구글플레이에는 130만 개의 애플리케이션 있고, 애플의 앱스토어에는 120만 개의 애플리케이션이 있다. 이 애플리케이션의 상당 부분은 쓸모가 없다고 여겨지기도 하지만, 그중에는 진짜 강력한 애플리케이션도 포함되어 있다. 앞으로 스마트폰의 감지 및 컴퓨팅 기능을 활용하는 다양한 산업이 나올 가능성은 무궁무진하다. 그리고 우리는 이런 센서들과 더 많은 시간을 보내게 된다.

2000년에 100만 명의 인구와 연결되기 위해서는 100억 원의 자금이 필요했다. 하지만 오늘날 1,000만 명과 연결되는 데 10억 원의 자금에 직원 10명이면 가능하다. 신속하게 확장되며 기하급수적으로 늘어나는 기술과 자원을 활용해 소규모 팀이나 1인 기업으로 사업을 꾸릴 수 있는 것이 모바일 산업의 핵심이다.

아주 단순한 애플리케이션 '요Yo'는 한 명의 직원 겸 사장이 몇 달 만에 100만 명과 연결되었는데 자본금은 0원이었다. 플랫폼 하나를 직접 만들어서 성장시킨 것이다. 일례로 인스타그램은 13명의 직원을 둔 스타트업 기업이었는데 사업의 가능성을 알아본 페이스북에 10억 달러에 인수되었다. 30명의 직원을 둔 왓츠앱WhatsApp은 페이스북에 190억 달러에 인수되었다. 왓츠앱은 매년 7조 2,000억 개의 메시지를 처리한다.

이제 기술 하나만 있으면 전 세계와 접속이 가능하며, 다양한 도전의 기회를 얻을 수 있다. 그중에서도 긍정적 효과가 있으며 가능성이 큰 것은 문제를 발견하고 해결책을 만들어주는 애플리케이션이다. X 프라이즈에서는 글로벌 교육 프로그램에 1,500만 달러의 상금을 내걸었다. 태블릿 PC를 통해 아이들에게 언제 어디서나 읽고 쓰고 기본 수학을 할 수 있는 소프트웨어를 개발하는 팀이 이 상금을 받는다. 또 퀄컴이 상금 1,000만 달러를 내건 트라이코더 프로그램도 있다. 병원의 의사보다 더 정확하게 사람의 질병을 진단할 수 있는 모바일 디바이스를 목표로 한다. 이것은 시작에 불과하다. 앞으로는 모바일을 이용한 다양한 도전이 세상을 더욱 발전시킬 것이다.

기존 경영전략을 적용할 수 없는 융합산업 시대

하버드 대학교의 클레이턴 크리스텐슨Clayton Christensen 교수가 쓴 책《혁신기업의 딜레마The Innovator's Dilemma》는 그동안 CEO들에게 산업 붕괴에서 생존하기 위한 등대가 되어주었다. 그의 책은 기업가들에게 경쟁이 새로 대두되는 분야에서 위협에 대응하는 방법을 가르쳐주었다. 그러나 최근에 언론인과 학자들은 크리스텐슨의 산업 분석의 정확성과 일반화 이론에 의문을 제기했다. 그러자 크리스텐슨은 〈하버드 비즈니스 리뷰Harvard Business Review〉를 통해 그의 이론은 오해를 받아왔고 기본 원리가 잘못 적용되었다고 반론했다.

그의 이론에 대한 비판이 유효한 것인지는 논외로 하고, 크리스텐슨의 아이디어는 산업에 긍정적인 영향을 주었다. 프록터 앤드 갬블The Procter & Gamble, P&G, 제너럴 일렉트릭General Electric, GE, 세일즈포스Salesforce 와 같은 회사들이 크리스텐슨의 조언으로 유리한 위치를 선점할 수 있었다. 그의 이론은 혁신에 관한 훌륭한 사고방식을 제공했다.

그런데 듀크 대학교의 비벡 와드화 교수는 크리스텐슨의 이론이 이제 시대에 뒤떨어졌다고 말한다. 그리고 이론의 기반이 되는 사례 연구의 정확성에서 논쟁의 여지가 발생하고 있다고도 지적했다. 와드화 교수는 우리가 컴퓨팅, 네트워크, 센서, 인공지능, 로봇공학과 같은 기술들이 기하급수적으로 발전하고 융합하는 시대에 살고 있으며, 융합의 시대에 산업들은 서로의 분야를 침해하고 한 산업이 다른 산업을 붕괴시킨다고 말한다.

시크리스텐슨은 우버와 테슬라모터스가 진정으로 파괴적인 기업이 아니라고 비판했다. 그의 파괴적 혁신 이론에 들어맞지 않기 때문이다. 그의 이론에 의하면 경쟁은 아래쪽 또는 시장의 주목받지 못하던 부분에서 시작되어 상부, 시장의 주류로 이동한다. 크리스텐슨은 우버가 시장 참여자들이 간과하고 있는 기존에 존재하지 않던 시장을 개척한 것이 아니라고 비판했다. 그리고 테슬라모터스는 자동차 시장의 하이엔드를 공략하고 있기 때문에 파괴적이지 않다고 말했다. 크리스텐슨과 그의 공동저자는 논문에서 이렇게 말했다. '만약 붕괴 이론이 정확하다면 테슬라의 미래는 더 큰 자동차회사의 인수 여부 또는 시장 점유율을 높이기 위해 오랫동안 치러야 하는 힘든 전쟁의 결과에 달려 있다.'

크리스텐슨의 붕괴 이론은 틀렸다. 경쟁은 더 이상 시장의 아래쪽, 말단에서 시작되지 않는다. 경쟁은 다른 곳에서, 전적으로 다른 산업에서 온다. 택시산업에서 우버는 갑자기 튀어나온 것이다. 처음에 우버는 하이엔드 리무진 부문에서 경쟁했다. 그다음 우버X를 선보여 저렴한 택시 서비스를 제공하기 시작했다. 이제 우버는 모든 것을 원한다. 우버프레시UberFresh를 통해 식료품 당일 배달 서비스를 시도하고 있으며, 우버이츠를 통해 10분 안에 점심식사를 제공한다. 우버는 슈퍼마켓, 아마존닷컴, 음식공급산업에 동시에 도전하고 있다. 우버헬스UberHealth를 통해 필요한 사람에게 독감예방접종을 제공할 계획도 있다. 자율주행자동차가 대중에 선보이고 우버가 자율주행자동차 소프트웨어를 완성하면 운송 부문에 의존하고 있는 모든 산업은 진정한 붕괴의 쓰나미를 맞이할 것이다.

테슬라는 자사가 만든 전기자동차의 우수성을 이미 입증해 보였다. 또 2017년 가동을 예상하는 기가팩토리를 통해 배터리 생산비용을 절반으로 낮추고 전기자동차의 주행거리를 증가시킬 계획을 가지고 있다. 테슬라의 자동차는 성능이 더 좋아지고 가격이 더 싸질 것이다. 테슬라는 또한 2017년에 3만 5,000달러짜리 자동차를 선보일 계획이다. 와드화 교수는 심지어 테슬라가 1회 충전으로 500마일 이상의 주행거리를 가진 2만 5,000달러짜리 전기자동차를 2020년대 초반에 출시한다 하더라도 놀라지 않을 것이라고 강조했다.

한편 테슬라는 전기자동차에 적용되는 배터리 기술을 가지고 태양광 발전 시설을 갖춘 가정에 전기를 저장할 수 있는 배터리인 '파워월'을 공급해 각 가정이 중앙 공급 전력망에서 분리되어 에너지 독립이 가능하도록 하는 계획도 갖고 있다. 이러한 크로스 산업 전략은 규모의 경제를 가져올 것이고 운송산업과 에너지산업을 모두 붕괴시킬 것이다. 테슬라가 GM, 포드Ford, 폭스바겐과 싸우기보다는 이들을 인수할 가능성이 더 클 것이다.

애플은 컴퓨터산업과 음악산업을 이미 붕괴시켰다. 이제 애플은 보건과 금융 분야에 눈을 돌리고 있다. 아이워치는 의료기기와 같은 기능을 가지고 있다. 아이워치의 인공지능은 매일 24시간 우리를 관찰하고 개인 주치의와 같은 역할을 하기 시작했다. 애플의 리서치키트는 임상시험 자료들을 수집하기 시작했고, 우리가 먹는 의약품의 효과와 부작용을 추적해 제약산업과 자리를 바꾸게 될 것이다. 또한 애플은 신용카드 프로세서 역할을 하는 애플페이로 금융산업에 첫 진입했다. 애플페이는 상거래 플랫폼이 되어 다가올 10년 안에 금융산업을 붕괴시킬 것이다.

한편 구글, 페이스북, 스페이스X, 원웹은 드론, 큐브위성cubesats, 기구 등을 이용해 세계 어디서나 와이파이 인터넷이 가능하도록 하는 경쟁을 하고 있다. 처음에 그들은 통신회사를 통해 서비스를 시작했지만 이제는 거꾸로 통신회사를 집어삼키려 하고 있다. 모든 사람이 언제나 온라인 상태에 있을 때 첨단기술을 적용한 산업은 동기부여를 받는다. 이들의 비즈니스 모델은 전화요금, 데이터요금, 접속요금이 아니라 접속된 사람들에게 데이터를 제공해 화폐로 만드는 것이다. 이들은 케이블산업, 엔터테인먼트산업, 그리고 정보와 관련된 모든 산업을 붕괴시킬 것이다.

붕괴는 기업의 새로운 부문이나 부서가 다룰 수 있는 좁은 분야가 더는 아니다. 붕괴는 기술이 적용되는 모든 곳에서 일어난다. 기업은 전력을 다해 준비해야 한다. 모든 부서가 함께 스스로를 재탄생시킬 수 있는 길을 찾고 새로운 경쟁자의 맹공격에 대응해 방어해야 한다.

언제 어디서나
원하는 정보를 얻는
'완전한 지식' 세상

피터 디아만디스 X프라이즈 재단 회장은 미래를 '완전한 지식'의 세상이라고 표현한다. 사물인터넷의 발달로 모든 것이 연결된 세상에서 엄청난 정보가 밀려들기 때문이다. 그 정보들 속에 개인이 원하는 정보가 대부분 포함되어 있으며, 정확한 답변과 데이터를 조회하는 것은 인공지능이 도와줄 것이다. 어떻게 이런 세상이 완성되는지 한번 살펴보자.

먼저 유비쿼터스 시대에 편재하는 카메라의 폭발적 증가가 가장 큰 원인으로 꼽힌다. 1976년 코닥에 의해 만들어진 최초의 디지털카메라는 0.01메가픽셀의 카메라였다. 크기는 토스터만 했고 가격은 수천 달러에 달했다. 그러나 오늘날의 디지털카메라는 성능이나 크기, 가격 면에서 10억 배 더 낫다. 10년 안에 1조 배로 더 좋아질 것이다. 이런 카메라가 일상의 모든 영역에 침투해 생성해내는 유비쿼터스 영상이 모든 것을 감지하고 모니터링하고 정보화한다.

- 거리 영상: 무인자동차 함대가 우리에게 다가오고 있다. 무인자동차는 라이다 등의 각종 센서로 360° 방향을 촬영할 수 있어 주변의 이미지를 모니터링한다. 라이다는 초당 130만 포인트750메가바이트의 데이터를 생성한다.

- 우주 이미지: 현재 3기의 위성이 궤도에서 지구를 모니터링하고 있으며, 2기의 위성이 더 계획되어 있다. 이들 위성은 우주공간에서 거의 실시간으로 영상 서비스를 제공하고 있다. 지구 위의 어떤 지점도 0.5~5m 해상도의 이미지를 제공하고 있다.

- 공중 영상: 무인기들은 다양한 높이로 뜰 수 있으며, 심지어 궤도에 무인기를 띄울 수도 있다. 이 무인기들은 cm 단위의 해상도로 지상의 영상을 모니터링한다.

- 보도 영상: 웨어러블 컴퓨터를 상용하는 미래에는 구글 글라스처럼 눈과 연결되어 시각정보를 주고 컴퓨터를 통해 거리를 촬영하는 시대가 올 것이다. 거리에서 사람들이 1mm의 해상도로 상시 활성화된 카메라를 장착하고 우리 주위에서 모든 것을 촬영하고 모니터링하면서 감시할 것이다.

앞으로 10년 후에는 우리는 1조 개의 센서가 작동하는 세상에서 살게 된다. 2013년 우리는 4제타바이트의 데이터를 생성했다. 데이터 생성은 2년마다 2배로 가속화되고 있으므로, 2020년이 되면 44제타바이트, 즉 44조 기가바이트의 정보를 생성한다.

이런 세상에서 살아가기 위해 인류는 머신 러닝, 데이터 과학, 더 뛰어난 연산 능력을 학습을 통해 갖추게 될 것이다. 특히 글로벌 네트워크의 힘은 더 강력해지고 우리 삶에 더 깊이 파고들어 인류의 질문에 답을 구해주고 더 심도 있게 탐구하게 해준다.

무인 자율주행자동차는 자동제어장치로 사고를 미연에 방지해준다. 혹시 사고가 났더라도 온갖 영상들이 제공되는 미래에는 사고의 원인을 누가 제공했는지 명확하게 알 수 있다.

비즈니스에서 경쟁자의 상황은 어떤지도 알려준다. 궤도위성 영상은 경쟁업체의 주차장에 지난 주말 얼마나 많은 자동차가 주차되어 있었는지 정보를 주고, 주말에 있었던 변화 내역도 제공한다. 어떤 위치의 매장이 더 많은 쇼핑객을 유치했는지도 알려준다. 원료 및 완제품이 나온 경쟁 업체의 공급 체인의 상황도 파악해준다.

사건 현장의 총알은 어디서 날아왔는가? 도시 전역에 배치된 음향 센서 네트워크로부터 데이터를 수집하면 총소리를 분리할 수 있다. 이 총소리 분리 알고리즘을 통해 데이터를 필터링해 약 3m 이내에 위치하는 삼각형의 총알이 날아온 지점을 분석할 수 있어 범죄 수사 등에 획기적인 발전이 있을 것이다.

맨해튼의 금요일 밤에 가장 인기 있는 드레스는 무슨 색인가? 이미지를 끊임없이 수집하고 거리, 쇼핑센터, 자치구 단위로 분석해서 가장 인기 있는 색상과 패션을 결정하고 알아낼 수 있다.

이렇게 거의 모든 정보를 손에 넣을 수 있는 미래에 우리가 얻을 수 있는 정보는 비단 영상만이 아니다. 글로벌 네트워크로 연결된 모든 것에서 모든 형태의 정보를 손에 넣을 수 있다. 우리는 '완벽한 정보'의 세계를 향해 이동하고 있다. 이는 산업 전반의 형태도 바꿀 것이며, 우리의 삶도 완전히 다르게 변화시킬 것이다.

세상을 연결하는 기술 4

State of the Future The Millennium Project

04

지구 역사상 가장 극적인 경제 성장이 2016~2020년의 4년간 일어날 것이라고 한다. 이는 인터넷으로 세계 인구가 연결된다는 예측에서 기인한다. 현재 30억 명의 인터넷 인구가 2020년 70억 명으로 늘어날 것이다. 경제적인 측면에서 갑자기 50억 명의 새로운 인터넷 고객이 생기는 것이다. 이 50억 명은 지금까지 아무것도 구입하지 않았고 아무것도 업로드하지 않았으며, 어떤 것도 발명하거나 판매하지 않았던 완전히 새로운 소비자이자 판매자다. 이들 대부분은 아프리카, 인도, 중국, 개발도상국 인구이며 소득이 낮은 계층이지만 온라인 및 세계 경제에 유입되어 세계 경제 흐름에 새로운 물결을 만들 것이다.

이 50억 명을 연결하는 방법, 그들에게 게시물을 올리고 물건을 파는 전략이 바로 글로벌 경제 전략이 된다. 세계를 하나로 연결하는 미래의 네트워크 기술을 소개한다.

1. 페이스북과 인터넷닷오그

페이스북의 마크 저커버그Mark Zuckerberg는 2015년에 "세계를 연결하는 인터넷닷오그Internet.org의 일환으로 페이스북은 무인항공기를 설계해 하늘에서 사람들에게 빔으로 인터넷 접속이 가능하게 할 것"이라고 발표했다. 최종 디자인은 보잉737보다 날개 길이가 길지만 자동차보다 가벼운 무게를 가진 무인기로, 영국에서 이 항공기의 시험비행을 완료했다. 날개의 태양전지 패널에서 에너지를 공급받아 구동하며, 한 번에 수개월 동안 18km 이상의 고도 비행을 한다. 저커버그는 "이런 무인기들이 저렴한 비용으로 오지에 살고 있는 세계 인구의 10%에게 인터넷 인프라를 제공해 전 세계를 연결하는 데 도움을 줄 것"이라고 덧붙였다.

2. 스페이스X의 세계 연결

시애틀의 새로운 스페이스X의 사무실에서 약 50여 명의 직원이 농촌 개발의 일환으로 전 세계에 인터넷 접속환경을 제공하는 데 700개의 작은 위성을 사용하는 프로젝트를 구축하고 있다.

"우리의 초점은 지금까지 논의된 어떤 것보다도 더 큰 것으로, 글로벌 통신 시스템 구축"이라고 스페이스X 설립자이자 CEO인 일론 머스크가 〈블룸버그 비즈니스 위크〉에 발표했다. 총 100억 달러의 비용이 들어갈 이 프로젝트는 5년 이내에 완공될 것이라고 한다.

구글과 피델리티 인베스트먼트Fidelity Investment가 세계의 원격 위성 인터넷을 연결시키는 머스크의 스페이스X에 10억 달러를 투자했다.

3. 구글 프로젝트 룬

글로벌 네트워크 연결이라는 구상을 처음 한 이들은 구글이다. 구글은 인류를 상호 연결할 방법을 다양하게 시도했다. 그 가운데 하나가 프로젝트 룬이다. 이는 성층권에서 비행기의 운항 고도보다 2배 더 높은 곳에 위치한 공간에 무료 와이파이 기기를 장착한 기구 수천 개를 띄워 기구 네트워크를 만드는 것이다.

성층권은 여러 층의 바람을 가지고 있으며, 바람의 각 층은 방향과 속도가 각각 다르다. 구글은 기구의 상승 또는 하강, 원하는 방향으로 부는 바람의 층을 연구해 기구를 제어하는 방법을 습득했다.

4. 버진 그룹과 퀄컴의 원웹

전 세계 수십억 명의 사람들은 매일 지상의 유무선 네트워크를 통해 제공되는 고속 인터넷망에 접속해 엔터테인먼트, 교육, 의료, 상품 구매나 판매 등의 서비스를 이용하고 있다. 그러나 전 세계 인구의 절반 이상은 여전히 인터넷에 접속할 방법이 없어서 우리가 누리고 있는 이런 혜택들을 전혀 받지 못하고 있다. 버진과 퀄컴은 이러한 환경을 바꾸겠다는 사명감 아래 전 세계에서 서비스를 받지 못하거나 충분히 받지 못하는 지역으로 고성능 인터넷 접근 기능을 확장하는 글로벌 통신망 구축에 협력하고 있다.

리처드 브랜슨Richard Branson 버진 그룹 회장과 폴 제이컵스Paul E. Jacobs 퀄컴 회장이 협력해 만들고 있는 원웹 시스템이다. 이들은 위성 전문가 그레그 와일러Greg Wyler와 함께 기존 할당된 위성 시스템에 다른 시스템을 보태서 원웹으로 엮는 대규모 위성 시스템을 제안했다.

원웹 위성 네트워크 설계는 무게 125kg에 1,200km 고도에서 작동하는 648개의 위성을 엮는 것인데, 각 위성은 주택이나 모바일 플랫폼에 초당 8기가바이트 속도 이상의 인터넷 접속을 제공하는 시스템이다. 위성의 발사는 2017년부터 시작된다.

원웹 위성군은 약 3만 6,000km의 궤도를 선회하는 기존 정지궤도 위성 솔루션보다 지구에 더 가깝기 때문에 지연이 적은 초고속 모바일 광대역 사용자 환경을 제공할 것이다. 원웹 네트워크는 3G, 4G LTE, 와이파이 등 지상의 네트워크와 통합·확장되므로, 소비자는 모바일 기기의 광대한 생태계를 활용할 수 있다.

네트워크 업체를 비롯해 많은 기업과 리더들이 세상을 하나로 연결하기 위한 노력을 쏟아 붓고 있다. 세계의 인구 70억 명이 하나로 연결된다는 의미는 엄청난 것이다. 지금껏 시장에 없던 완전히 새로운 인구가 시장에 유입된다는 것은 앞서 이야기했다. 그 밖에도 이들이 현존하는 시스템을 부정하면 시스템에 혁명이 일어날 것이다. 이들은 자신들만의 언어로 이야기할 것이며, 혁신을 일으킬 수도 있고 글로벌 경쟁의 새로운 물결을 만들 수도 있다. 이들이 세상을 바꿀 것이다.

모든 사물이 연결된 세계를 사물인터넷이 가져올 것이다. 여기서 한 단계 더 나아간 것이 만물인터넷internet of everything, IoE이다. 만물인터넷의 세상은 완전히 연결된 세상이다. 사물은 물론 사람, 공간, 데이터 등이 모두 연결된 생태계 시스템이 만들어진다. 이런 미래에는 개인이 언제 무엇을 원하는지 알려주고, 또 개인이 무엇을 하고 있는지 모든 정보가 연결된다. 이를 '완전한 지식' 상태라고 부른다. 데이터 마이닝과 머신 러닝 등 세상에 인간이 원하는 것과 만들 수 있는 기능은 대부분 결합된다고 보면 된다.

만물인터넷 시대에 우리 삶의 각 부분이 어떻게 변하는지 살펴보자.

• 소매: 소비자는 자신이 무엇을 샀는지 구매 통계와 패턴 등을 알 수 있고 판매자 입장에서 소비자가 어떤 제품을 선택했는지, 어떤

제품을 흘끗 보고 지나갔는지, 집어 들었다가 다시 제자리에 놓았는지 등 소비자의 쇼핑 패턴을 모니터링한다.

• 교통: 도심에서 주차하려 할 때 자동차가 주차할 수 있는 공간을 센서가 찾아서 알려준다.

• 조명: 가로등과 집 조명이 사람이 움직일 때 켜지고 사람이 없으면 꺼진다.

• 농업: 과일 작물의 생육 상태를 모니터링해서 수확 최적기를 알려주고, 각 작물의 재배 조건(온도, 습도, 태양을 모니터링한 통계)도 알려준다. 그뿐만 아니라 가공에 적절한 품질로 작물 재배 조건을 차별화하는데, 예를 들어 와인을 만들기 좋은 포도의 재배 조건에 관한 정보를 제공해 와인 품질을 높여준다.

• 교통: 모든 대중교통 수단의 수요와 공급이 실시간으로 교류되면서 대중교통 사용 시간과 스트레스를 줄여준다. 전기자동차의 경우 배터리의 남은 시간을 점검해 스스로 충전한다. 그리고 무인자동차의 등장으로 교통 혼잡이 사라진다.

• 웨어러블 기기: 웨어러블 의료기기 등이 액세서리에 내장되거나, 피부에 부착, 심지어 피부 속에 내장되기도 한다.

- 건강: 자신의 건강을 비교적 정확히 알고 사는 시대가 온다. 각종 웨어러블 기기, 심지어 몸에 심는 기기들이 사람들로 하여금 건강에 관해 더 나은 결정을 내릴 수 있도록 건강 상태를 지속적으로 점검한다.

- 은행·보험: 대출의 기준이 달라진다. 기존에는 직장, 직업, 보유재산 등으로 대출 기준을 잡았지만, 미래에는 앞서 언급한 웨어러블 기기와 센서를 통해 개인의 건강을 점검해 운동을 적절히 하고 건강한 식사를 하는 사람의 경우에 대출 가능성이 커질 것이다. 이는 건강한 사람일수록 상환 가능성이 크다는 사실이 밝혀졌기 때문이다. 운동 패턴과 식습관에 따라 은행직원이 고객 대하는 태도가 달라질 것이다.

- 숲: 나무와 연결된 센서로 기후 변화의 영향을 알 수 있게 된다. 도시의 숲이 건강하면 질병에 대한 저항력이 높아지고 인간 또한 건강을 유지할 수 있다.

- 사무용 가구: 소프트웨어 및 사무용 가구에 내장된 센서는 일의 생산성을 파악하고 직원들의 건강 개선에 사용된다.

만물인터넷은 이 밖에도 각종 장비와 가구, 가전 등 모든 것을 인터넷으로 연결하는 것으로, 우리의 상상을 초월해 미래 경제의 한계를 확대하며 활성화에 기여할 것이다. 이를 잘 활용하는 기업이 미래의 주역이 될 것이며, 개인에게는 더 나은 의사결정을 하도록 도와줄 것이다. 만물인터넷이 적용된 비즈니스 세계에서 성공하기 위해서는 다음 두 가지 사항을 수행해야 한다.

- 디지털화: 일상이나 비즈니스에서 모든 프로세스를 결정할 때, 이를 디지털화해야 한다. 데이터를 수집하고 분석하는 과거의 아날로그형 프로세스를 디지털화할 방법을 찾는 것이다.

- 협업: 똑똑한 개인이 팀을 이루어 브레인스토밍을 하고 항상 질문해야 한다. 앞으로 3년 안에 세상에 센서가 얼마나 더 증가하며, 어떤 데이터를 수집할 수 있을까? 앞으로 3년 동안 만물인터넷이 어떤 것들을 서로 연결시키며 어떤 것들이 인터넷에 참가할 것인가?

PART
5

확장

STATE OF THE FUTURE

2002년 일론 머스크가 스페이스X를 설립하고 이 분야에 뛰어들기 전까지는 로켓, 위성, 우주선은 정부에서만 만들 수 있는 것들이었다. 스페이스 X 설립 후 10년이 지나자 그는 화물을 싣고 국제우주정거장에 갔다가 귀환할 수 있는 우주선을 선보였다. 한해 뒤에는 지구 정지궤도에 머물러 있는 상업용 위성을 선보였다. 그리고 2015년에는 아마존의 제프 베조스Jeff Bezos가 블루 오리진Blue Origin이라는 우주항공 회사를 설립해 100km 상공의 우주로 로켓을 발사시키고 발사된 로켓추진체를 발사대 1.5m 이내에 착륙시키는 데 성공했다. 스페이스X도 몇 달뒤 이를 성공시켰다. 베조스가 머스크를 한발 앞선 것이다.

1960년대에 인간을 달에 먼저 보내기 위한 미국과 소련의 경쟁이 있었다. 그로부터 수십 년이 지났지만 이후 우주개발은 큰 이슈가 없었다. 아무도 미국과 경쟁하지 않았기 때문이다. 그사이에 기술의 발달로 인해 우주 탐사 비용이 수십억 달러에서 수백만 달러로 낮아질 조건이 형성되었다. 그리고 두 명의 억만장자가 우주여행의 돌파구를 열려고 하며 인간은 화성 식민지에 한 발 더 다가서고 있다. 지금이 우주개발 역사상 가장 혁신적인 시기이며 기하급수적인 기술들이 불가능을 가능하게 만든 티핑포인트로 후세에 기억될 것이다.

한편 네덜란드 비영리단체 마스원Mars One도 화성프로젝트를 진행하고 있다. 마스원의 프로젝트는 화성으로 가는 편도 티켓으로 지구에 돌아오는 것은 포함되어 있지 않다. 마스원은 2018년에 화성에 무인 탐사선을 보내고 2024년에 최종 선발된 24명의 화성인을 화성에 보내는 프로젝트를 진행하고 있다. 화성 탐사선으로는 무인 로봇 착륙선과 위성을 화성에 보낼 예정이다. 하지만 마스원의 공동설립자인 네덜란드 기업가 바스 란스도르프Bas Lansdorp는 투자가 부족해 화성으로 출발하는 날짜의 연기가 불가피해져서 전체 일정이 2년 정도 연기되었다고 2015년 발표했다.

세계적으로 큰 화제를 불러일으킨 마스원의 화성 정착프로젝트는 지난 2013년에 시작되었고 20만 명이 넘는 지원자가 몰렸다. 18세 이상만 지원하도록 했음에도 엄청난 숫자였다. 마스원은 후보로 100명을 선발했는데 미국인 39명, 유럽인 31명, 아시아계 16명, 아프리카 오세아니아인 7명이 각각 선발되었다. 이 가운데 한국인은 없다.

마스원 프로젝트는 지구로 돌아올 수 없다는 점과 함께 사실상 과학적으로 가능성이 있느냐는 문제가 제기되기도 하는 등 여러 가지 점에서 화제를 불러일으키고 있다.

공기제작기술 실현으로
2018년 화성 간다

화성에 도달하기 위한 경쟁은 수십 년에 걸친 마라톤 같은 것이다. 단기적으로는 최근 우주 경쟁의 화두인 화성에 인간이 거주할 수 있는 환경을 만들 다양한 기술을 개발하는 방법을 포함한다. 새로운 우주 경쟁은 화성에 사람이 마실 수 있는 공기를 만드는 것을 목표로 한다.

NASA는 2030년대 중반에 화성에 유인 우주선을 보내는 임무를 수행한다는 기대를 가지고 있다. 한편 스페이스X와 화성1 프로젝트는 지금부터 10년 안에 화성에 여행하는 것을 목표로 해서 다양한 기술을 개발하고 있다. 화성에 인간이 도달 및 정착하기 위한 목표를 정하고, 단기 및 장기 체류를 목적으로 인간이 화성에서 기본생활을 유지하도록 지원하는 기술이 개발 중이다.

한편 웨스턴 오스트레일리아 대학교의 프로젝트는 화성에 가는 우주비행사 후보를 조리 리처즈Josh Richards로 결정했다. 이 팀은 2018년에 화성의 표면에 우주선을 보내는 실험을 목표로 하고 있다. 이 팀 역시 최종적으로는 화성에 기지를 만드는 것을 목표로 하는데, 2020년대 중반에는 화성에 유인선을 착륙시킬 수 있을 것으로 내다봤다.

한편 '헬레나 페이로드 프로젝트Helena Payload Project'는 화성의 토양에서 물을 추출하고 인간이 마실 수 있는 공기를 생산하며, 전기를 사용할 방법을 개발하는 연구를 하고 있다. 웨스턴 오스트레일리아 대학교 팀은 화성의 95%를 차지하는 이산화탄소를 시아노박테리아를 이용해서 산소로 바꿀 수 있을 것이라며 연구에 기대를 건다. 이들은 MIT의 팀과 함께 연구를 발전시키고 있다. MIT의 또 다른 팀은 화성의 기지에 산소를 공급하고 관리해줄 기술을 개발하고 있다. 이처럼 활발한 연구들이 10년 안에 화성 표면에서 인간이 호흡하는 모습을 볼 수 있게 해줄 것으로 기대된다.

한편 영국 로열 칼리지 오브 아트 연구팀은 우주공간에서 산소를 공급해줄 수 있는 인조 합성생물 나뭇잎을 개발했다.

첨단기술디자인공학 박사학위 과정의 줄리언 멜치오리Julian Melchiorri 는 '실크 잎 프로젝트'라는 합성생물 나뭇잎을 만들었다. 이 제품의 디자인은 매사추세츠 터프츠 대학교의 실크연구소와 공동으로 진행했다.

인공 나뭇잎은 실크 단백질 재료를 이용해 실제 식물세포에서 추출한 엽록체를 만든 것이다. 인공적으로 합성한 생물 나뭇잎은 실제 나뭇잎처럼 빛, 물, 이산화탄소를 흡수해서 산소를 생산하는 광합성작용을 이용한다. 이 가운데 우주에서는 물이 귀하므로 물을 생산하는 기술이 중요하다. 이 기술은 지구보다 우주공간이나 다른 행성에서 생명체가 생존하는 데 적합한 기술이다.

멜치오리는 "실제 식물은 무중력 상태에서 성장하지 않는다"고 말한다. 하지만 합성생물학으로 탄생한 이 인조 나뭇잎은 우주공간에서 인간이 생존할 방법을 제공할 수 있을 것이다. NASA가 이 기술에 큰 관심을 보였다.

한편 멜치오리의 연구팀은 지구 상에서도 이 나뭇잎을 건물의 환기 시스템으로 사용할 수 있다고 밝혔다. 산소가 부족한 공간에 공기를 산소화하거나 외부 공기에 대한 필터 역할을 하는 것이다.

과학자들은 한 걸음 더 나아가 인공 나뭇잎을 신체에 이식해 우주공간에서 산소마스크를 쓰지 않고도 숨을 쉴 수 있는 인간을 만들 수 있다고 주장한다.

큐브위성, 우주개발의
패러다임 바꾼다

State of the Future The Millennium Project

NASA는 2015년 4월 넥스트스텝NextSTEP을 발표하면서 큐브위성 개발 계약에 두 파트너를 선정했다. 모어헤드 주립대학교와 록히드 마틴 우주 시스템이다.

모어헤드는 오랫동안 NASA와의 관계를 유지해온 켄터키 주 소재의 학교로 우주공학 학사학위 과정을 개설했고 우주공간 추적 시스템 연구센터를 운영하고 있다. 또 록히드 마틴은 NASA의 가장 거대한 상업적 파트너로 우주에 물류 지원 및 제품 개발에 적극적으로 참여하고 있다. 이 두 파트너는 최근 넥스트스텝 파트너십 계약으로 큐브위성을 만드는 임무를 맡았다.

큐브위성은 부피 1ℓ, 무게 1.33kg을 넘지 않는 초소형 인공위성으로, 스마트폰이 지구에서 인간의 통신과 인터넷 접속 역할을 하듯 우주공간에서 인간의 스마트폰 역할을 하게 된다. 이 작은 위성은 인터넷에서 그 재료를 쉽게 구할 수 있어 누구라도 만들 수 있다. 여기에 상용 센서, 프로세서, 카메라, 데이터 저장 및 소프트웨어를 포함하는 구성요소가 포함된다. 이를 제작해 로켓 발사에 덧붙여 지구궤도에 올릴 수 있다.

통신기술과 인터넷의 발달로 누구나 스마트폰으로 정보를 얻듯이, 미래에는 지구궤도에 자신의 위성을 띄워서 정보를 얻거나 우주공간에서 별들의 활동을 볼 수 있게 된다. 이것이 바로 사물인터넷 혁명이 우리에게 가져다주는 변화다.

모어헤드와 록히드 마틴이 NASA와 함께 진행할 넥스트스텝은 이 작은 위성들을 2017, 2018년에 발사할 로켓에 포함시키는 것이다. 모어헤드는 특별 설계한 큐브위성으로 달에서 얼음의 존재를 찾아내는 연구를 할 계획이다.

한편 록히드 마틴은 지구 주위 궤도에 떠도는 위성 잔해들을 포함한 위성의 충돌위험 상승을 연구하고 있다. 이를 위해 큐브위성으로 낮은 궤도에 떠 있는 모든 위성이나 파편을 추적하는 방법을 찾는 중이다.

가까운 미래에 NASA의 큐브위성은 크고 무겁고 복잡한 위성보다 훨씬 적은 비용으로 우주를 관찰하고 데이터를 수집하는 기술이 된다. 큐브위성이 우주 공간에 올라가 다양한 조사를 할 수 있다는 것은 우주 연구의 패러다임 변화를 말해준다. 이 작은 위성이 향후 수십 년간 각국의 우주 연구 프로그램을 폭발적으로 증가시킬 것이다.

캐나다, 우주엘리베이터 미국 특허 사용권 취득

04

2015년 8월 17일 캐나다의 한 기업이 저렴한 우주엘리베이터 제조를 위해 미국 특허를 받았다. 이 회사는 토트 테크놀로지Thoth Technology다. 캐나다의 수도 오타와에 위치한 토트 테크놀로지는 2001년에 설립되었으며 주로 위성과 로봇 시스템에 관한 페이로드payload: 여객기의 승객, 우편, 수하물, 화물 등의 중량의 합계의 설계 및 개발을 하는 기업으로 알려져 있다. 우주엘리베이터 특허는 대규모 시스템으로 이 회사에서 수년간 심혈을 기울인 연구의 성과다.

토트 테크놀로지가 이번에 취득한 우주엘리베이터 특허는 지구 표면에서 19km에 도달하는 독립형 우주타워까지 연결하는 승강기 제조 기술이다. 지름 230m의 넓이에 공압식 구조를 만들어 승강기를 올리는 기술로 안전하고 완전성을 유지하기 위한 가압 시스템이 중요하다. 지구 표면에서 우주타워까지 가는 15~19km 구간은 대기압이 낮은 곳으로 사람이 승강기에 타면 낮은 대기압으로 피가 외부로 빠져나가는 위험이 있는 등 다양한 의료적 도전이 있다.

토트 테크놀로지가 우주엘리베이터의 특허를 얻은 목적이 무엇일까? 콘스탄틴 치올콥스키Konstantin Tsiolkovskii와 아서 C. 클라크Arthur C. Clarke가 예측한 3만 5,400km의 정지궤도에 쏘아 올려진 위성에 닿는 우주엘리베이터를 만들기 위해서다. 토트 테크놀로지가 이 특허를 실현시키기 위해서는 공지된 재료를 사용하며, 우주로 사람들을 이동시키는 데 승강기를 사용하면 비용이 절감된다는 점을 증명해야 한다. 로켓을 이용하면 1kg당 약 2만 5,000달러 정도의 비용이 드는 데다 로켓으로 보낼 수 있는 사람은 극히 한정적이다. 하지만 우주 승강기를 만들면 많은 사람을 손쉽고 저렴하게 우주 궤도에 실어 나를 수 있다.

우주엘리베이터의 제조는 상당한 도전이다. 하지만 토트 테크놀로지가 선보인 설계는 지금까지의 우주엘리베이터 디자인 특허 중 가장 저렴하게 설계할 수 있는 특허다. 아직은 실현이 요원하지만, 적용 가능한 첨단 기술들이 개발되면 생활권을 우주로 확장해주는 우주 엘리베이터 완성도 공상과학 소설의 이야기만은 아닐 것이다.

2050년
세계를 확장시킬 변화

2050년은 다양한 분야에서 큰 변화를 맞이할 것으로 보인다. 이른바 흐름의 방향이 급격하게 바뀌는 티핑포인트 해라고 할 수 있다. 미래학자이자 다빈치연구소한국 대표 박영숙의 소장인 토머스 프레이는 그중에서도 가장 큰 변화를 보이며 우리 삶의 터전을 확장시켜줄 산업들에 관해 다음과 같이 예측하고 있다.

1. 2050 운송산업

2050년에는 자동차를 제조하는 과정이 단순화되면서 비용과 무게도 크게 감소할 것으로 보인다. 특히 마찰을 없애는 바이너리 파워binary power 기술과 과학 발전에 따른 재료의 변화는 자동차의 무게를 90kg 이하로 줄일 것이다. 이렇게 단순화된 몸체와 제조 과정 덕분에 자동차 한 대를 생산하는 데는 평균 1시간이 걸리지 않으며, 비용은 5,000

달러 미만이 든다. 여기에 완전 자동화 기술을 탑재한 내비게이션 시스템으로 교통사고의 위험이 대폭 줄어든다. 이와 더불어 교통과 관련한 소송 등의 법적 문제도 점점 사라질 것이다. 2050년의 발전된 기술은 자동차 비행의 시작으로 연결되며 이 영향을 받아 기존의 고속도로 시스템은 쇠퇴하고 2070년에는 사라질 것으로 보인다.

2. 2050 우주산업

마찰 없는 엔진의 개발은 우주여행의 새로운 장을 열 것이다. 현재 지구의 한 지점과 상공의 우주정거장을 연결하는 우주 엘리베이터 건설 계획이 한창 진행 중이다. 2050년에는 이 우주 엘리베이터를 이용해 사람들과 각종 소모품을 우주로 이동시킬 수 있다. 이때 달을 방문하는 사람은 100만 명이 넘을 것이며, 우주에 건설한 호텔은 '별에서 하룻밤을'이란 패키지를 내걸고 새로운 관광상품을 개발할 것이다. 곳곳에 건설된 여러 개의 우주정거장은 차세대 우주 기반 산업을 위해 구축된 작은 산업도시의 역할도 수행할 것이다.

3. 2050 전력산업

미래 에너지 시스템 패러다임의 변화로 석유와 가스 등을 대체할 자원이 등장하고 있다. 이들의 사용량이 급격히 줄어들면서 2050년에는 풍부한 자원을 유지할 것이다. 석유와 가스의 사용량은 확연히 줄어들지만 다양한 틈새산업에 사용되며 지속적으로 에너지원의 역할을 한다. 2050년 에너지 산업의 큰 변화 중 하나는 자동차를 비롯한 전원의 공급원이 마찰이 없는 바이너리 파워로 완전히 전환되는 것이다. 우주에 세운 발전소는 세계 전력 수요의 상당부분을 담당하며, 거의 모든 전구가 사라지고 우주에서 빛을 만들어내는 바이너리 파워로 대체된다.

4. 2050 정치와 문화의 이동

개인이 통제의 권한을 얻기 위해 노력하고 국가와 정부는 통제로부터 멀어질 것이다. 인터넷은 국경 없는 경제를 만들었다. 인터넷만으로 업무를 수행하고 국가를 넘어선 완벽한 거래가 가능해지면서 국가는 경제에 관한 통제권을 잃게 된다. 여기에 비행 자동차로 국경의 의미도 사라지게 되면서 국경의 명확한 표시 대신 전자 국경으로 시각화될 가능성이 있다. 2050년 우리가 알고 있는 민족국가는 새로운 지배 형태로 대체되고 토지와 사람들의 법이 따로 분리될 것이다.

유명인사의 범위가
확장된다

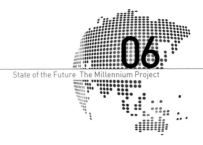

State of the Future The Millennium Project

06

유명인사라고 하면 보통은 TV 등 대중매체에 출연해 널리 알려지고 인기를 얻는 연예인, 스포츠맨, 정치인 등을 일컬어왔다. 그런데 미래에는 유명인사의 의미가 확장된다. TV를 통해 소개되지 않아도, 스포츠 선수거나 연예인, 정치인이 아니라도 다양한 방법으로 스타가 될 수 있다. 미남미녀만 스타가 되는 것이 아니라 새로운 생각을 하는 사람, 대담한 생각을 하는 사람, 남들이 전혀 못 한 생각을 하는 사람이 스타가 될 가능성을 가진다. 실제로 지금도 창업하면서 가장 많은 기금을 모든 사람이 스타가 되고, 아이스 버킷 챌린지를 생각해낸 사람이 유명인사가 되고, 테드 토크에서 강연으로 스타가 된다. 반면에 정치인 등 권력자들은 작은 실수 하나에도 혐오의 대상이 되기 쉬워 공부를 잘하는 사람, 출신 성분이 좋은 사람이 유명인사가 되는 시절은 저물어가고 있다.

2014년 4월에서 스콧 브루소Scott Brusaw과 줄리 부르소Julie Brusaw는 획기적인 태양광 발전 도로의 기술 개발비용을 마련하기 위해 인디고고Indiegogo에 크라우드 펀딩 캠페인을 시작했다. 이 펀딩은 즉시 퍼져나가 세계의 만 18세 이상 사람들이 보게 되면서 유명해졌다.

그 결과 220만 달러가 순식간에 모였고 이 펀딩 비디오는 인디고고에서 지금까지 가장 인기 있는 캠페인이 되었으며, 트위터에는 800만 팔로어가 생겼다. 이 사건 이후에 사람들은 이런 질문을 한다. 이 같은 캠페인 성공이 또 일어날까? 미래에 이런 캠페인의 성공 확률이 증가할 것인가? 스타덤에 오르는 분야가 따로 있는가? 어느 분야가 이처럼 성공을 이끌어낼 수 있을까? 다른 분야에서는 어떤 곳에 사람들의 관심이 쏠릴까?

사실 에너지업계에서 유명인사가 탄생하는 일은 매우 드물다. 하지만 이 사례는 개인이 직접 대중을 상대로 호소할 수 있는 다양한 채널이 생기면서 스타가 되는 길이 활짝 열렸음을 증명한다. 미래사회는 더 많은 평범한 사람들이 유명인사가 될 수 있다. 여기에는 이름 없는 거리의 예술가, 영화배우, 작가, 음악가, 발명가, CEO, 과학자, 시인, 요리사, 만화가, 영화 제작자들도 포함된다. 다만 이를 위해서는 자기 홍보의 새로운 전략이 필요하다. 미래의 유명인사가 되는 방법은 다음과 같다.

1. 자기 홍보 위한 채널 다양화

오늘날 명성을 얻는 방법, 즉 유명인사가 되는 경로는 수없이 많다.

킥스타터, 바인Vine, 페이스북, 유튜브, 트위터 등을 통해 유명해진 사례가 허다하다. 20년 전에는 결코 사용할 수 없었던 경로다.

2. 유명인사를 배출하는 카테고리 다양화

온라인 요리 쇼, 비디오게임 대회, 크라우드 펀딩 캠페인 등은 유명인사를 만드는 새로운 카테고리를 양산했다.

3. 많은 사람이 내 정보를 이용하면 유명인사

유명한 사람의 기준이 되어온 기존 방법이 사라지고 정보의 양으로 유명인사를 구분한다. 예를 들어 그저 인지도만을 가지고 유명인사를 판단하는 것이 아니라, 그 사람이 만든 동영상의 재생 수, 문서의 다운로드 수, 도서의 판매 수, 소셜미디어의 팔로어 등의 숫자를 종합해서 유명인사 여부가 결정되는 것이다.

4. 다차원적인 명성

오늘날은 업계를 막론하고 어디서든 유명인사를 배출한다. 우리가 관심을 갖는 모든 사회, 국적, 지역, 그리고 기발한 온라인 소셜미디어에서 언제든지 관심을 끄는 사람이 유명해질 수 있다.

5. 팬클럽의 지속적 관리

큰 노력 없이 유명해지는 일은 쉽지 않다. 전형적인 노력이 장기간에 걸쳐 지속적으로 이뤄질 때 보통사람이 유명인사가 된다. 개인 팬클럽

관리는 유명인사에게 반드시 필요하며, 스타의 사다리를 오르는 사람들이 꼭 준비해야 하는 작업의 일부다. 요즘은 온라인을 통해 팬클럽을 관리할 수 있는 다양한 수단이 있어 지속적으로 관리하기가 한결 쉬워졌다.

6. 적은 게이트 키퍼gate keeper: 데스크나 편집장 같은 뉴스 결정권자가 뉴스를 취사선택하는 과정

〈뉴욕 타임스New York Times〉에 기사를 올리거나 지미 펄론Jimmy Fallon과 함께 '투나잇 쇼'에 출연하는 것은 여전히 어렵다. 하지만 블로그는 누구라도 만들 수 있다. 스스로 만든 동영상을 유튜브에 올리거나 페이스북 계정을 생성해 올릴 수 있다.

7. 무료 자기홍보

동영상, 블로그, 트위터, 이메일, 페이스북 등 유명인사가 되는 데 필요한 도구는 대부분 무료다. 누구든지 무료로 자기 홍보를 할 수 있다.

8. 금방 잊히는 성과

짧은 노력으로 유명해지기 힘들다. 잘 만들어진 테드 토크는 미디어와 모든 다른 형태의 소셜미디어와 점유율 경쟁을 하고 있다. 모든 중요한 성취는 우리의 기대를 점점 더 높여서 더 훌륭한 품질을 원한다. 내용이 시원찮으면 채널이나 웹페이지를 즉시 전환하는 사람들, 짧은 집중도와 짧은 시간에 수많은 컨텐츠가 지나간다. 평범한 내용은 우리의 뇌리에 거의 남지 않는다.

9. 영웅에 대한 기대 증가

인터넷은 더욱 개인화된 삶을 살게 하는 한편 각각의 능력을 갖춘 사람들을 주변에서 쉽게 볼 수 있게 해준다. 그래서 우리는 더 우수한 능력을 지닌 영웅을 원한다. 모든 사회원의 관심 분야, 기술과 직업에서 새로운 영웅을 원한다.

10. 스타가 되는 조건의 명확성

우리는 살면서 점점 더 많은 사람과 접촉한다. 그들은 다양한 성품을 지녔으며, 그들 가운데 일부는 유명인사다. 이들을 만날 기회가 늘어나면서 우리는 스스로가 유명인사가 되기 위해 어떤 성품을 가져야 하는지, 어떤 능력을 갖춰야 하는지 더 분명하게 알 수 있게 된다.

11. 창의성 무한대

인간 창의성에는 제한이 없다. 새로운 기술, 새로운 도구에 기존의 독창성을 결합하고, 무엇이 가능한지 찾아본 뒤 넓고 다양한 방법으로 접근해야 한다. 또는 남들과 다른 삶을 살면서 타인의 관심을 끌어야 한다.

다음은 창의적인 방법으로 국내외 유명인사가 된 사례다.

1. 뱅크시Banksy

아무도 신경을 쓰지 않았던 건물 벽에 그래피티, 즉 낙서예술을 담았다. 자신의 정체성을 건물 벽에 무작위로 담아낸 화려한 그래피티에 처음부터 관심을 보이는 사람들은 없었다. 하지만 영국의 브리스틀의 지하철에서 시작한 뱅크시의 그래피티는 금세 유명해져 지금 그는 최고의 유명인사가 되었다.

2. 데일 치훌리Dale Chihuly

미국의 유리조형가 치훌리는 식물원에 대규모 유리조형을 설치하면서 세계적으로 주목을 얻었다. 유리조각과 자연의 대조가 눈을 의심할 정도로 예술적이어서 그는 유명인사가 되었다.

3. 싸이PSY

한국의 싱어송라이터 겸 프로듀서 싸이는 자신의 노래를 유튜브에 동영상으로 올렸고 순식간에 세계 유명인사가 되었다. '강남 스타일'은 지금까지 10억 회 이상 재생된 최초의 유튜브 동영상이다.

4. 사이먼 사이넥Simon Sinek

테드 토크의 연사로 유명해진 사례로, 그의 강연은 《나는 왜 이 일을 하는가?Start With Why》와 《리더는 마지막에 먹는다Leaders Eat Last》라는 단행본으로 출간되어 베스트셀러가 되었다.

5. 에드워드 스노든 Edward Snowden

전 중앙정보국Central Intelligence Agency, CIA 정보요원으로 지내던 스노든은 미 국가안보국National Security Agency, NSA의 기밀정보를 누설한 뒤 전 세계적으로 주목받았다. 스노든은 향후 수십 년에 걸쳐 최대의 파문을 일으킨 사람으로 기록될 것이다. 그는 현재 러시아에 거주하는데, 가장 빈번하게 초대받는 연사가 되었다. 그는 집에서 라이브 비디오 웹캐스트를 통해 강연하고 있다.

6. 퓨디파이 PewDiePie

스웨덴의 게임평론가 펠릭스 아비드 울프 셀버그Felix Arvid Ulf Kjellberg의 닉네임으로, 현재 가장 높은 수익을 올리는 유튜브 연사다.

7. 피트 캐시모어 Pete Cashmore

세계에서 가장 젊고 부유한 블로거 중 한 사람으로, 매셔블Mashable을 설립해 CEO를 맡고 있다.

8. 제인 맥고니걸 Jane McGonigal

게임계 전도사로 유명한 그녀는 테드 토크 유명인사 중 한 명이다. 그녀는 우리 모두가 더 많은 게임을 하면 세상은 더 좋은 곳이 될 것이라고 주장한다.

9. 마이클 애링턴 Michael Arrington

애링턴은 실리콘밸리 예언자로 알려졌다. 그가 예측한 것이 계속 현실이 되고 있기 때문이다. 그가 운영하는 사이트 '테크 크런치TechCrunch'는 매분 새로운 기술에 대한 소식을 올려서 가장 빨리 업데이트되는 뉴스로 알려졌다.

10. 말랄라 유사프자이 Malala Yousafzai

파키스탄 출신 인권운동가 말랄라는 17세에 노벨평화상을 수상함으로써 최연소 노벨상 수상자가 되었다. 그녀는 북서 파키스탄에 있는 그녀의 고향 스와트밸리에서 여성을 위한 교육촉진 인권운동가로 명성을 얻었다. 2012년에는 인권운동 중에 머리에 총을 맞고 거의 죽을 뻔하다가 살아났는데 이 사건 이후 유명인사가 되었다.

모두가 합류하는 군중과학, 과학의 진보 가속화

State of the Future The Millennium Project

미래에는 과학이 일부 과학자들만의 것이 아니라, 모든 사람이 함께 만들고 성장시키는 대중과학으로 그 성장 속도가 빨라질 것이다. 스스로 건강검진을 하는 셀프 키트 제조 기업 유바이오미uBiome의 창업자 겸 CEO 제시카 리치먼Jessica Richman은 일반 대중이 과학에 관심을 가지고 데이터를 생성해 빅 데이터를 만들면 과학의 발전에 크게 기여할 수 있다고 주장한다. 인터넷이 없어서 연결되지 않은 사회였을 때는 군중과학의 발전이 불가능했지만 이제는 누구든지 접속해서 자신이 발견한 병균, 세균, 박테리아의 정보를 올릴 수 있고, 이것이 축적되어 빅 데이터가 되면 각 질병과 박테리아가 어떤 연관이 있는지 쉽게 알아낼 수 있다. 이것이 군중과학의 모습이다.

연구실 안에서 표본으로 이루어지는 연구 결과는 대중에게 알려지지 않는다. 그러나 많은 사람이 읽고 자료를 넣어서 빅 데이터를 오픈

하면 많은 사람이 공동으로 활용할 수 있으며, 그 결과 데이터베이스는 더 커진다. 제한된 인구가 연구하는 것보다 많은 사람이 생물학 연구조사를 광범위하게 실시해 더 정확한 결론에 도달할 수 있을 것이다. 리치먼의 회사 유바이오미는 인체에 존재하는 박테리아를 연구하는 기업이다. 여기에 참가하는 이들은 집에서 직접 표본을 채취해서 키트를 만들어 유바이오미로 보내서 분석을 의뢰한다. 여기에 드는 비용은 89.399달러다. 이 키트의 분석 결과는 참가자들 모두에게 공개되며, 과학자들이 연구 데이터로 삼을 수 있는 오픈 프로젝트다. 비단 과학자만이 아니라, 이 데이터를 활용하고자 하는 모두가 접근할 수 있다.

오늘날 세계에는 700만 명의 과학자가 존재한다고 리치먼은 말한다. "그런데 우리가 70억 명의 과학자를 가지고 있다면 세상이 어떻게 바뀔 것인가?" 리치먼은 과학자가 아닌 일반인도 누구든 데이터를 가지고 연구할 수 있다고 말한다.

캘리포니아 대학교 샌디에이고 캠퍼스의 래리 스마르Larry Smarr 컴퓨터공학 교수는 질병의 치료와 관련해 임상시험의 중요성에 초점을 맞춘다. 많은 사람이 박테리아나 병균 데이터를 제공한다면 고급 단계의 연구에 도달할 것이라고 주장한다. 그러면 질병 연구가 이상적인 속도로 진행되고, 시간을 절약한 덕분에 질병으로 사망하거나 장애를 얻을 많은 사람을 구할 수 있다.

현재 어느 분야에서 무엇이 개발되고 있는지 모든 정보를 가진 사람은 없다. 하지만 데이터가 가상공간에서 공유된다면, 다른 분야에서 개발되는 기술을 응용하거나 확장해서 더 유익하게 사용하는 것도 가능하다. 그래서 스마르 교수는 군중과학을 지지하며 많은 사람이 동참해 빅 데이터를 만들어야 한다고 주장한다.

군중과학을 더 넓은 분야에 걸쳐 적용하고 정보 연대를 통해 각종 연구사업을 통합해야 한다. 중요한 정보가 유튜브와 같은 곳에서 공유되면 군중과학의 성과가 제대로 드러날 것으로 보인다.

로봇과 미래의 전쟁

오랫동안 전쟁이라고 하면 군대를 사용해 국가 간 또는 파벌 간에 무기를 가지고 직접 치르는 물리적 싸움을 의미했다. 그런데 무기의 개념이 확장되는 것처럼 미래에는 전쟁의 개념도 확장된다. 특히 로봇이 발달해서 대리전쟁이 시작되면 전쟁은 전혀 다른 모습이 된다.

많은 사람이 부작용을 우려해 전쟁에 자율 로봇 시스템 도입 금지를 요구하고 있다. 하지만 지금의 추세로 보면 이것은 쉽지 않아 보인다. 미래학자 토머스 프레이는 다음의 두 가지로 그 예를 제시하고 있다. 첫째, 전쟁을 정의하는 것이 가능하지 않다. 둘째, 자동화 및 로봇 시스템에 대한 의미 있는 정의가 불가능하다.

대부분의 경우 기술은 장점과 단점의 양면성을 가진다. 로봇은 휴식할 필요가 없고 점심을 먹기 위해 하던 일을 멈추지 않아도 되며 시끄러운 소리도 두려워하지 않는다. 먼지 속에서도 시력을 잃을 일이 없고 숨 쉴 필요가 없어 화학물질로 오염되어도 문제없다. 하지만 로봇은 프로그램된 대로만 움직인다는 단점이 있다. 예를 들어 병력 수송 시 목적지까지 방해되는 것은 무엇이든 죽이거나 파괴하라는 명령이 쉽게 코드화된다.

하지만 토머스 프레이는 문제의 해결 방법을 항상 찾아왔듯이 전쟁에 사용되는 자동화의 문제점도 해결책이 있을 것이라고 말한다. 토머스 프레이가 제시하는 해결책은 자율 로봇 시스템이 스스로 의사결정을 할 수 있도록 하는 것이다. 이를 위해 로봇에 단순히 프로그램을 심는 수준을 넘어 의사결정을 시뮬레이션할 수 있는 인공지능 알고리즘을 포함해야 한다.

자율 로봇 시스템은 무인자동차와 드론의 운행에 사용되고 농장의 과일 수확, 요리, 쓰레기 수거 등 우리가 하고 싶지 않은 거의 모든 일을 대신 할 수 있다. 보안용으로 가정을 지켜주고 아이들을 보호해주며, 건강을 유지하게 도와주기도 한다. 이렇듯이 단점을 상쇄시킬 다양한 장점이 있다고 여겨진다. 하지만 좋은 의도로 만든 모든 새로운 기술은 전복과 파괴를 위한 도구로 바뀔 가능성이 있다. 알프레드 노벨Alfred Nobel에 의해 발명되어 건설 등에 효율적으로 사용된 다이너마이트가 한편으로는 전쟁이나 테러에도 숱하게 악용된 것처럼 말이다. 그렇더라도 기술은 계속 발전하고 생각하지 못한 방향으로 개발되기도 하므로 부정적인 한계점으로 인해 부정적인 시각으로 출발하기는 너무 이르다.

우리가 사용하는 도구가 변화하듯이 전쟁에 대한 개념도 변한다. 개인의 힘과 영향력은 모두가 이용 가능하도록 도구와 기술의 발달로 기하급수적으로 증가한다. 전쟁의 개념을 재정의하기 위해 부상하는 전투 몇 가지를 소개한다.

- 데이터 전쟁
- 비정부기구 전쟁
- 종교 전쟁
- 문화 전쟁
- 언어 전쟁
- 명성 전쟁
- 표준화 전쟁
- 지식재산권 전쟁
- 개인재산권 전쟁
- 광고 전쟁
- 정치적 전쟁
- 인공지능 전쟁
- 의약 전쟁
- 유산 전쟁
- 자동화 전쟁
- 소유권 전쟁
- 게임 전쟁
- 유행성 질환 관련 바이오기술 전쟁

- 나노기술 전쟁
- 사회적 유산 전쟁
- 네트워크 전쟁
- 신기술 전쟁
- 경제적 전쟁
- 산업 전쟁
- 원자 전쟁
- 선거구 전쟁
- 세금 전쟁

　여기서 자동화 전쟁이나 명성 전쟁은 총, 폭탄으로 사람들 죽이는 전쟁과는 크게 다르다. 그러나 상대방의 명성, 사회적 네트워크, 유산을 파괴하는 전쟁은 실제 전투만큼이나 치명적이다. 과거 전쟁은 분노, 증오, 공포와 같은 극한 감정에 기초하고 있지만, 로봇에 의해 치러지는 전쟁은 극한 감정 없이도 이루어진다. 자동화된 지능형 시스템은 지금까지 실시간으로 응답하는 인간보다 훨씬 더 빨리, 더 많은 자료로부터 더 많은 정보를 통합해 광범위하고 치명적인 전쟁에 이용할 수 있다.
　미래에 개인적인 전투, 협력 전투, 문화나 종교 전투 등 많은 전투 영역에서 인공지능 로봇은 큰 역할을 담당할 것이다. 자율 시스템의 첫걸음을 뗀 시점에서 인류와 환경에 미치는 영향을 고려해 악영향의 요소들은 최대한 줄여나가며 도덕적인 인성을 갖춘 인공지능 로봇을 만드는 것은 미래를 위해 우리가 할 일이다.

샌프란시스코의 합성생물학 회사 임시 실험실에서는 주요 제약회사를 위해 레이저로 고객 DNA를 만들고 있다. 규제의 최소화와 민주적인 창조는 실리콘밸리 벤처 자본가를 열광시키고 생명윤리학자를 놀라게 한다. 오스틴 하인즈Austen Heinz는 미래에 "누구라도 몇 달러만으로 생물을 만들 수 있는 새로운 세상이 온다"고 말했다.

최신 기술과 풍부한 자금, 벤처기업 수의 증가는 과학과 의학에 영향을 미친다. 색상이 변화하는 꽃, 소 없이 만들어내는 우유, 동물 아닌 고기가 가능하고 피 한 방울로 질병이나 복용 중인 약을 알아낼 수도 있다.

그러나 일부 사람들은 하인즈가 〈월스트리트 저널〉에서 '10~20년 후에는 사람들이 디지털로 자녀를 설계할 것'이라고 언급한 것처럼 과학의 기술적, 윤리적인 경계를 넘어서는 것에 우려를 나타내고 있다.

최근 빈에서 열린 컨퍼런스에서 그는 "우리는 지금껏 존재하지 않았던 전혀 새로운 생물체를 만들고 싶다"고 발언하기도 했다.

11명으로 이루어진 하인즈 팀은 피터 틸의 벤처 기업 설립자기금을 포함해 120명 이상의 투자자로부터 1,000만 달러를 투자받아 '캠브리안 게노믹스Cambrian Genomics'라는 회사를 설립했다. 하인즈는 이메일에 '회사는 말 그대로 생명을 인쇄하고 있다'고 썼다.

캠브리안 게노믹스가 디자이너가 아기나 공룡을 인쇄한다는 의미는 아니다. 버클리의 유전학과 사회학 생명윤리 감시그룹 센터의 이사인 마시 다노브스키Marcy Darnovsky는 모든 문제는 기술에 달려 있다며 하인즈의 신념을 '기술 자유주의'로 요약한다.

과학자들은 식물이 제초제나 해충에 저항하도록, 또 실험에 쓰이는 동물이 인간의 조건이나 질병과 상황이 유사해지도록 생명 유기체의 DNA를 수정한다. DNA를 조작하는 데 드는 비용은 지난 10년 동안 감소하고 있다. 캠브리안 게노믹스는 적은 비용으로 DNA 조작이 더 빨리 진행되도록 시스템을 구축했다. 전통적인 기계는 한 번에 한 가닥의 DNA를 만들면서 많은 오류를 동반하지만, 하인즈는 자신의 방법을 사용하면 즉시 수백만의 가닥을 만들 수 있다고 말한다. 그는 수소 폭탄이 행성을 파괴할 수 있지만 DNA 기술은 행성을 창조해내는 기술이며, 지금껏 인간이 성취한 최고의 성과라고 강조했다.

미국 정부는 유전자 변형을 이미 규제하고 있다. 미 식품의약품국 Food and Drug Administration, FDA은 인간에 관한 유전자 치료를 감시하며, 또 다른 기관은 태어날 자손의 유전자 변이를 위해 부모의 정자와 난자를 변경시키는 제안을 승인하지 않았다. 하지만 하인즈는 생식권을 가진 사람에 대한 정부의 방해에 부정적인 견해다. 오히려 야만적인 낙태보다 더 인도적으로 미래 고통을 제거할 방법으로 개인에게 허용되어야 한다고 주장한다. 낮지 않은 비율의 사람들이 다운증후군이나 낭포성섬유증 같은 돌연변이를 일으킨다. 이는 매우 끔찍한 일이며 DNA 기술은 이러한 문제를 해결하기 위한 스마트한 방법이라는 것이다.

하인즈는 듀크 대학교의 학생이었을 때부터 유전학에 관심이 있었다. 2008년 전기공학과 컴퓨터과학 박사과정을 위해 한국으로 왔으며 오늘날 사용되는 DNA레이저 프린터를 만들었다. 2011년에 학교를 중퇴하고 캠브리안 게노믹스 설립을 위해 미국으로 돌아갔다.

캠브리안 게노믹스는 현재 DNA를 인쇄하는 데 DNA문자 가닥당 5~6센트의 비용을 받고 있다. 캠브리안 게노믹스는 비전을 공유하는 회사와 협력하고 있다. 초기에 유전자 변형 야광식물을 만들어낸 킥스타터에 투자해 48만 달러 이상의 수익을 올렸다. 투자받는 더 좋은 방법은 크라우드 펀딩 플랫폼을 이용하는 것이지만, 이곳에서는 현재 유전자 조작 유기체에 관련된 프로젝트를 금지한다.

캠브리안 게노믹스는 또한 지분 10%를 보유하고 있는 기업들과 자사의 기술을 공유한다. 그중 하나는 페토믹스 Petomics 로 고양이와 개의 배설물 냄새에서 바나나 향이 나도록 하는 바이오균을 만들고 있다. 또 하나는 스위트피치SweetPeach로 사용자의 질 미생물을 채취하고, 질 건강을 개선하기 위해 개별화된 바이오균을 다시 보내는 기술이다. 하인즈는 이러한 맥락에서 수천 이상의 신생 기업도 생길 것이라고 말한다. 아마 언젠가 화성에서 DNA를 프린트할 날도 올 것이다.

2014년 말 KBS에서 방영된 특선다큐 '미래를 창업하라' 1, 2부에 출연한 그는 엄지손가락만 한 USB메모리를 보여주면서 그 속에 인간의 모든 DNA가 들어 있다고 말했다. 그는 인간이 다양한 생명체를 만들 것이며, 우선은 위험한 곳에서도 근무할 수 있도록 성능이 향상된 인간, 만능 스포츠 능력자, 물속에서 사는 인간, 우주에서 사는 인간, 인간과 동식물의 융합체 등이 개발되는 미래를 예측했다.

PART
6

건강수명

STATE OF THE FUTURE

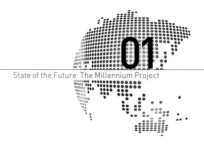
암, 심장병, 치매보다
노화를 공략한다

'안티 에이징anti-aging'은 과학 분야에서는 환영받지 못하는 단어다. 이 분야는 오랫동안 사기꾼이나 가짜 의사들과 연계되어 있었다. 과학자들에게는 '장수 약품'을 기초연구 대상으로 삼는 것이 엄격하게 금지되어 있었다. 노화의 패러다임은 단순하고 일관되어 있다. 서로 다른 유전자와 단백질을 다루는 모델 유기체를 연구하는 과학자들은 노화의 신호를 유도하거나 역전하는 분자 메커니즘을 차차 밝혀내고 있다. 그러나 이러한 메커니즘이 인간에게 작용한다고는 장담할 수 없다.

그렇더라도 분명 유익한 연구들이 있었다. 많은 약품 후보 중 다수는 면역질병 또는 정신질환의 치료약으로 시장에 나와 있다. 이 약품들은 일관되게 노화 관련 질병들의 진행을 늦추고 초파리와 선충류, 쥐의 수명을 늘려준 것으로 판명되었다. 그러나 인체 실험은 아직 멀어 보인다. FDA가 '노화' 분야를 제약 개발의 정식 목표로 인식하지 않는

한 연구자들은 합법적인 범위 안에서 인간을 대상으로 임상시험을 진행할 방법이 없다. 지금까지는 그랬다.

2015년에 들어 FDA는 인간의 수명을 최대 40% 늘리고 노화 관련 질병에 걸릴 위험을 감소시켜주는 약품에 관해 3,000명의 자원자를 대상으로 실험하겠다는 과감한 제안을 승인했다. TAME Targeting Aging with Metformin 이라 불리는 이 실험은 이중맹검 방식, 다중 센터 실험 방식으로 이루어지며, 이 실험의 목적은 노화를 질병으로 취급해 이를 약품으로 해결하겠다는 것이다. 이 실험에 성공하면 세계 최초로 노화를 약으로 치료할 수 있게 된다. 미국노화연구재단 American Federation for Aging Research, AFAR 의 과학책임자인 스티븐 오스타드 Steven Austad 박사는 이렇게 말했다. "우리는 이 실험을 획기적인 것이며 어쩌면 패러다임을 바꿀 수 있는 것으로 생각합니다."

TAME은 임상시험 영역에서 특이한 경우다. 알베르트 아인슈타인 의과대학의 니르 바르질라이 Nir Barzilai 박사가 이끄는 TAME 실험은 제약회사의 지원을 받지 않는다. TAME 실험은 오로지 학계의 아이디어이며 비영리기관인 미국노화연구재단의 지원을 받고 있다.

만약 이 약이 인간에게 효과가 있다면, 이것이 과학적으로 입증된 최초의 장수 약품이 될 것이며 수십억 달러의 가치가 있는 영약이 되겠지만 팀원 중 누구도 돈을 벌지는 못할 것이다. 임상시험의 대상인 메트포르민 metformin은 한 알에 몇 센트에 불과한 일반 당뇨병 약이기 때문이다.

여기에는 돈보다 더 중요한 것이 있다. 일리노이 대학교의 생리인구통계학자이며 TAME 연구팀의 일원인 스튜어트 올샨스키Stewart J. Olsahansiy 박사는 그것이 "노화와 질병을 바라보는 관점을 완전히 변화시킬 수 있는 아이디어"라고 답했다. 이 아이디어는 가장 큰 사망원인인 암, 심장병, 치매를 공략하는 대신 노화를 공략하는 것이다.

TAME은 수십 년에 걸친 노화 연구를 기반으로 한다. 노화 연구는 대부분 생명이 짧은 초파리, 선충류, 쥐와 같은 모델 유기체를 대상으로 한다. 과학자들은 개체의 유전자를 수정해 수명과 건강수명에 미치는 영향을 측정함으로써 노화를 가져오는 분자의 경로를 파악하고 있다.

지난 몇 년 동안 이 분야에서는 노화 과정의 이론적 체제를 굳건히 구축했다. '노화의 주축major pillars of aging'이라고 부르는 이론적 체제에는 신진대사, 스트레스 반응, 염증, 줄기세포 품질과 단백질의 항상성 등이 포함되어 있다. 그러나 과학자들은 아직 소위 '핵심 조절자master regulators' 또는 노화를 주도하고 서로 다른 경로를 이어주는 중앙 교차점에 대해 완전히 밝히지는 못했다.

어떤 과학자는 일부 사람들의 경우 뇌가 핵심 조절자이고 시상하부의 감염 과정이 신체 노화 과정에 충분한 임무를 수행한다고 주장한다. 또 다른 과학자들은 안티 에이징 약품에는 항우울제가 포함되어 있으며, 이 약품들이 뇌에 작용해 신체의 유전자 발현을 조절하며 스트레스 내성을 키우고 수명을 연장시킨다고 주장한다. 이와 대조적으로 혈액 속의 노화를 촉진하는 인자들이 뇌의 노화를 가져온다고 주장하는 이들도 있다. 2014년에 젊은 혈액의 회복 효과에 관해 획기적인 연구들이 있었다. 연구원들이 늙은 쥐의 혈액에 젊은 쥐의 혈액을 주입하자 늙은 쥐의 뇌와 혈관, 근육이 젊은 상태로 되돌아가는 것이 관찰되었다.

연구자들은 핵심 조절자는 아직 찾지 못했지만 후보 약품 목록을 밝혀냈다. TAME 실험에 사용되는 약인 메트포르민이 그 목록의 선두를 굳건히 지키고 있다. 중세시대부터 인간이 광범하게 사용해온 메트포르민은 혈당을 감소시키고 세포 성장, 감염, 신진대사 등 노화의 주축을 이루는 다양한 경로에 작용한다. 많은 연구를 통해 메트포르민이 암과 치매의 위험을 줄이는 것으로 나타났다. 나아가 2014년에 제2형 당뇨병을 앓고 있는 7만 8,000명을 대상으로 한 대규모 연구에서 메트포르민을 먹고 있는 사람들이 그렇지 않은 사람보다 평균적으로 더 오래 사는 것으로 나타났다.

TAME 연구팀이 노화 관련 임상시험의 허가를 받을 수 있었던 데는 두 가지 요인이 더 있다. 첫째, 이 약이 매우 안전하다는 것이다. 처방된 대로 복용하면 부작용이 적으며 어떤 효과가 나타나는지에 대해 잘 문서화되어 있다. 둘째, 이 약은 수명을 늘려줄 뿐 아니라, 장기기관들을 건강하게 유지시켜주는 기간을 의미하는 건강수명 또한 연장해준다. 이것이 TAME 실험의 핵심이다. 식이제한과 같은 처방이 동물들의 수명을 더 늘릴 뿐 아니라, 늘어난 기간에 정신적으로나 신체적으로 건강한 상태가 유지되도록 도움을 준다는 것이다. 이것이 인간에게도 적용된다면 보건 시스템을 근본적으로 변화시킬 것이라고 올샨스키 박사는 말했다.

바르질라이 박사는 노화를 목표로 한 약품 실험을 FDA에 신청하는 대신 노화에 따라 만성질환의 발생 빈도가 얼마나 높아지는지를 관찰하기로 했다.

연구 목표는 메트포르민이 나이에 관련된 만성질환의 시작을 지연시키는지를 관찰하는 것이다. 올샨스키와 그의 동료들은 2006년에 처음 이러한 전략을 제안하며 이를 '장수 배당longevity dividend'이라고 명명했다. 그들의 개념에 의하면 노화 과정을 늦추는 것은 건강과 개인의 재산 그리고 전체적으로 보건 경제에 상당한 이익을 가져온다.

2013년에 〈헬스 어페어스Health Affairs〉에 발표한 논문에서 올샨스키 박사는 숫자를 이야기했다. 동물 모델에서 약간의 노화 지연이 2.2년의 평균 수명연장을 가져왔으며 연장된 기간에 건강한 상태를 유지했다. 50년 이상으로 보면 노화 연기의 경제적 가치는 7.1조 달러로 추정된다.

만약 TAME 실험이 제대로 이루어진다면 그것은 인류가 노화를 대상으로 싸우는 첫 번째 발걸음이 될 것이다. TAME 연구팀은 메트포르민 효과 실험과 함께 자원자들을 대상으로 약 복용 전후 근육과 지방 생체검사를 진행할 계획이다. 연구팀은 RNA 딥시퀀싱이라고 부르는 빅 데이터 기술을 활용해 어떤 유전자가 어떤 수준으로 발현하는지를 관찰해 노화의 생물학적 '지문'을 밝혀내고자 한다.

슈퍼 영웅의 기능 갖춘
인조인간 탄생

State of the Future The Millennium Project

로봇의 중요한 기능 가운데 하나는 인간이 작업하기 힘든 상황에서 대신 작업하는 것이다. 예를 들면 재난 재해로 인해 위험한 지역의 구조 활동, 후쿠시마 원전 사고처럼 인간이 직접 사후처리를 하기에는 다양한 위험이 도사리고 있는 곳에서 인간 대신 작업을 하는 것이다. 그런데 이런 역할을 할 수 있는 존재가 로봇 외에도 있다고 하면 어떨까? 바로 합성생물학으로 탄생한 인공 생명체다.

인공 생명체를 만드는 일이 가능해진다면, 세상은 완전히 변할 것이다. 죽은 가족을 다시 탄생시키거나 자신의 복사본을 만들어 성능을 향상시킬 수도 있으며, 뛰어난 외모에 건강상 완벽한 디자이너베이비를 만들 수도 있을 것이다.

지금까지 해결하지 못한 수많은 지구촌의 과제를 해결할 수 있는 다양한 생명체나, 암을 정복할 수 있는 나노물질, 얼굴을 바꾸는 능력을 갖춘 인간이나 새처럼 날 수 있는 인간을 만들 수도 있으며, 스파이더맨, 캣우먼 등 영웅을 만들 수도 있을 것이다. 심지어 호흡에 굳이 공기를 필요로 하지 않는 생명체로 거듭나서 우주에서 생활 가능한 인간을 만들 수도 있을 것이다.

합성생물학은 생물학, 분자생물학 등 생명과학과 전기·전자·컴퓨터 등의 기술과학을 결합해 탄생한 새로운 학문으로, 자연 세계에 존재하지 않는 생물 구성요소와 시스템을 설계·제작하거나 자연 세계에 존재하는 생물 시스템을 재설계·제작하는 분야를 말한다. 합성을 통해서 만들어낸 인공적인 유기물질이 생체 내에서 제대로 기능할 수 있도록 하는 연구를 하면서 이를 합성생물학이라고 정의한 것이 시초다.

합성생물학은 생명정보의 저장암호인 DNA를 읽는 기술과 DNA를 인공적으로 합성하는 유전자 재조합기술에서 시작되었으며, 유전공학의 급속한 발전과 함께 21세기에 그 영역이 더욱 확장되고 있다.

2003년 미국 MIT에서 열린 합성생물학대회에서 죽으면 바나나 향이 나는 세균과 오염물질의 냄새를 맡아 경보시스템을 작동시키는 박테리아 등 합성한 유전자를 사용한 새로운 미생물들을 선보였다.

합성생물학은 유전자변형생물체living modified organism, LMO의 출현으로 인한 잠재적 위험성도 가지고 있지만, 레이 커즈와일의 예측처럼 2045년에 인간이 원하는 모든 개체를 창조하게 될 수도 있다

MIT가 발행하는 과학잡지 〈테크놀로지 리뷰Technology Review〉 2004년 2월호가 선정한 '우리 세상을 바꿀 10대 신기술'에서 두 번째로 꼽히며 세계 과학계의 주목을 받은 이래 MIT를 비롯해 캘리포니아 대학교 버

클리캠퍼스, 프린스턴 대학교 등 미국의 일부 대학에서 연구를 시작했고, 현재는 우리나라를 비롯해 유럽, 일본 등에서도 합성생물학 연구를 진행 중이다.

2012년 에밀리 레프루스트Emily Leproust는 DNA를 기존의 방법보다 빠르고 저렴하게 합성하는 기술을 가진 트위스트 바이오사이언스Twist Bioscience라는 회사를 창업하려고 투자자를 모집한 적이 있었다. 하지만 많은 투자자는 "합성생물학으로는 큰돈을 벌 수 없을 것"이라며, 시큰둥한 반응을 보였다. 그로부터 4년이 지난 지금, 실리콘밸리에서 수십억 달러를 주무르는 큰손들이 마침내 합성생물학 비즈니스에 뛰어들고 있다. 소프트웨어와 로봇의 발달로 인해 합성생물학 공정의 원가가 대폭 절감되었기 때문이다. 예를 들어 합성생물학 스타트업인 자이머젠Zymergen은 머신 러닝을 이용해 진균과 세균을 조작함으로써 공정의 효율성을 높이고 있다. 전체적으로 2015년 자금 조달에 성공한 합성생물학 스타트업의 수는 24개로, 2012년의 6개를 크게 웃돌았다.

이들 스타트업은 경험도 충분하다. 창업자의 상당수가 제약산업과 에너지산업 경험자들로, 화학, 식품, 화장품, 의류 등의 틈새시장에 신속하게 제품을 공급한다.

징코 바이오웍스Ginkgo Bioworks의 공동창업자인 제이슨 켈리Jason Kelly는 전기차 기업 테슬라나 상업용 우주선 기업 스페이스X와 마찬가지로, 합성생물학 기업들은 혁신과 창조로 경제혁명을 일으킬 것이라고 언급했다. 합성생물학 역사는 길어야 15~20년 정도다. 합성생물학에 관한 이해가 깊어질수록 완전히 새로운 범주의 제품이 나올 가능성은 계속 커진다.

석유 고갈과 화석연료로 인한 온난화를 해결하기 위해 친환경 대체에너지를 개발하고 사용하려는 연구가 활발한 가운데 에너지를 생산하는 합성미생물 개발 연구가 주목받고 있다. 크레이그 벤터Craig Venter 박사가 그 선두주자로, 유전체를 화학적으로 합성해 새로운 생명체를 만드는 데 이미 성공했으며 합성생물학을 통해 연료를 생산하는 미생물이 담긴 통을 장착한 자동차가 등장할 것이라고 주장한다.

의료에서는 합성생물학 기술로 생산한 DNA백신이 품질이 우수하고 보존성 및 안전성도 뛰어나며 비용도 낮아 다양하게 활용되고 있다. 한편 캘리포니아 대학교의 제이 키슬링Jay Keasling은 말라리아 치료제인 아테미시닌Artemisinin 전구체의 대량 생산을 합성생물학으로 실현했으며, 이를 프랑스 제약회사가 상용화하려고 추진하고 있다.

합성생물학은 그 가능성이 무궁무진해서 잠재적 위험성 역시 높다. 이미 박멸된 바이러스조차 서열만 알면 얼마든지 복원할 수 있을 뿐아니라, 더 강력하게 변형하는 것도 가능해 생화학 무기로 사용될 경우 인류에게 치명적인 피해를 줄 것이다. 또 합성생물학이 더욱 발달해서 디자이너 베이비를 탄생시키거나 인류와 똑같은 인공생물체를 만들어내게 될 때 인간의 존엄성과 생명윤리에 관한 지금까지의 엄격한 기준이 무너져버릴 위험도 있다. 따라서 업계에서는 자체적으로 지침을 세워야 하며, 범국가 차원의 기준이 마련되어야 하고, 인류의 감시가 필요하다고 할 수 있다.

인공 DNA로 생명체 창조하는 합성생물학

State of the Future The Millennium Project

04

2004년 인간 유전체 프로젝트가 완성된 이후 10년 동안 합성생물학은 빠르게 성장하고 있다. 가장 놀라운 개발은 크레이크 벤터Craig Venter가 생산한 석유박테리아이며, 곧이어 화학합성 유전체를 사용한 효모 합성염색체 등도 만들어졌다.

그리고 2014년 말에 MRC-LMBMedical Research Council-Laboratory of Molecular Biology: 영국의학연구회 소속 분자생물학연구소 과학자들이 최초의 인공 효소를 만드는 데 성공했다. 신만이 생명체를 만들 수 있다는 오래된 믿음을 깨고 인간이 무에서 유, 즉 생명체를 만들 수 있게 된 것이다. MRC-LMB는 〈네이처〉에 인공 뉴클레오타이드를 만드는 데 성공한 내용의 논문을 발표했다.

뉴클레오타이드, DNA, RNA 빌딩블록, 인산기, 질소염기 다섯 가지(아데닌, 시토신, 구아닌, 티민, 또는 우라실) 중 하나와 당으로 구성된

DNA 데옥시리보스와 RNA 리보스를 생성한 것이다.

이전 연구에서 필립 홀링거Philip Hollinger 박사는 자연에 존재하지 않는 뉴클레오타이드, 천연 뉴클레오타이드와 같은 기능을 할 수 있는 물질을 개발했다. 인산기 및 다섯 질소염기 중 하나를 유지하지만, 당 또는 완전히 다른 분자로 전환시킨 인공 뉴클레오타이드 여섯 가지를 설계해 생성했다. 이것이 XNAs인데 이것은 마치 일반 DNA처럼 행동한다. 정보를 인코딩하고 전송하며, 심지어 다윈Darwin의 이론처럼 자연적으로 발생하는 핵산을 만들기도 한다.

이 실험에서 흥미로운 가능성을 제시한다. 첫째, XNAs가 자연에서 발견된 적이 없더라도, 그들이 존재하지 않는다는 의미는 아니다. 다른 환경을 가진 다른 행성에서 DNA와 RNA가 존재할 수도 있다. XNAs를 창조함으로써 외계에 지적 생명체가 존재할 수 있다는 것이 증명되었다.

앞으로 과학자들은 XNAs 효소, 생화학 반응을 조절하는 세포에서 단백질 기능을 할 수 있는지에 관심을 두고 연구할 것이다.

홀링거 박사 및 다른 과학자들은 XNA효소를 치료적 용도로 사용하는 가능성도 생각한다. XNA효소는 자연적으로 생성되지 않기 때문에, 우리 몸이 이를 분해할 수 있는 시스템 역시 가지고 있지 않다. 연구진은 특정 RNA의 기능을 저하시킬 수 있는 XNA효소를 설계해 생산할 경우, 과민성 암유전자를 치료할 수 있을 것으로 내다봤다.

누구나 생명공학자가 되는 미래

State of the Future The Millennium Project

'컴퓨터가 가정에 들어와 지난 50년 동안 우리 삶을 바꾸고 있다. 이제는 생명공학이 가정에 들어와 미래의 50년을 바꿀 것이다.'

물리학자 프리먼 다이슨Freeman Dyson이 2007년 〈뉴욕 타임스〉 서평에서 언급한 내용이다. 그는 전통적으로 첨단기술연구소나 대학에서만 보유하던 비싼 생명공학기기나 도구가 미래에는 가정으로 들어와 주부나 아이들이 만지게 되면서 생명공학의 혁명이 일어날 것이라고 예측했다.

7년이 지나면서 우리가 이제 그 현상을 목격할 수 있게 되었다. 차이Chai라는 회사는 최근 킥스타터Kickstarter에서 1,500달러 가격의 qPCR quantitative real time polymerase chain reaction: 실시간 중합효소 연쇄반응 검사기을 대량 생산하기 위해 펀딩을 시작했다. 증폭된 DNA를 실시간으로 측정하는 이 기계의 가격은 현재 2만 달러 이상으로 꽤 비싸다. 하지만 저렴한 제품의 대량 생산이 가시화되면서 가정에서도 쉽게 DNA를 복사하고 연구할 수 있는 미래가 한 걸음 다가왔다.

분자생물학에 주로 쓰이는 전문적인 분석기기가 가정에서 사용될 일이 있을까 의문을 갖는 이들도 있겠지만, 이 기기와 함께 유전자에 관한 일반 지식을 가지고 있으면 안전하고 편리한 삶을 추구하는 데 도움을 받을 수 있다. 이 기기는 분석 대상의 DNA를 시각적으로 설계하고 최종 사용자에게 분명한 결과를 제시한다. 가령 가게에서 산 토마토가 유전자변형작물인지 아닌지, 정육점에서 사온 소고기가 한우인지 아닌지 알 수 있다. qPCR은 또 수인성 오염물질을 실시간으로 감지할 수 있는 진단도구이기도 하다. 대장균과 리스테리아 및 HIV human immunodeficiency virus: 인간 면역 결핍 바이러스, AIDS를 일으키는 원인균, 말라리아, 에볼라와 같은 감염 확산을 추적하는 데도 큰 도움이 된다.

많은 과학 분야가 그렇듯 생명과학 분야도 고가의 전문장비를 갖추어야 제대로 된 연구 성과를 얻을 수 있는 분야다. 따라서 연구를 위해 고가의 전문장비를 빌리는 데만 오랜 시간을 기다린다. 다이슨은 이러한 장비를 저렴하게 제공해 누구나 일상의 한 부분으로서 생명공학을 연구하게 해야 한다고 주장했다.

qPCR 같은 프로젝트가 킥스타터에서 성공하는 것은 우리가 생명공학의 시대로 신속하게 이동하고 있다는 사실을 방증한다. 스탠퍼드 대학교는 최근 교양수업으로 'DNA 연구 biohacking'를 개설해 누구나 생명공학을 공부할 수 있도록 문턱을 낮췄다.

엘렌 요르겐슨 Ellen Jorgenson은 테드 토크에서 생명공학 발전은 좋은 점이 나쁜 점보다 훨씬 많다고 주장했다. "유엔은 이미 생명공학기술의 힘을 인정하고 심지어 DIY바이오Do it your self bio 커뮤니티를 지원하며 구체적인 대안도 마련하고 있다"고 이야기하는 한편, 언론은 지속적으로 생명공학의 능력을 과대평가하고 윤리도덕을 과소평가하는 경향이 있다고 지적하기도 했다.

요르겐슨은 또한 한계를 설정하고 조절하는 과정이 우선되어야 하겠지만, 생명공학 분야에서는 협업이 필요하다고 주장한다. 젠스페이스GenSpace 같은 단체는 생명공학이 저렴한 기기의 등장으로 잠재적으로 위험한 상황을 맞을 수 있다고 주장하며, 이를 방지하기 위해 법을 집행하고 있는 공무원들을 교육시키는 한편 미 연방수사국Federal Bureau of Investigation, FBI과 직접 협력한다.

IBM의 토머스 왓슨Thomas John Watson은 1943년에 "우리가 다섯 대의 컴퓨터 정도는 팔수 있을 것이다"는 유명한 예측을 했다. 당시 컴퓨터의 사용 범위가 너무나 제한적이었기에 세계 시장이 다섯 대의 컴퓨터만 필요로 한다는 취지의 발언이었다. 그런데 지금 우리가 얼마나 많은 컴퓨터를 사용하고 있는가? 생명공학 및 합성생물학 역시 마찬가지다. DNA를 분석하는 저렴한 기기가 나오면 PC와 마찬가지로 세상을 바꿀 것이다.

.

의사보다 정확한
인공지능의 진단

State of the Future The Millennium Project

'인공지능은 그 무엇이 되었든 아직 이루어지지 않았다.' 인공지능 커뮤니티에서 흔히 하는 이야기로, 회의론자들은 인공지능 프로그램을 평가 절하해왔다. 컴퓨터 인공지능이 체스 챔피언을 이기고 자동차 운전을 배워도, 시리Siri: 지능형 개인비서 기능을 수행하는 애플 iOS용 소프트웨어와 코타나Cortana: 마이크로소프트에서 개발한 지능형 개인 비서 소프트웨어의 등장에도 여전히 별것 아니라고 이야기했다.

그러나 이것이 2015년부터 변하기 시작했다. 회의론자들조차도 이제 인공지능이 거의 완성되었다고 말한다. 엄청난 양의 데이터를 흡수해 학습하는 '딥 러닝' 신경네트워크 분야에서 중요한 발전이 있었다. IBM은 자사의 인공지능 시스템인 왓슨에게 요리에서 금융, 의학에서 페이스북에 이르는 모든 것을 가르쳤다. 구글과 마이크로소프트는 안면인식과 인간처럼 말하는 시스템 분야에서 약진했다. 인공지능 기반의 안면인식은 인간과 비슷한 수준에 이르렀다. IBM의 왓슨 헬스는 일부 암에 대해 인간 의사보다 더 잘 진단할 수 있다.

인리틱Enlitic CEO 제러미 하워드Jeremy Howard는 기하급수적 의학Exponential Medicine 컨퍼런스에서 머신 러닝 강연을 노트북으로 프레젠테이션했다. 강연하는 자리에서 그는 프레젠테이션 내용을 추가하며 이렇게 말했다. "이전 이야기의 일부는 내가 비행기를 타고 있는 동안에 낡은 이야기가 되었습니다. 그래서 약간 수정해야 했습니다."

2015년 11월 9일에 구글은 딥 러닝 소프트웨어인 텐서플로TensorFlow를 오픈소스 라이선스로 전격 공개했다. 텐서플로는 구글 제품에 사용되는 머신 러닝을 위한 소프트웨어로 구글 브레인Google Brain팀이 개발했다. 구글 브레인 팀은 2011년에 첫 머신 러닝 시스템 디스트빌리프DistBelief를 만들었다. 디스트빌리프의 딥 러닝 신경망은 구글 내 50개가 넘는 팀과 검색, 음성검색, 광고, 구글 포토, 구글 맵스, 스트리트뷰, 번역, 유튜브 같은 실제 서비스에 탑재됐다. 이번에 오픈소스로 공개된 텐서플로는 구글 브레인 팀의 두 번째 머신 러닝 시스템으로 안드로이드와 애플의 iOS 같은 모바일 환경은 물론 리눅스 등의 컴퓨터 환경에서도 구동할 수 있다.

제러미 하워드가 의학 컨퍼런스에서 이야기하고자 한 것도 바로 이런 머신 러닝에 의한 눈부신 발전이다. 머신 러닝은 프로그램을 직접 짜서 배우는 것이 아니라 예를 통해 학습하는 알고리즘이다. 구글 탐색에서 아마존 추천 엔진에 이르기까지 머신 러닝은 모든 곳에 존재한다. 실제로 의료 분야에서 머신 러닝은 폐의 CTcomputerized tomography, 컴

퓨터단층촬영 영상 분석에 이용되었고 의사들에게 암 진단과 예후의 추정을 도와줄 수백 가지의 새로운 특성들을 확인해주었다.

그러나 현재 다양하게 사용되고 있는 머신 러닝은 이미 낡은 것이다. 가장 최근의 진보는 '딥 러닝'이라고 부르는 것으로 더 강력하고 독립적이다. 딥 러닝은 기계가 다양한 데이터를 바탕으로 학습을 반복해 스스로 상황을 인지·판단할 수 있도록 지능화된 기술이다. 구글 플러스, 페이스북 등 소셜 네트워크 서비스에서 인물 사진에 자동으로 태그가 달리거나 사진 배경에 나타난 위치를 인식하고 분류하는 서비스 등이 딥 러닝 기술을 적용한 대표적 사례다. 영상 인식은 딥 러닝이 얼마나 빨리 발전하는지를 가장 잘 보여주는 사례다. 2010년 세계 최고의 영상인식 대회의 인식 실패율은 오늘날보다 6배가 높았다(28.2%). 하지만 2015년 초 구글과 마이크로소프트는 딥 러닝 알고리즘이 인간보다 훌륭하며 인식 실패율은 각각 4.8%에서 4.94%라고 발표했다.

제러미 하워드는 이보다 더 빠르다고 이야기한다. 그가 2014년에 기하급수적 의료 컨퍼런스에서 발표했을 때 딥 러닝의 실제적 사용은 막 시작한 단계이며 의료 분야에서는 특히 더 그렇다고 말했다.

"작년에 제가 이곳에 왔던 때 이후로 모든 기하급수적인 발전이 일어났습니다. 이제 구글의 메일 자동회신이 있습니다. 스카이프 자동통역이 있습니다. 우리에게는 자동 예술 생성기가 있습니다. 나아가 작년에 제가 이것을 의료 분야에서 의료 진단의 정확성과 효율성을 높이는 데 사용할 수도 있을 것이라고 말했는데, 그 방향으로 가고 있습니다. 그래서 우리는 인리틱이라는 회사를 만들었습니다."

2014년에 인리틱은 시작 단계였다. 그들이 가진 알고리즘은 개의 품종과 서로 다른 유형의 은하들을 구분할 수 있었다. 그것으로도 멋있었지만 그것이 최종목표는 아니다. 하워드는 딥 러닝이 의료 분야에 거대한 충격을 가져올 것으로 예상한다. 미국에서만이 아니라 의사에게 쉽게 갈 수 없는 전 세계 40억 명의 인구에게 현대적 의료진단을 원격으로 제공하게 된다. 이것은 커다란 진보다. 세계경제포럼에 의하면, 현재의 속도로는 개발도상국에 충분한 의료 전문 인력을 공급하기까지 300년이 걸릴 것이라고 한다.

인리틱은 2014년 설립된 뒤 환자 100만 명의 의료기록을 분석해 인간 신체에 관한 심도 있는 신경네트워크를 만들었다. 인리틱의 딥 러닝 시스템은 폐 CT 스캔 영상을 가지고 자체 알고리즘을 통해 암으로 발전할 가능성을 진단하고 이를 네 명의 최고 방사선 전문의 패널의 진단과 비교했다. 방사선전문의의 위음성률false negative rate: 암 진단을 놓친 비율은 7%였다. 인리틱의 인공지능은 0%였다. 방사선전문의의 위양성률false positive rate: 암을 부정확하게 진단한 비율은 66%였다. 인리틱의 인공지능은 47%였다. 인공지능이 인간 전문가보다 현저하게 더 낫다는 것을 보여주었다.

인리틱의 딥 러닝은 암 조기 탐지에 사용될 것이다. 방사선 이미지 대상에 문제가 없는지 먼저 소프트웨어가 점검한다. 이상이 발견되면 이미지 우선순위를 높여 내용에 따라 담당 의사를 결정한다. 폐 이미지에서 결절을 발견한다면 폐 전문의에게 전송하고 동맥류 같은 것이 발견되면 심혈관 전문의에게 보내는 것이다.

딥 러닝은 빠르게 발전하고 있으며 영향력도 더욱 커질 것이다. 이미 여러 사람이 이 분야에서 일하고 있지만 아직 충분하지 않다. 텐서플로가 그 수문을 열었으며 이제 딥 러닝의 세계는 더욱 빠르게 흘러갈 것이다.

낡은 보건의료 시스템의 재구축

오늘날 보건의료는 사후적이고 소급적이며, 관료적이고 비용이 비싸다. 이것은 질병의료sick care이지 보건의료health care가 아니다. 특히 미국의 경우 3조 달러에 이르는 거대한 보건의료 시스템이 실패했다고 평가해도 무방하지 않다. 미국의 미래학자들은 이 시스템이 망가진 이유와 이를 수리할 방법을 찾아서 미래로 나아가고자 한다. 여기서 소개하는 사례는 대체로 미국의 이야기이지만, 우리나라에서도 적용해볼 만한 부분이 많을 것이다.

나쁜 소식

• 의사들은 환자의 수요에 의한 것이 아니라 법적 책임에 대한 공포로 인해 매년 2,100억 달러를 사용한다.

• 미국인은 1인당 평균 8,915달러를 보건의료에 사용한다. 이는 지구

상 어느 나라보다 많은 금액이다.

- 미국에서의 처방약값은 다른 선진국들보다 50% 더 비싸다.
- 현재의 비율대로라면, 2025년에 미국 GDP의 25%는 보건의료 분야에 사용된다.
- 하나의 신약이 연구소에서 환자에게 주어질 때까지 평균 12년의 시간과 3억 5,900만 달러가 소요된다.
- 신약 5,000가지 중 다섯 가지만이 인체실험을 할 수 있다. 그중 5분의 1만이 실제 인체사용 허가를 받는다.

우리는 인공지능, 센서, 로봇공학, 3D 프린팅, 빅 데이터, 유전체학, 줄기세포 분야 등의 첨단기술이 주도하는 의료 혁명의 중심에 서 있다. 앞으로 10년 안에 다음과 같은 일이 벌어질 것이다.

좋은 소식

- 지구 상의 가장 부유한 곳이나 가장 가난한 곳이나 동등하게 인공지능의 건강검진 스캔으로 가장 훌륭한 진단을 받게 된다.
- 대규모의 유전체학과 머신 러닝으로 암과 심장병, 신경퇴행 질병의 근본 원인과 치료법을 얻게 된다.
- 로봇 의과의가 저렴한 비용으로 매번 완벽한 수술을 집도하게 된다.
- 필요한 경우 기증자가 죽기를 기다릴 필요 없이 심장, 간, 폐, 신장을 만들 수 있다.

이러한 돌파구들은 다음과 같은 핵심기술들의 기하급수적 성장과 융합으로 구체화될 것이다.

1. 인공지능과 보건의료

인공지능은 더 나은 진단과 개인화된 의료 처치를 가능하게 한다. 인리틱과 같은 회사들은 인공지능과 딥 러닝을 이용해 의료 영상진단과 종양의 감지 능력을 향상시키고 환자와 의사에게 통합된 의료 기록들을 제공한다. IBM의 왓슨 헬스는 애플, 존슨 앤드 존슨, 메드트로닉Medtronic과 파트너십을 맺었으며, 동시에 피텔Phytel 및 익스플로리스Explorys라는 클라우드 기반의 의료 빅 데이터 회사를 인수했다. 방대한 의료 데이터를 왓슨으로 통합하겠다는 야심을 보여주는 행보다. 하나의 왓슨 시스템에 4,000만 개의 문서가 들어 있으며 매일 2만 7,000개의 새로운 문서가 추가되어 수천 명의 사용자에게 자료로 제공된다. 1년 만에 왓슨의 폐암 진단 성공률은 90%에 달했다. 인간 의사의 진단 성공률은 50%다.

한편 스마트폰을 비롯해 다양한 센서의 발전에 따라 개인의 의료 데이터가 측정되기 시작했다. 단순히 걸음 수, 활동량, 체지방지수만이 아니라, 체온, 혈압, 혈당, 심박 수, 심전도, 산소포화도 등 중요한 의료 데이터도 모바일 디바이스와 스마트폰으로 측정할 수 있게 된 것이다.

2. 센서와 보건의료

인체에 착용할 수 있고 인터넷에 연결된 기기들과 자신에 대한 정량적 기록과 예측분석quantified-self이 가능한 애플리케이션으로 방대한 양의 유용한 건강정보를 수집할 수 있다.

퀀터스Quanttus 손목밴드와 바이탈 커넥트Vital Connect는 심전도자료, 바이탈사인, 자세와 스트레스 수준 등의 자료를 세계 어느 곳에나 전송할 수 있다. 구글은 스마트 콘택트렌즈를 비롯해 신체 내외부에 범용으로 사용할 수 있는 센서들을 개발하고 있다. 이 기기들을 통해 착용자의 혈당부터 혈액의 화학적 분석blood chemistry에 이르는 정보들을 모니터할 수 있다.

한편 임상의료 부문에서 가정 또는 환자나 간병인의 주머니에 들어가는 기기를 이용한 기술의 사용이 늘어날 것이다. 영화 '스타트렉'에 나오는 휴대용 의료기기인 트라이코더의 실제 구현 가능성에 총 1,000만 달러의 상금이 걸린 퀄컴 트라이코더 X프라이즈는 '의료용 트라이코더'의 시대에 박차를 가할 것이다. 트라이코더는 현재 기껏해야 디지털 체온계 정도인 환자 분류 부문에서 더욱 다양하게 사용될 것이다. 이 기기는 환자나 간호사를 위한 것이 아니라 소비자를 위한 것이다.

3. 로봇공학과 보건의료

의료 로봇공학의 정밀성, 정확성, 이동성으로 인해 전 세계 사람들이 더 빠르고 더 저렴하게 의료 서비스를 누리게 된다.

전 세계적으로 300만 건 이상의 수술이 인튜이티브 서지컬Intuitive Surgical 사에 의해 개발된 다빈치 로봇 시스템으로 이루어졌다. 다빈치 시스템은 신체 내부의 3D 고화질 영상을 사용하며, 사람의 손의 떨림이 없는 정교한 움직임이 장점이다. 또 새로 개발되고 있는 새로운 세대의 수술로봇은 인간이 저지를 수 있는 실수를 없애고 더 적은 비용으로 일상적인 수술을 완벽하게 수행할 것이다.

4. 3D 프린팅

3D 프린터는 주문형 제조방식으로 생산되는 의료기기들을 저렴하게 공급하고, 빠르고 손쉬운 제작으로 더 많은 사람이 이용할 수 있게 해줄 것이다. 예를 들어 정교한 치과 및 해부학적 모델, 수술보조용 도구, 이식용 기기, 외골격, 보청기, 보철물, 척추측만증 환자용 교정기 등 수많은 의료기기를 3D 프린트한다.

실제로 워싱턴 대학교의 학생들은 약 200달러에 로봇 팔을 3D 프린트했다. 기존의 로봇 팔은 5만~7만 달러에 이르며 이식 대상자가 아이일 때는 자랄 때마다 교체해주어야 해서 비용이 많이 들었다.

한편 앤서니 아탈라Anthony Atala 박사의 연구팀과 오가노보Organovo 같은 회사들은 세포를 가지고 피부, 혈관, 소형 장기들을 3D 바이오프린팅해 생산한다.

5. 유전체학과 빅 데이터

유전자 배열 분석 원가는 2001년의 1억 달러에서 오늘날의 1,000달러까지 10만분의 1로 떨어졌다. 이는 무어의 법칙의 3배 속도에 달한다. 휴먼 롱제비티Human Longevity Inc., HLI에서는 가장 방대한 유전체학 정보를 수집할 계획을 가지고 있다. HLI는 100만 명에 이르는 사람들의 개인 유전체와 MRI 스캔 데이터, 인체 미생물 군집microbiome, 대사체 metabolome 등을 저장하려고 한다. 이 회사는 기존에 알려진 질병 관련 유전자 테스트 서비스를 제공하는 동시에, 비교 유전체 분석을 통해 유전자와 질병과의 관계를 밝히기 위해 최대한 많은 사람의 데이터를 확보하기 위해 노력하고 있다.

특히 HLI는 1년에 4만 명의 유전체를 분석할 수 있을 정도의 세계 최대의 설비를 보유하고 있다. 이렇게 얻어진 데이터베이스를 통해 더욱 정확한 질병 예측 연구가 가능할 것이다. 인류의 질병에 대한 비밀을 풀 수 있을 것으로 기대했던 인간 유전체 프로젝트가 15년 전에 완료되었지만 유전자와 질병의 상관관계는 아직 상당 부분 베일에 가려져 있다. 지금까지 확보된 개인 유전체의 수가 충분하지 않기 때문이다. 많은 수의 유전체와 개인의 특성에 대한 정보를 확보해야 질병 예측의 정확도를 높일 수 있을 것이다.

6. 줄기세포

지금은 줄기세포 치료법의 초기 단계에 있다. 미래의 치료법은 지금은 상상도 하지 못할 방법으로 이루어질 것이다.

줄기세포 치료는 조직을 재생시킨다. 그래서 실명에서 척추 부상, 제1형 당뇨병, 파킨슨병, 알츠하이머 병, 심장병, 화상, 암, 골관절염에 이르는 모든 질병을 '치유'한다. 2012년 시더스시나이병원의 연구팀은 줄기세포 치료법의 성공적인 치료 사례를 발표했다. 환자 자신의 줄기세표를 이용해 심장조직을 재생해 심근경색 손상을 완화시킨 것이다.

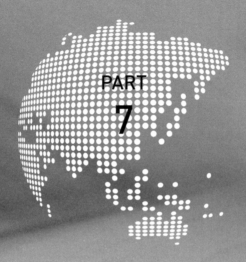

PART
7

미래 주요
도전과제 15

STATE OF THE FUTURE

State of the Future The Millennium Project

어떻게 하면 기후에 부정적인 영향을 주지 않으면서 지속 가능한 개발을 달성할 수 있을까?

지구온난화에 따른 기후 변화는 악순환으로 이어진다. 북극 툰드라의 얼음이나 눈이 녹으면 빛의 반사량이 줄고 흡수하는 열의 양이 늘면서 메탄가스의 배출이 증가한다. 동시에 해수 온도의 상승은 메탄 하이드레이트를 해저에서 대기 중으로 방출시켜 공기의 온도를 높여 더 많은 얼음을 녹인다. 이는 다시 물의 온도를 높여 지구온난화를 가속한다. 빙하가 녹으면서 어류 자원의 30%가 소멸했고, 포유종 21%와 식물의 70%가 멸종 위기에 처했다. 바닷속 저산소 구역으로 바닷물에 용해된 산소량이 적어 생물이 생존할 수 없는 해양 데드존은 1960년대 이래 10년마다 2배씩 증가하고 있다.

기후변화정부간위원회Intergovernmental Panel on Climate Change, IPCC에 따르면

지난 30년은 북반구에서 가장 더운 기간이었다. IPCC는 1901년부터 2010년 사이 해수면이 19cm 상승하고, 1880년 이래 지구의 평균 표면 온도가 0.8℃ 상승했다며 기후 변화에 적응하는 문제를 진지하게 고려해야 한다고 보고했다. 현재 전 세계 온실가스 배출은 이산화탄소 환산 기준으로 약 54기가톤이다. 지금의 추세라면 2020년에는 59기가톤, 2030년에는 68기가톤에 이를 것으로 예측된다. IPCC는 온난화를 2℃ 이하로 제한하기 위해서는 2012년에서 2100년까지의 이산화탄소 배출이 1,000기가톤을 넘어서는 안 된다고 경고한다.

인간이 배출한 온실가스를 흡수하는 자연의 수용력마저 감소하고 있다. 바다는 오늘날 배출되는 이산화탄소의 25% 정도를 흡수한다. 향후 이산화탄소를 완벽히 처리하는 기술이 개발되기까지 적어도 수십 년간 바다는 계속해서 이산화탄소를 흡수해야 한다. 이는 해양의 산도를 높여 산호초를 비롯한 해양생물에 영향을 미치고, 집단 멸종을 이끌 만큼 독성이 강한 황화수소를 내뿜는 미생물의 확산을 초래한다. 이러한 상황이 계속된다면 21세기 말까지 바닷물의 농도는 약 0.3~0.4pH 감소하고, 해양의 산성화를 초래해 생태계 파괴에 큰 영향을 줄 것이다.

교토의정서는 대기 중 이산화탄소가 450ppm을 넘지 않도록 규제하자고 약속했지만, 최근에는 이 수치를 350ppm으로 낮춰야 한다는 우려가 커지고 있다. 교토의정서에 의한 이산화탄소 배출 감소가 전 세계적으로 증가한 제품 생산에서 발생하는 배출량을 상쇄하지 못하기 때문이다. 즉 기후 변화의 가속도가 인간의 능력을 뛰어넘을 날이 언제든 올 수 있다는 것이다. 게다가 한 연구에 따르면 이산화탄소 1톤이 배출될 때마다 220달러의 경제적 손해를 유발하는 것으로 알려졌다.

세계자연기금World Wide Fund for Nature, WWF은 전 세계 생태계가 인간의 생명을 유지해 주고 경제적 토대를 제공하는 데만 약 16~64조 달러의 가치를 지닌 것으로 평가한다. 그중에서도 해양은 최소 24조 달러의 가치가 있는 것으로 추산한다. 하지만 생태계 파괴의 심각성을 인식하는 사람은 많지 않다. 우리 식량의 대부분이 벌의 수분작용授粉作用 덕분임에도 지난 몇십 년간 미국과 유럽의 꿀벌 군집의 절반이 소멸했다. 세계 식량의 36%를 생산하는 관개토양의 20%가 해수면 상승에 따라 바닷물이 농지에 유입되면서 염분의 증가로 불모지가 되었다. 토양의 염분 증가는 매년 273억 달러에 달하는 농작물 손실로 이어지고 작물 수확량을 70%까지 낮춰 인류의 미래에 먹거리 파동을 가져올 수도 있다. 따라서 염내성鹽耐性 작물을 개발해야 할 것이다.

지난 100년간 10배 이상 증가한 폐기물 역시 기후 변화를 유도하는 위협적인 존재다. 2025년에는 현재의 2배가 넘는 폐기물이 발생할 것으로 측정된다. 세계 곳곳에서 발생하는 음식물 쓰레기를 절반으로 줄이면 2030년까지 연간 3,000억 달러를 절약할 수 있다. 금과 은을 비롯해 버려지는 각종 원료의 가치는 무려 520억 달러에 이르지만 재활용되는 것은 20%도 되지 않는다. 인류는 1970년 이래 매년 인간의 자원 소비가 자연의 공급을 초과할 것으로 예정되는 '지구 생태 용량 초과의 날Earth Overshoot Day'을 기록하고 있다. 이날은 2001년 이후 매년 평균 3일씩 앞당겨지면서 2014년에는 8월 19일을 기록했다. 이제 인간이

1년 동안 소비한 것을 재생하는 데 걸리는 시간은 1년 6개월이 되었다. 우리가 행동을 개선하고 지구를 지킬 방법을 찾지 않는다면 다음 50년 사이 지구에 있는 종의 6개 중 하나가 멸종될지도 모르겠다.

농업과 어업에 의존하는 가난한 나라일수록 기후 변화에 취약하다. 빠르게 변화하는 기후에 대처할 기술이나 재정이 부족하기 때문이다. G8은 빈곤국과 '식량 안보 및 영양을 위한 새로운 동맹New Alliance for Food Security and Nutrition'을 맺어 농업기술 개발을 통해 가난으로부터 구제하는 동시에 녹색경제의 발전을 유도하고 있다.

미국과 중국은 경제 규모가 큰 만큼 온실가스를 가장 많이 배출하는 국가다. 따라서 기후 변화에 적응하고 문제를 해결하는 데 앞장서야 할 윤리적 책임이 있다. 2014년 미국과 중국은 온실가스 배출 한도, 더욱 깨끗한 에너지 연구, 탄소 포집과 재사용, 에코-스마트 도시 계획, 수소불화탄소 사용의 단계적 축소에 대한 협력을 약속하는 공동성명을 채택했다. 하와이 마우나로아 관측소에서 2014년 5월 측정된 이산화탄소 농도가 401.88ppm을 기록하며 인류 역사상 최초로 400ppm을 초과했고, 1년 뒤에는 403.7ppm으로 증가한 이후의 일이었다. 하지만 아직은 NASA가 전 세계의 힘을 모아 아폴로계획을 선언한 것처럼 대기 중의 이산화탄소 농도를 350ppm으로 감소시키겠다는 대담한 목표를 선언하지는 못했다.

미국과 중국이 이끄는 전략은 전기자동차, 염수 농업, 탄소 포집과 재사용, 태양열 발전 인공위성, 자기부상열차, 도시 생태학, 배양육과 같은 새로운 기술에 집중할 것이다. 동물의 사육 없이 배양육을 생산함으로써 온실가스 배출을 96% 낮추고, 에너지 사용을 45% 절감하고, 토지 사용을 99% 감소시키고, 물 사용을 96%나 절약할 수 있다. 이러한 기술은 탄소세, 탄소 배출 허용 한도, 벌채 감축, 산업 효율성, 열병합발전, 재활용, 화석연료에서 재생에너지로의 정부보조금 전환 등의 정책이 뒷받침해야 한다. 이를 위해 세계 기후 변화에 관해 더 나은 결정을 지원하고 현상을 지속적으로 파악하는 집단지성 시스템을 구현하고자 한다.

기후 변화에 적응하고 기후 변화를 완화하기 위한 정책과 지속 가능한 포괄적 개발전략이 필요하다. 지속 가능한 성장이 없다면 수십 억이 넘는 사람들이 가난을 겪을 것이고 많은 문명이 붕괴할 것이다. 그러나 우리에게는 이미 경제 성장을 가속하는 한편, 기후 변화에 대응할 만큼의 지혜가 있다. 다만 아직은 지속적인 성장에 필요한 보편적인 윤리규범이 충분히 정립되지 않았으므로 이에 대한 고민이 필요하다.

세계 기후의 변화

- 2015년 5월 지구의 대기 중 이산화탄소 농도는 403.70ppm이다.

- 해양은 매일 3,000만 톤의 이산화탄소를 흡수해 산도가 높아지고 있다.

- 지구 온난화로 빙하가 녹고, 질병의 형태가 변화하고, 바다 식물이 사라지고 있다.

- 현재의 추세가 계속되면 지구에 있는 종의 6개 중 하나가 멸종될 수 있다.

- 기후 변화에 가장 취약한 것은 온실가스 배출에 대한 책임이 작은 가난한 나라
  들이다. 농업과 어업에 의존해 생활하는 이들은 기후 변화에 대처할 재정적, 기
  술적 자원이 부족하다.

지속 가능한 개발을 위해서는

- 화석연료 발전소에서 이산화탄소를 재사용하도록 한다.

- 대기 중 이산화탄소 농도를 350ppm으로 낮추는 새로운 규정을 세운다.

- 화석연료의 사용을 줄이고 재생에너지를 사용하는 변화가 필요하다는 프란치
  스코 교황의 회칙에 주목한다.

- 탄소세, 탄소배출 허용 한도에 관한 정책을 세운다.

- 화석연료에서 재생 가능 에너지로의 보조금 전환.

깨끗한 수자원 확보

어떻게 하면 분쟁 없이 모두가 깨끗한 물을 충분히 얻을 수 있을까?

1990년 수자원 시설이 개선되면서 23억 명 이상의 사람들이 안전한 식수를 얻게 되었다. 하지만 25억 명의 사람들은 여전히 위생이 확보되지 않은 물을 사용해야 했다. 유엔의 새천년개발계획Millennium Development Goals, MDG은 깨끗한 식수를 얻을 수 없는 사람들을 반으로 줄이겠다는 목표를 세웠고, 2010년 마침내 달성했다. 하지만 여전히 7억 4,800만 명의 사람들이 제대로 된 식수를 얻지 못하고 있다. 현재 안전한 식수를 사용한다고 해도 전 세계적인 지하수면의 하락, 기후 변화, 수질오염, 인구 증가 등이 계속된다면 미래에는 식수를 얻지 못할 수 있다.

2015년 세계경제포럼은 사회에 미치는 위험을 기준으로 볼 때, 수자원의 위기가 8번째로 큰 요소라고 지적했다. 지난 100년 동안 지하수의 사용 증가 속도는 인구 증가 속도의 2배였고, 지난 50년 동안 세계 취수는 3배나 증가했다. 이로 인해 개발도상국 시민의 약 27%가 수도 설비를 갖추지 못한 채 생활하고 있다. OECD 추세 분석에 따르면 2030년에는 세계의 절반이 심각한 물 스트레스 지역에서 살고 있을 것이다. 자연이 생물의 생명을 지속시키기는 데는 충분한 물이 필요하다. 지금과 같은 상황이 계속된다면 2050년에는 수십억 명이 물 부족에 시달릴 것이다.

개발도상국에서 발생하는 질병의 약 80%는 물과 관련이 있다. 인간의 배설물을 제대로 처리하지 못하는 것이 가장 큰 문제다. 아동의 경우 비위생적인 환경에서 좋지 못한 물을 마시다가 설사로 사망한 수가 50만 명이 넘는다. 대부분 아프리카와 동남아시아에서 생활하는 아이들이다. MDG가 2015년까지 깨끗한 물을 공급받지 못하는 인구 비율을 절반으로 줄이고자 노력한 덕분에 지난 25년간 20억 명의 사람들이 나아진 환경에서 위생적으로 생활할 수 있게 되었다. 그럼에도 여전히 25억 명의 사람들이 깨끗하지 않은 물을 사용하고 있으며, 11억 명의 사람들이 야외 배변을 하고 있다.

농업은 인간의 담수 사용량의 70%를 차지한다. 대부분이 가축 사육에 이용된다. 육류 수요량이 2050년까지 2배 이상 증가할 것으로 보이는 가운데 자연스럽게 물의 수요도 증가할 것이다. 햄버거 하나를 만들기 위해서는 2,400ℓ의 물이, 가죽구두 하나를 생산하는 데는 8,000ℓ의 물이 사용된다. 물 부족은 단순히 식수뿐 아니라 곡물과 육류 생산에도 위협을 가하고 있다.

뿐만 아니라 발전소의 냉각 시스템에도 엄청난 양의 물이 필요하다.

미국에서 이루어진 한 연구는 핵발전소가 한 단위의 전기를 생산하는 데 사용하는 담수가 천연가스 발전소보다 8배나 많다는 것을 보여주었다. 에너지 역시 식량과 마찬가지로 앞으로 수요량이 증가할 것으로 보인다. 수자원의 관리와 확보를 이뤄내지 못하면 우리의 미래는 어두워질 것이다.

그렇다면 깨끗한 수자원을 확보하기 위해서는 어떠한 노력과 변화가 필요할까? 먼저 발전소는 관류방식이나 현장 급수장으로 물을 재순환시키는 방식으로 물 사용을 줄일 수 있다. 전력 공급을 풍력으로 전환하면 물을 전혀 사용하지 않을 수 있으며, 빛에너지를 전기에너지로 바꾸는 광전변환은 화력발전소에 비해 적은 물을 깨끗한 방식으로 사용한다. 이 외에도 해수의 여압으로 증기 제트를 만들고, 탄소 나노튜브로 여과하고, 역삼투를 이용하는 등 획기적인 담수화와 함께 비용이 적게 드는 오염 물질 처리와 더 나은 집수 방법이 필요하다.

담수에 대한 높은 수요는 해안지대의 해수농업, 수경재배, 물고기 양식과 수경재배를 융합한 아쿠아포닉aquaponic, 누수 파이프의 보수, 처리수 재사용, 고층건물 내 수직농장 설치 등으로 해결할 수 있다. 물은 개발과 기후 변화 전략의 중심이 되어야 한다. 기후 변화가 해수면 상승으로 이어지면 우리는 세계 해안지대의 담수 20%가 염수로 변하는 것을 지켜보게 될 것이다. 이에 대처하려는 절박한 시도로 탈염수를 만들기 위해 엄청난 양의 디젤유를 사용하면 이산화탄소의 배출을 더욱 늘리게 될지도 모른다. 현재까지는 대규모 태양열 담수화가 제대로 이루어지지 않고 있지만, 나노기술에 현실적인 해법을 찾을 만한 잠재력이 있다.

수자원 확보 역시 중요하다. 이는 파이프나 호수에서 물방울을 떨어지게 해 원하는 부위에만 소량, 지속적으로 공급하는 점적관수drip irrigation와 정밀농업을 통해 적은 물로 더 많은 식량을 생산할 수 있다. 바닷물을 이용한 거대 온실로 농사를 짓는 해수온실 농업, 개량된 빗물 관리, 관개 지역 관리, 물 가격 설정방식의 선별적 도입, 노후 농경지와 유휴 농경지의 삼림 또는 초지 전환, 폐수 처리 후 용수나 정원 수로의 사용, 친환경 댐 및 관로와 수로의 건설 등도 고려해야 한다.

마시는 데 사용되는 물은 일부에 불과하므로 중앙 하수처리장에서 많은 비용을 들여 완벽하게 정화하는 대신 수돗물 공급 지점에서 물을 최종적으로 정화하는 방법을 개발하는 것은 어떨까? 개인의 '탄소 발자국' 계산이 대중에게 확산되었듯이 사람들이 '물 발자국' 계산을 시작하고 있다.

결국 깨끗한 물의 확보는 농업 관행과 정책의 변화, 새로운 기술 연구와 사회적 가치관 및 행동의 변화를 통해 바꿀 수 있다. 이미 물과 관련한 분쟁이 일어나고 있는 상황에서 미래의 더 큰 분쟁을 피하기 위해서는 물 외교의 강화도 요구된다. 유엔은 '깨끗한 물과 위생에 대한 접근권은 인간의 권리'라고 선언했다. 2012년 프랑스에서 열린 제6차 세계물포럼World Water Forum에서 채택된 마르세유 각료 선언Marseilles Ministerial Declaration은 안전한 식수와 위생이 인간의 권리라는 인식을 높이고 이러한 권리의 의무적 이행을 가속할 것을 촉구했다.

물 부족으로 인한 문제점

- 1990년 이래 추가로 23억 명이 안전한 식수를 얻게 되었지만, 아직 7억 4,800만 명이 식수를 얻지 못하고 있다.

- 1990년 이래 추가로 18억 명이 개량된 위생시설을 확보했지만, 25억 명이 여전히 비위생적인 환경에서 생활하고 있다.

- 개발도상국 도시민의 27%는 집에 수도 설비를 갖추지 못하고 있다.

- 세계의 지하수면이 하락하고 있다.

- 인류의 절반 가까이가 2개국 이상이 통제하는 수원으로부터 물을 얻고 있어, 미래의 분쟁을 피하기 어렵다.

깨끗한 물을 얻기 위해서는

- 관개수를 강우에만 의존하는 천수농업과 해안지대의 해수농업을 발전시킨다.

- 물고기 양식과 수경재배를 융합한 아쿠아포닉과 수경재배, 동물의 사육이 필요 없는 배양육을 생산한다.

- 누수 파이프의 보수와 처리수 재사용, 고층건물 내 수직농장을 설치한다.

- 파이프나 호수에서 물방울을 떨어지게 해 원하는 부위에만 소량, 지속적으로 공급하는 점적관수와 정밀 농업을 통한 물 한 방울당 수확량을 증가시킨다.

인구 증가와 자원의 균형

1804년 10억 명에 불과했던 세계 인구는 현재 73억 명이다. 유엔은 2050년의 인구 범위를 83억~109억 명으로, 2100년에는 96억~123억 명으로 추정한다. 그 전에 12년 이내에 10억 명이, 35년 이내에 23억 명이 증가할 것으로 예상했다. 이로써 식량, 물, 에너지, 일자리에 관해 전례 없는 폭발적인 수요가 생겨날 것이다. 개발수준이 낮은 국가일수록 인구가 빠르게 증가한다. 유엔 인간거주정착센터UN-HABITAT는 2007년에서 2025년 사이 연간 도시 인구 증가율이 고발전 지역의 0.5%에 비해 저발전 지역에서 2.3%가 될 것으로 예측한다.

과거 출산율과 사망률이 모두 높았던 데 비해 두 가지 모두 낮아지면서 전 세계적으로 인구가 노령화되고 있다. 출산율은 1900년 여성 1인당 6명이었던 것이 오늘날 2.45명까지 감소했다. 2050년까지 43개국 이상의 인구가 감소할 것으로 보인다. 여기에 의료기술의 발달과 생명 연장에 관한 연구의 발전으로 현재 70.5년인 기대수명이 2100년에는 81년까지 늘어날 것으로 보인다. 이러한 추세가 계속된다면 2100년에는 인구가 62억 명까지 감소하고 노령사회가 될 가능성이 크다. 2014년 전체 인구의 12%(8억 6,400만 명)를 차지하는 60세 이상 고령인구는 2050년 21%(20억 명)까지 증가할 것이다. 특히 저개발지역에 사는 고령인구 비율은 현재의 66%에서 79%까지 큰 폭으로 증가할 것으로 예상된다.

결국 고령화에 따른 은퇴 문제를 고려하지 않을 수 없다. 미국과 유럽, 아시아의 두뇌 프로젝트는 노년기의 지적능력 감소를 막는 데에 그치지 않고 오히려 지능을 향상시킬 방법을 밝히고자 한다. 미래 과학과 의학의 발전은 은퇴 이후에도 생산적인 일을 하고, 다양한 형태의 원격근무, 시간제 근무 등의 직무순환 시스템을 만들어 경제적 부담을 줄여줄 것이다.

한편 2012년에서 2014년 사이 8억 500만 명이 영양 부족인 것으로 진단되었다. 1990년에서 1992년 사이 10억 명이 영양 부족을 겪은 것에 비해 감소한 수치지만, 전 세계 인구의 30%인 20억 명이 '숨겨진 기아'로 고통받고 있다. 이는 열량의 섭취는 충분하나 비타민과 미네랄을 충분히 섭취하지 못한 상태를 말한다. 집약농업에서 생산된 곡물은 영양소 함량이 낮아 숨겨진 기아를 만들어내기도 한다. 현재 8명 중 한 명이 만성적 영양결핍 상태에 있다. 식량농업기구 Food and Agriculture Organization, FAO는 외부의 식량 지원이 필요한 35개국을 열거하고 있으며, 세계식량계획 World Food Programme, WFP은 75개국의 8,100만 명에게 식량을 원조하고 있다.

인구 증가와 경제 성장에 보조를 맞추려면, 식량 생산은 2050년까지 70% 증가해야 한다. 2000년 1인당 연간 37kg이었던 육류 소비는 2050년에는 52kg까지 증가할 것으로 예측된다. 이는 생산 곡물의 50%가 동물의 먹이가 될 것을 뜻한다. 지난 20년간 인플레이션을 고려해도 식량 가격은 2배 증가했고 2050년까지 1.5배 상승할 것이다. 빈곤국가 대부분은 직접 식량을 생산할 여건이 되지 않아 수입에 의존한다. 이미 소득의 최대 80%까지 식비에 사용하고 있는 이들 국가에 식량 가격의 급등은 굶주림을 의미한다. 세계는 인류가 모두 먹을 수 있는 충분한 식량자원을 확보하고 있지만 관리와 분배의 문제로 인해 생산되는 식량의 33%가 낭비되고 있다. 선진국은 30%가 소비 단계에서 버려지고, 개발도상국은 적절한 기반시설과 상업화 네트워크의 부족으로 생산 단계에서 40%가 버려진다.

식량문제를 해결하기 위해서는 무엇보다 농업방식에 대한 새로운 접근이 필요하다. 앞서 이야기했듯 동물의 사육이 필요 없는 배양육을 생산하고, 곡물에 대한 유전공학 연구를 통해 내건성 곡물을 대량 수확해야 한다. 농장에서 생산되어 우리 입까지 들어오는 경로에서 손실되는 식량의 감소를 위해서도 노력이 필요하다. 생산물의 변이를 최소화하는 정밀농업과 야생 어류를 다시 돌아오게 하기 위한 해초 심기 또한 해결책이 될 것이다. 그리고 FAO에 따르면 어디에나 있고 빠르게 번식하며, 생장률과 사료를 필요로 하는 정도를 나타내는 사료변환비율Feed conversion ratio, FCR이 높고, 환경 발자국이 낮은 '곤충'을 동물의 먹이로 가공하는 것도 고려해 볼 가치가 있다.

미래 인구와 자원 사이에 균형을 이루는 데 도움을 줄 다른 방법 또한 다양하다. 우선 채식을 장려한다. 부유식 해상 솔라팜solar farm을 활용해 재배한 채소를 식생활에 애용하는 것이다. 합성생물학을 비롯한 노화 연구를 통해 고령인구의 생산성을 증가시킨다. 또한 안전한 나노기술 개발을 가속화해 생산단위당 재료 사용을 감소시킨다. 원격진료와 자가진단 소프트웨어, 지능형 소프트웨어와 스마트 그리드 등을 통합해 도시생태를 발전시킬 수 있는 스마트 시티를 만들어야 한다.

인구 증가, 도시로의 이주 증가, 기후 변화로 야기되는 문제들도 만만치 않다. 이를 해결하기 위해 더욱 효율적이고 발전된 스마트 시티의 필요성이 대두되고 있다. 기술과 지식의 공유는 물론 공공경영을 바탕으로 새로운 기술을 개발하고 환경보호에 도움을 주는 데이터 구동 방식이 이루어지는 도시다. 현재 북아메리카와 유럽의 73개 도시를 비롯해 전 세계 102개의 도시에서 스마트 시티 프로젝트가 진행 중이다. 처음부터 스마트 시티를 목표로 건설된 도시도 있다. 대한민국의 송도나 아부다비의 마스다 시티가 대표적이다. 송도는 40%의 녹지와 지하 폐기물처리 시스템, 물 재활용 센터를 갖추고 있다. 아직 건설이 완료되지 않았지만 현재 4만 명의 시민이 거주하고 있다. 마스다 시티는 환경친화적인 도시를 만들기 위해 태양열, 풍력, 에너지 절감 기법인 패시브 하우스를 사용하는 저탄소 도시다. 2025년 완성되면 이 도시는 4만 명의 사람들에게 거처를 제공하면서도 비슷한 규모의 도시에서 사용하는 에너지의 20%만을 소비할 것이다.

더 지능적인 인간과 자연의 공생이 이루어지지 않는다면 세계는 이주, 분쟁, 질병을 피할 수 없다. ICT의 지속적인 개선과 응용이 세계적으로, 그리고 실시간으로 필요와 자원의 수준을 맞추는 열쇠다.

세계 인구의 변화

- 현재 세계 인구는 73억 명이다. 12년 이내에 10억 명, 35년 이내에 23억 명이 증가할 것으로 예상된다.

- 인구 역학은 높은 사망률과 높은 출산율에서 낮은 사망률과 낮은 사망률로 변화하고 있다.

- 현재 8억 6,400만 명인 60세 이상 인구는 2050년 20억 명으로 증가할 것으로 보인다.

- 1900년 여성 한 명당 6명이던 출산율은 현재 2.45명으로 감소했다.

- 2012년에서 2014년 사이 세계인구의 11.3%가 영양결핍인 것으로 진단되었다.

- 5세 이하 어린이 사망률은 1990년에서 2013년 사이 절반 가까이 하락했다.

- 인간의 소비를 위해 생산되는 식량의 33%가 낭비되고 있지만, 수요를 채우기 위해 식량은 2050년까지 70% 증가해야 한다.

인구와 자원의 균형 달성을 위해서는

- 에코-스마트 도시 건설과 도시생태학을 교육한다.

- 대량 수확이 가능하고 내건성을 지닌 곡물에 대한 유전공학을 연구한다.

- 농장에서 생산되어 우리 입까지 들어오는 경로에서 손실되는 식량을 줄인다.

- 생산물의 변이를 최소화하는 정밀농업과 수경재배를 연구한다.

- 야생 어류 개체군을 되돌아오게 하기 위한 해초를 심는다.

- 노화에 대한 새로운 접근과 생명 연장 기술의 잠재적 영향력을 예측한다.

어떻게 하면 독재정권에서 벗어나 진정한 민주주의 국가를 이룰 수 있을까?

정보통신의 발달로 지속 가능한 범지구적 민주주의를 추구하는 조직적인 인권운동이 세계 곳곳에서 일어나고 있다. 젊은이들은 소셜미디어를 통해 집결해 더욱 적극적으로 정치와 선거에 참여하고 있다. 이들은 독재정치, 정치적·종교적 탄압, 경제적 불평등과 같은 방해 요인에도 불구하고 민주주의를 위해 저항한다. 민주적으로 이데올로기에 참여하는 용기는 빠르게 전염되면서 세계 시민들이 본질적인 구조의 변화를 준비하도록 만들고 있다.

그러나 이러한 변화가 우리 시대의 민주주의를 가로막는 난제를 해결할 만한 효과적인 시스템으로 발달하지 못한다면 지금껏 쌓은 노력과 성과가 수포로 돌아갈 수도 있다. 현시대에 뒤떨어진 다양한 법과

제도, 조직범죄와 극단주의, 언론의 통제, 새로운 형태의 독재정권 등은 민주화를 막는 장해물이다. 여기에 대의민주주의와 투표제도의 적절성에 대한 의문과 인터넷 시대의 속도에 적응해야 하는 필요성이 점차 커지고 있다.

국제인권규약International Covenants on Human Rights은 168개국과 시민적·정치적 권리에 관한 국제규약The International Covenant on Civil and Political Rights을 맺었고, 7개국과 가맹국 조약을 맺었다. 그럼에도 국제 인권단체인 프리덤 하우스Freedom House에 따르면 세계의 정치적·시민적 자유는 2014년까지 9년 연속 악화되었다고 한다. 더불어 세계 인구의 40%만이 '자유free'로 평가된 89개국에 살며 민주적 가치를 누리며, 24%인 55개국이 '부분적 자유partly free'로 평가된 국가에서, 나머지 36%인 26억 명은 '비자유not free'로 분류된 51개국에서 살고 있다. 이는 2013년에 비해 3개국이 증가한 수치며, 비자유 인구의 절반이 단 하나의 국가인 중국에 속해 있다. 선거 민주주의 국가는 125개국으로 증가해 사상 최대를 기록했고, 평가 대상인 195개국의 63%를 차지하고 있다.

프리덤 하우스는 언론의 자유가 계속해서 위축되어 지난 10년 중 가장 낮은 수준에 이르렀다는 것을 발견했다. 2014년 199개국에 대한 평가 결과는 세계 인구의 14%가 언론이 비교적 자유로운 63개국에서, 42%가 언론이 부분적으로 자유로운 71개국에서, 그리고 44%가 자유가 없는 언론 환경을 가진 65개국에서 살고 있음을 확인했다.

영국 주간지 〈이코노미스트Economist〉 산하 연구기관인 EIU Economist Intelligence Unit에서 조사한 민주주의 지수Democracy Index는 민주주의의 성과에 대한 대중의 실망이 커지고, 정치기구와 정부기관에 대한 신뢰가 하락하고 있다는 것을 보여준다. 평가 대상인 165개국과 2개 지역 중에서 단 24개국(세계 인구의 12.5%)만이 완전 민주국가full democracy로 평가받았다. 52개국(세계 인구의 35.5%)이 불완전 민주국가flawed democracy로, 39개국(세계 인구의 14.4%)이 민주·독재 혼합국가hybrid regimes로, 52개국(세계 인구의 37.6%)이 독재국가authoritarian regime로 평가받았다.

새로운 국가안보 규정, 군사단체나 범죄집단에 의한 위협, 미디어 매체 소유자나 정부의 뉴스 조작이 객관적인 저널리즘의 가장 큰 장해물로 작용했다. 국경 없는 기자회Reporters Without Borders, RSF가 계산한 2015 매체자유지수Media Freedom Index 역시 조사 대상인 180개국 중 66%가 전년도보다 악화된 점수를 기록해 정보의 자유가 세계적으로 쇠퇴하고 있음을 보여준다.

언론인보호위원회The Committee to Protect Journalists는 1992년 이래 1,126명의 저널리스트가 피살되었으며, 사건의 87%가 처벌이 전혀 이루어지지 않았다고 보고하고 있다. 대부분의 희생자는 정치(46%), 전쟁(38%), 부패(20%), 인권(20%)에 대해 취재했다. 2012년 채택된 유엔 저널리스트 안전에 대한 행동계획UN Plan of Action on the Safety of Journalists은 다양한 유엔 기구와 시민사회단체가 국내는 물론 세계적인 수준에서 저널리스트의 안전을 보장에 이바지하기로 한 100개 이상의 업무분야를 개술하고 있다.

사이버공간에서 자유로운 사회를 위한 정보를 주고받으면서 많은 사람들이 자발적으로 자신의 생활과 데이터를 온라인에 올리고 있다.

그런 한편에서는 정부나 민간기업의 감시가 증가하면서 그 적법성의 문제를 제기하는 사람들이 많아지고 있다. 어느 정도의 모니터링이 공정한 것일까? 어느 정도이면 지나친 것일까? 감시할 권리를 가진 사람은 누구이며, 정보는 어떻게 사용되고 어디에 저장될까? 대중은 사이버 시대에 등장한 새로운 위협의 구조와 그에 따른 세계 정치의 변화와 지도자들의 영향력을 이해하고 민주주의 정신에 대한 신뢰를 확립하기 위해 공개적인 토론을 반복해야 한다.

민주적으로(또는 비민주적으로) 선출된 정부라 해도 집권 남용, 로비 등으로 신뢰는 쉽게 무너진다. 전 세계 상위 80명의 부자가 세계인구의 하위 50%, 즉 절반의 인구가 가진 것보다 더 많은 부를 소유하고 있다. 세계은행은 연간 전 세계에서 수수되는 뇌물이(다른 형태의 부패는 계산에 넣지 않은) 1조 6,000억 달러에 달할 것으로 추산한다. 이 돈이면 얼마나 많은 정부의 결정을 살 수 있을까? 충분한 정보를 제공받는 대중과 독립적인 사법부, 자유로운 언론이 있다면 민주주의가 금권정치로 흘러가는 것을 막을 수 있을까? 충분히 고민해 볼 문제다.

세계 인구의 1%에 달하는 7,300만 명의 난민과 국내 실향민도 살펴봐야 한다. 국제연합난민고등판무관사무소Office of the United Nations High Commissioner for Refugees, UNHCR의 연례보고서는 2014년 5,950만 명이 분쟁이나 박해로 살던 곳에서 추방당했음을 보여준다. 세계노예지수Global Slavery Index가 전 세계 3,580만 명이 현대판 노예의 상태로 살고 있음을 보여주었고, 국제노동기구International Labor Organization, ILO는 2,100만 명이 강제 노동의 희생자라고 밝혔다.

낡은 이념과 윤리, 국수주의의 유산은 반드시 처리되어야 한다. 무신론자나 비종교인을 인정하지 않는 종교적 차별 역시 반드시 폐지되어야 한다. 철학이나 이념과 맞서 싸울 때는 복합적 가치를 반영하고 더 나은 사회·경제적 기회를 뒷받침할 다른 철학이나 이념을 세워야 한다. 세계화된 세상에서 지속 가능한 민주주의에는 정의와 안전은 물론 책임에 대한 인식과 쟁취한 권리를 보호할 국제법규가 필요하다. 한편 민주주의가 자리 잡은 국가는 민주주의의 부식과 상실을 경계해야 한다.

국제사면위원회 Amnesty International는 2014년의 사형 구형이 총 2,466건으로 2013년에 비해 28% 증가했다고 보고하고 있다. 다만 처형을 시행한 국가가 1995년 42개국에서 2014년 22개국으로 감소했고, 현재 140개국이 사형제도와 시행을 폐지함으로써 인권침해로부터 멀어지고 있음을 암시했다.

각 국가가 민주주의 체계로 진화하도록 돕는 요인에는 국제적으로 인정받는 투표참관인을 갖춘 합법적인 부정선거 조작 방지 시스템, 정보에 대한 자유로운 접근이 가능한 교양 있는 대중, 모든 사람에게 기본적인 소득이 보장되는 경제적 자유, 민주적인 기관, 지식 외교, 데이터 공유, 세계적인 구속력과 강제력을 갖춘 국제법규, 비정부기구의 숫자와 영향력 증가가 있다.

더욱 참여적인 민주주의는 전자정부 E-Government에서 세계도시 전자정부 협의체로 We-Government로 성장할 것이다. E세대는 국경에 대한 인식이 거의 없으며 새로운 세계를 만들고자 하는 의욕이 크다. 전 세계에 퍼지고 있는 청원서들이 의사결정에 영향을 주고 있는 상황은 세계 시민들이 단순히 국가의 사법 시스템에 의존하는 대신 대중의 참여를 통해 정부와 대형 조직들에 책임을 묻기 시작했다는 것을 보여주고 있다.

민주주의는 서로 싸우지 않는 경향이 있고 인도주의적 위기는 민주정체보다는 독재국가에서 일어날 가능성이 훨씬 크다. 따라서 모두를 위한 평화롭고 공정한 미래를 건설하기 위해서는 민주주의의 확장이 필수조건이다. 한편 실패한 국가나 지역을 지원하기 위한 국제적인 절차와 국가가 그 국민이나 다른 사람들에게 심각한 위협이 될 때를 대비한 개입 전략이 필요하다.

결국 민주주의에 대한 위협을 제거하는 전략이 자리를 잡고, 비민주적인 시스템에서 사는 사람이 세계 인구의 10% 미만으로 줄어들고, 국가적으로 인터넷과 언론의 자유를 보호하고, 집행기관의 정치적·경제적 개입을 비롯한 간섭이 없고, 모든 시민이 선거권과 피선거권을 행사할 때 해결될 것이다.

민주주의를 위협하는 것들

- 세계 인구의 40%만이 '자유롭다'고 평가된 89개국에 살면서 민주적인 가치를 누리고, 24%가 '부분적으로 자유롭다'고 평가된 55개국에 살며, 36%가 '자유롭지 못하다'고 평가된 51개국에 살고 있다.

- 세계의 정치적·시민적 자유는 2014년까지 9년 연속으로 악화되었다.

- 세계 인구의 14%만이 언론이 '자유로운' 63개국에 살고 있고, 42%가 언론이 '부분적으로 자유로운' 71개국에서 살며, 44%가 '자유가 없는' 언론 환경을 가진 65개국에서 살고 있다.

- 무정부 상태, 과두정치, 금권정치, 조직범죄, 종교적 극단주의는 여전히 민주주의를 위협하고 있다.

- 대의민주주의와 투표제도의 적절성에 대한 의문이 커지고 있다.

- 3,580만 명이 현대판 노예와 같은 상태로 살고 있다.

진정한 민주주의 국가를 이루기 위해서는

- 전 세계적으로 민주주의를 달성해야 한다는 범지구적 의식을 가진다.

- 정보의 민주화와 국제적으로 인터넷과 언론의 자유 보호를 시행한다.

- 전자정부에서 전자정부 협의체로 진화한다.

- 비민주적인 시스템 안에서 사는 사람을 세계 인구의 10% 미만으로 줄인다.

- 집행 기관이 정치적·경제적 개입을 비롯한 간섭 없이 기능한다.

* 모든 시민의 선거권과 피선거권을 행사한다.

어떻게 하면 전례 없는 변화 속에서 세계화에 걸맞은 미래예측을 통합하고 의사결정의 질을 높일 수 있을까?

세계 각국의 정부와 기업에 미래전략을 연구하는 부서가 급증하고 있다. 이들은 빅 데이터 분석, 모의실험, 집단지성 시스템, 각종 지수와 전자정부 참여 시스템 등 결정 지원과 미래예측 시스템을 지속적으로 개선하고 있다. 하지만 정작 의사결정권자들은 미래예측과 의사결정에 대한 적절한 교육을 받지 않고 있다. 정부 지도자는 단순히 미래학자에게 전망 보고나 브리핑을 요구할 것이 아니라, 정기적으로 미래학자들과 장기적인 사안을 논의해야 분별 있는 결정을 할 것이다. 미국의 전략가이자 미래학자인 허먼 칸Herman Kahn은 지난 10년간 대한민국의 대통령과 약 20회의 논의를 했고, 한국 경제의 기적을 이끌었다. 이는 미래예측이 의사결정의 질을 얼마나 높일 수 있는가를 보여주는 좋은 사례다.

의사결정권자뿐 아니라 교육 시스템 전체에 걸쳐서 의사결정과 미래예측을 가르침으로써, 변화의 가속화에 따라 빠르고도 정확한 의사결정이 중요함을 인식하도록 해야 한다. 대학은 미래연구와 분석은 물론 의사결정 교육과정을 개설해 제너럴리스트를 육성해야 미래 가능성을 발굴할 수 있을 것이다.

의사결정은 미래에 대한 신념에 기반을 두기 때문에 그에 대한 다양한 정보를 수집하고 대응하면 의사결정의 질을 높일 수 있다. 그렇지만 빠른 변화와 복합적이고 상호의존적인 세계화로 인해 미래에 대한 정보를 판단하는 것이 점차 어려워지고 있다. 여기에 점점 많은 사람이 의사결정에 참여하면서 미래에 대한 불확실성과 다의성이 증가하고 있다. 어느새 탁월한 결정을 내릴 만한 우리의 능력을 넘어설 만큼 수많은 선택지와 정보가 생성되어 정말로 의미 있는 것이 무엇인지 파악하기 어려울 정도다.

그 결과 개인과 기관은 컴퓨터 시스템에 더욱 의존하게 되었다. 빅데이터, 사물인터넷 등과 연결된 인공지능이 일상적 의사결정에 더욱 이용될 것이다. 이들을 증폭시킨 것이 적시에 지식을 제공해 의사결정에 도움을 주는 집단지성 시스템Collective Intelligence System, CIS이다. 이는 인간의 두뇌, 소프트웨어, 정보 등 다양한 개체들이 협력이나 경쟁을 통해 기존의 지적 수준을 뛰어넘는 새로운 지성을 얻는 시스템이다.

CIS는 재해를 예측하고, 재해에 대응하고, 재해로부터 회복하는 한편 미래의 혁신과 가능성을 확인하는 복원 시스템을 수립할 수 있게 한다. 미래에 발생할 수 있는 재해에 대응하고 의사결정의 질을 향상시키기 위해서는 집단지성 시스템과 복원 시스템의 통합은 필수적이다.

인류는 당대의 결정이 더욱 밝은 미래로 이어지는 장기적 목표와 미래를 보는 세계적, 다면적, 보편적인 시각을 가져야 한다. 이는 미래에 대한 가설을 체계적으로 탐구하는 연구에 기반을 두어야 한다. 불행히도 지금까지는 미래에 대한 장기적인 평가와 연구가 이루어지지 못하고 단기적인 추세를 파악하는 데만 급급했다. 그 결과 2008년 세계금융 위기와 지속적인 환경 파괴, 소득 불평등의 심화를 가져왔다. 달에 착륙하겠다는 장기적인 목표는 기술혁신과 경제성장을 가속화하고 인간정신을 고양시켰고, 천연두를 근절시키겠다는 장기적 목표는 문화와 정치적 차이를 넘어선 협력을 가능케 했다. 기후 변화에 대한 미국과 중국의 장기적인 목표는 더 큰 국제적 협력을 북돋을 것이다.

이처럼 국가의 미래예측과 의사결정은 얼마든지 발전할 수 있다. 대통령이나 수상의 미래예측 또한 다양한 방식으로 개선될 수 있다. 정부와 미래학자들이 네트워크를 만들어 수시로 정보를 주고받는 것이다. 매년 국가미래지수State of the Future Index, SOFI를 계산하고 발표하며, 국가미래보고서를 위한 연구를 진행한다. 앞서 말한 CIS를 만들고 이를 정부기관과 전자정부 시스템에 연결한다. 이는 국가의 장기전략이 행정부의 변화에 영향을 받지 않고 일관성을 유지하기 위한 것이다.

미래전략과 같은 장기적 난제는 세계적 속성을 지니므로 그 수준에 맞는 전략과 시스템을 갖춰야 성공적인 해결이 가능하다. 유엔은 산하기관과 전략부서를 연결하는 네트워크를 보유하고 있다. 싱가포르는 비공식적이지만 정부의 미래전략 부서를 개설했다. 세계경제포럼은 정부와 기업의 미래예측을 연계시킨다. 이들을 비롯한 세계적 시스템이 공통의 플랫폼을 만든다면, 미래예측과 의사결정의 질이 향상될 것이다.

미래학자들은 정책 결정권자들과 더욱 유용한 커뮤니케이션을 가져야 한다. 문제 해결을 위한 시나리오를 정치가, 대중과 공유하고 그들로부터 피드백을 얻어야 한다. 그들은 미래와 현실 사이에 타당성 있는 인과관계가 존재한다는 것을 증명해야 한다.

예술, 미디어, 엔터테인먼트 전문가들의 숫자가 많아지면서 대중매체와 광고회사들은 미래예측을 강화하는 밈meme, 유전적 방법이 아닌 모방을 통해 습득되는 문화요소을 만든다. 과거에 유행했던 '세계적으로 생각하고, 국지적으로 행동하라Think Globally, Act Locally', '작은 것이 아름답다Small is Beautiful'와 같은 표어는 '반응에서 예측으로From Reaction to Anticipation', '앞을 내다보고 생각하라Think Ahead'로 변화했다. 이러한 밈은 대중이 장기적인 시각에 민감해짐으로써 더욱 미래지향적이고 교양 있는 대중이 되어 그에 걸맞은 사고를 가진 지도자를 선출할 수 있게 도와준다.

결국 세계화에 걸맞은 미래예측과 의사결정의 질을 높이기 위해서는 오늘날 기업의 회계분야처럼 미래예측이 모든 조직의 일상적인 부분이 되어야 할 것이다. 만일 고위험 프로젝트를 진행한다면 시작 전에 잠재적인 결과와 위험, 불확실성 등을 고려하는 과정이 일상적으로 진행되어야 한다. 다행히 이미 50개국이 국가미래지수를 계산해 자국의 미래를 평가하며, 입법부에 미래위원회를 두고 있다. 미래를 위한 발걸음이 시작된 것이다.

의사결정 환경의 변화

- 정부와 기업의 미래전략 부서가 급증하고 있다.

- 정부 간 조직과 민-관 협력체 역시 늘어나고 있다.

- 의사결정 지원 소프트웨어와 미래예측 시스템이 지속적으로 개선되고 있다. 그 예로 빅 데이터 분석, 모의실험, 집단지성 시스템, 각종 지수와 전자정부 참여 시스템 등이 있다.

- 제품, 건물, 생체에 내장된 감지기(더 지능적인 웹에 연결된)에 의해 의사결정이 점차 증강될 것이다.

미래예측과 의사결정의 질을 높이기 위해서는

- 정부 내에 미래예측 부서와 미래학자 네트워크를 개설해 국가 차원에서 미래보고서를 만든다.

- 미래에 대한 범지구적, 다면적, 보편적, 장기적 관점을 담은 장기적 목표를 세우고, 이를 바탕으로 의사결정을 한다.

- 기관과 개인의 집단지성 시스템을 만든다.

- 각 의회에 상임 미래위원회를 설립하고 국가 집단지성 시스템을 만든다.

ICT의 융합

어떻게 하면 정보와 커뮤니케이션 기술이 모두에게 좋은 영향을 줄 수
있을까?

전 세계가 문명사회를 이룩하고 누구나 슈퍼컴퓨팅 시설과 인공지
능을 이용할 수 있는 기반을 만들기 위한 작업이 진행 중이다. IBM
의 슈퍼컴퓨터인 왓슨과 인간의 뇌를 닮은 마이크로프로세서 트루노
스TrueNorth, 구글의 개인용 인공지능, 마이크로소프트의 클라우드 컴퓨
팅, 빅 데이터와 사물인터넷의 발전은 세상을 더욱 스마트하게 만들 것
이다. 와이파이 풍선을 띄워 인터넷 통신 서비스를 공급하는 구글의
프로젝트 룬이나 페이스북이 낙후 지역을 인터넷으로 연결하기 위해
진행하는 프로젝트인 인터넷닷오그 역시 모든 사람이 인터넷을 이용
할 수 있게 만들고 있다.

2015년 현재 인류의 42%(31억 명) 이상이 인터넷을 이용하고, 71억

건의 모바일 가입이 이루어졌다. 수십억 개의 하드웨어 장치가 실시간으로 다중 네트워크와 사물인터넷에서 통신을 주고받으면서 휴대전화를 이용해 우리의 생활 전반을 지원하고 있다. 마이크로소프트는 2025년 인터넷 사용자가 47억 명에 이르고, 그중 30억 명은 광대역 연결이 가능할 것이라고 내다봤다. 에릭슨은 2020년까지 6세 이상의 인구 중 90%가 휴대전화를 가지게 되며 스마트폰 가입자는 61억 명에 이를 것으로 예상한다.

컴퓨터와 스마트폰의 가격이 계속해서 하락하고 사용의 편리성이 높아지면서 저개발 지역도 세계화에 동참하고 있다. 이를 위해 개발도상국의 모바일 브로드밴드 가입을 서두르고 있다. 또한 저개발국과 개발도상국의 가난한 아이들의 교육을 위해 고안된 초저가 교육용 컴퓨터인 OLPCOne Laptop Per Child, 어린이 한 명당 노트북 한 대를 240만 명 이상 보급했다. 아마존의 전자책 단말기인 킨들은 세계의 도서관을 아프리카의 학교에 재현하고 있다. 미주개발은행Inter-American Development Bank: IDB은 15개월간 OLPC를 사용한 페루 어린이의 인지발달이 사용하지 않은 어린이에 비해 5개월 정도 빠른 것을 발견했다. 저소득 집단이 교육과 비즈니스에 인터넷과 휴대전화를 이용할 수 있도록 다양한 혁신 프로그램이 개발되고 있다.

인터넷을 통해 사고와 정보, 기술이 고차원적으로 융합되면서 새로운 형태의 문명사회가 형성되고, 이를 다루기 위한 새로운 시스템이 만들어지고 있다. 오픈소스 소프트웨어, 오픈 콘텐츠, 지식 공유 등은 차세대 경제 시스템의 핵심이 될 것이다. 윈도 10 버전은 홀로렌즈

Hololens라는 기기를 통해 가상현실과 증강현실을 경험할 수 있도록 구축되었다. 홀로렌즈만 장착하면 차량이나 회의실 벽에 내장된 시스템까지 사물인터넷을 연결한다. 도시생활은 증강현실로 완전히 변형되고 있다. 이제 대부분의 인구가 언제 어디서나 컴퓨터 자원을 사용하는 유비쿼터스를 경험하고 일정한 형태의 증강현실 속에서 시간을 보내게 될 것이라 추정해도 무리는 없을 것이다. 휴대전화는 이미 컴퓨터, GPS, 전화, 카메라, 프로젝터, 자명종, 음악 플레이어, 손전등, 번역기, TV의 기능을 결합한 개인의 비서가 되었다. 그 사이 180억 개의 정보를 보유한 구글은 검색어를 입력하면 그 단어와 연관 있는 정보를 같이 보여주는 지식그래프Knowledge Graph와 16억 개의 사실을 담은 지식 저장소를 만들고 있다.

각종 장치와 망사형 네트워크는 도시를 스마트하게 만들어 스스로 문제를 진단하고 해결할 수 있게 해준다. 원격진료 시스템은 다른 대륙에 있는 의사와 환자를 연결한다. 방대한 데이터와 발전된 모의실험 기술은 과학적 발견 속도를 극적으로 높이고 있다. 컴퓨터 생명공학, 컴퓨터 화학, 컴퓨터 물리학 등은 과학의 발전과 전 세계의 지식공유를 더욱 가속화할 것이다.

이제 원격교육과 원격진료 등이 없는 세상은 상상하기 힘들다. 사람들과 기업은 각자의 데이터와 소프트웨어를 자신의 컴퓨터가 아닌 인터넷 망에 연결된 서버의 클라우드 컴퓨팅에 맡긴다. 이 때문에 사생활 보호 문제가 대두되고 있다. 한편으로는 언제 어디서나 인터넷을 접할 수 있게 되면서 인터넷의 신뢰성 역시 중요한 문제로 부각되고 있다. 2009년 낙뢰로 인해 아마존 클라우드 데이터센터의 운용이 일부 정지되면서 수백만 온라인 카드 사용자의 데이터가 위협을 받기도 했다. 세계적인 온라인 백과사전인 위키피디아는 간혹 페이지에 유입되는 허위정보에 수동식으로 맞서야 한다. 기업 네트워크에 소속된 정보에 대한 직원의 권리와 소프트웨어의 소유, 특허, 저작에 이르기까지 웹 이용이 발달할수록 보안과 사생활 정보도 함께 주목받고 있다. ICT의 빠른 변화는 관련 분야를 어우르는 복합적인 법 제정의 필요성을 동반한다. 정부는 지금까지의 사이버 위협을 기반으로 하는 규정을 넘어, 세계적으로 미래의 사이버 보안 문제를 내다보는 규정과 절차를 마련해야 한다. 마이크로소프트는 얼마나 효과적으로 법과 절차가 확립되느냐가 사이버공간의 미래를 결정지을 것이라고 주장한다.

사이버범죄로 인해 지출되는 비용은 연간 1조 달러다. 사이버 공격은 2014년에만 48%나 증가했다. 우리는 미래에 발생할 정보 전쟁에 대응할 방법을 배워야 한다. 그렇지 않으면 사이버공간의 모든 정보를 불신하는 상황을 맞이하게 될 것이다.

미래의 인공지능, 로봇공학, 기타 ICT 관련 기술은 세계적으로 장기적 실업을 일으킬 수 있다. 기술에 자리를 넘겨야 할 일자리 대신 세계적 시장을 찾는 1인 기업과 같은 새로운 모델이 필요하다는 뜻이다. 하지만 인공지능과 로봇공학이 지배하는 미래 사회에서 많은 사람들이 생계를 유지하기 어려울 것이다. 이들을 위한 새로운 경제 시스템의 도입도 고려해야 한다.

개발도상국은 보편적인 광대역 접근권을 국가의 우선 과제로 삼아 더 쉽게 인터넷을 이용함으로써 해외의 전문가들을 국내 개발 프로세스와 연결하는 데 집중해야 한다. 교육 기반 향상과 기업의 성장 대책을 세우고, 전자정부를 비롯한 다양한 시스템을 개발해 국민들이 더 쉽게 사용하도록 해야 한다. 결국 ICT의 발전과 융합은 인터넷과 기본적인 원격교육에 대한 접근이 세계 어느 곳에서든 보편적이고 자유롭게 이루어지고, 원격진료를 흔히 이용할 수 있으며, 체계적인 사이버 보안이 이루어질 때 해결될 것이다.

- 슈퍼컴퓨팅 기술과 인공지능을 누구나 이용할 수 있게 만들려는 경쟁이 진행 중이다.

- IBM의 왓슨과 인간의 뇌를 닮은 마이크로프로세서 트루노스, 구글의 개인용 인공지능, 마이크로소프트의 클라우드 컴퓨팅, 빅 데이터와 사물인터넷의 발전이 세상을 스마트하게 만들고 있다.

- 사물인터넷이 2020년까지 인터넷과 750~800억 개의 아이템을 연결할 것으로 예상된다.

- 2015년 현재 세계 인구의 42% 이상(31억 명)이 인터넷을 이용하고 있다. 마이크로소프트는 2025년에는 47억 명에 이를 것이라고 내다봤다. 에릭슨은 2020년까지 세계 인구(6세 이상)의 90%가 휴대전화를 보유할 것이며 스마트폰 가입자는 61억 명에 이를 것으로 예상하고 있다.

IT와 커뮤니케이션의 융합을 위해서는

- 개발도상국은 보편적인 광대역 접근권을 국가적 우선 과제로 삼는다.

- 해외의 개발도상국 전문가들을 국내의 개발 프로세스와 연결시킨다.

- 정부는 현재나 과거의 사이버 위협을 기반으로 하는 규정이 아닌, 지역적으로 그리고 세계적으로 미래의 사이버 보안문제를 내다보는 규정과 절차를 마련해야 한다.

- 인공지능이 인간의 통제를 넘어서는 파괴적인 성장이 되지 않도록 규제를 마

련해야 한다.

• 정부가 인터넷 보안규정을 얼마나 잘 개발하고 조직화하느냐가 사이버 공간의

미래를 결정지을 것이다.

빈부 격차 완화

전 세계적으로 빈곤이 감소하고 있다. 세계은행에 따르면 하루 1.25달러 이하로 생계를 유지하는 개발도상국 내 인구 비율이 1981년 51%(19억 3,000명)에서 2011년 17%(10억 명)로 감소했다. 하루 2달러 이하로 생계를 유지하는 사람들의 숫자 또한 1981년 25억 9,000명에서 2011년 22억 명으로 감소했다. 그동안 세계 인구는 45억 명에서 67억 명으로 증가했다. ILO는 근로빈곤층 역시 감소했음을 보고했다. ILO는 극빈 상태에서 살고 있는 근로자의 비율이 지속적으로 감소해 2020년에는 7% 정도에 이를 것으로 예측하고 있다. 더불어 2030년까지 세계 중산층이 66%로 증가할 것으로 보았다. 구매력이 상승한 30억 명 이상의 소비자가 생기는 것이다. 하지만 유엔개발계획UN Development Programme, UNDP의 다차원 빈곤지수Multidimensional Poverty Index에 따르면 15억 명의 사람들이 여전히 빈곤상태에서 생활하고 있다고 한다. 게다가 이 상황에

빠지기 쉬운 사람들이 8억 명 더 있으며, 세계 인구의 80% 이상이 포괄적으로 사회 보호가 부족한 상황에서 지내고 있다.

유엔은 모든 지역에서 모든 형태의 빈곤을 종식시키자는 17가지 지속 가능 개발목표Sustainable Development Goals, SDG를 세웠다. 이는 세계의 극단적 빈곤율을 2020년까지 9% 이하로, 2030년까지 3% 이하로 낮추는 것이다. SDG는 빈곤을 줄이는 것에서 더 나아가 국가적 불평등을 줄이고 번영의 혜택을 최대한으로 누리는 사회를 만들기 위한 재정·임금·사회적 보호정책을 채택하도록 촉구하고 있다. 어떻게 하면 빈부격차를 줄이는 윤리적인 시장경제를 촉진할 수 있을까?

빈곤의 감소와 더불어 국가 간 경제 격차도 감소하고 있다. 세계 생산량은 2014년 108조 달러에 육박했으며 2020년에는 150조 달러에 달할 것으로 전망한다. 연평균 성장률 또한 지난 3년간 3.4%를 기록하며 꾸준한 경제 성장을 예상하고 있다. 이는 개발도상국의 빠른 성장과 선진국의 더딘 회복이 절충한 결과다. 개발도상국의 성장률은 4~5%대의 높은 수준으로 선진국 성장률인 1~2%를 훨씬 웃돈다. 세계 GDP 점유율도 격차의 감소를 보여준다. G7의 세계 GDP 점유율은 1990년의 50%에서 2014년 33%로 하락했으며, 2020년에는 29%까지 하락할 것이 예상된다. 반면 개발도상국의 세계 GDP 점유율은 1990년의 36%에서 2014년 57%까지 증가했으며, 2020년에는 60%를 넘어설 것이다. BRICS 브라질, 러시아, 인도, 중국, 남아프리카공화국의 GDP는 2015년 36조 4,300억에 이르러 35조 8,600억으로 예상되는 G7의 GDP를 능가할 것이다. 1인당 GDP 역시 비슷한 양상을 보인다.

전 세계적으로 부의 격차는 감소했지만, 국내외적으로는 불평등이 심화된 것으로 보인다. 스위스의 은행인 크레디트스위스Credit Suisse는 2014년 세계 총재산인 263조 2,000억 달러 중 115조 9,000억 달러를 세계 인구의 상위 0.7%가 보유하고 있음을 확인했다. 부의 불평등을 해결하지 못하면 2016년에는 상위 1%의 부자들이 나머지 세계 인구가 소유한 것보다 더 많은 부를 가지게 될 것이다. 부의 편중이 심화되는 것은 빈부 격차 해소를 방해하는 가장 큰 요인 중 하나다. 2014 세계경제포럼은 소득 격차를 향후 10년의 가장 큰 위험 요인으로 보았다. 유엔개발계획은 지난 20년 동안 국내 소득 불평등이 선진국에서 9%, 개발도상국에서 11% 증가했다고 말한다. 실제로 개발도상국 가구의 75%가 1990년대보다 소득 불평등이 높은 사회에서 살고 있다. 현재의 불평등한 추세가 계속된다면 2030년에는 하루 2달러 이하로 생계를 유지해야 하는 빈곤층이 10억 명 증가한다는 것을 의미한다.

무역은 국가 간 경제적 격차를 줄이는 중요한 도구다. 지구 상에서 생산된 상품의 30% 이상이 국경을 넘어 이동하며, 금융투자의 30%가 국제적 거래다. 개발도상국의 수출이 증가하고 선진국의 수출이 감소하는 추세가 지속될수록 빈부의 격차는 감소한다. 그렇지만 개발도상국의 수출은 세계 무역에서 0.7% 정도의 미미한 수준이며 수출 상품의 70% 이상이 몇 가지 주요 제품에 의존하고 있다. 개발도상국의 무역 확대를 위해 수많은 WTO 합의안에는 개발도상국 우대 단서 규정이 있다. 또한 경제 성장과 빈곤 감축을 위한 무역 원조를 채택하고 있다. 이는 개발도상국이 세계 무역에 참여해 경제적 효율을 얻을 수 있도록 계속적인 지원을 하는 제도다. 여기에 개발도상국이 통관 절차를 개발하는 데 필요한 도움을 주는 무역촉진협정Trade Facilitation Agreement이 2014년 11월에 발효되었다. 개발도상국의 무역 확대로 중산층이 계속 성장하면서 국내 수요를 높이는 한편 가치가 낮은 일자리를 다른 개발도상국으로 이동시켜 세계 번영을 확산시키고자 하는 것이다.

개발도상국으로의 외국인 직접투자Foreign direct investment: FDI 역시 빈곤 격차를 줄이는 방법이다. 2012년 이후 개발도상국으로 흘러들어간 FDI는 선진국에 대한 FDI보다 많았다. 유엔무역개발협의회에 따르면 2014년 개발도상국에 대한 FDI는 7,040억 달러에 이르며 세계 FDI의 56%를 차지했다. 다국적기업의 개발도상국 투자도 지속적으로 증가해 매년 5,000억 달러에 달한다.

신생 경제국과 다국적기업, 지역적·국지적 경제 전환의 영향이 점차 커지면서 지리경제학적 세력의 판도가 급속하게 변화하고 있다. 세계 주요기업의 절반은 다국적 기업이다. 이들은 빈곤을 완화하고 지속 가능한 경제 시스템을 구축하는 데 중요한 역할을 하고 있다. 지역무역협정Regional Trade Agreement으로 선진국은 제조업과 서비스직의 임금이 낮고 기술력은 높은 국가에 아웃소싱하면서 많은 개발도상국의 생산성과 생활수준을 향상시키고 있다.

GDP를 넘어 사회적·경제적 통합, 통치, 환경 등 다양한 측면에서 진보와 번영을 평가하는 새로운 지표가 개발되고 있다. 이러한 지표들은 다양한 요소 간의 상호작용을 이해하는 것을 돕고, 정책결정자가 우선순위를 결정하고, 정책을 수정하고, 통치구조 개선을 지원한다. 가장 대중적인 새 지표로 인정받는 것으로 인간개발지수Human Development Index, HDI, 더 나은 삶의 지수Better Life Index, BLI, 지속 가능한 통치지수 Sustainable Governance Indicators, SGI, 국가미래지수가 있다.

세계는 빈부를 막론하고 평등한 경제개발을 위해 장기적인 전략을 세워야 한다. 바람직한 경제개혁은 조화롭고 지속 가능한 개발을 위한 자금을 마련해 소득 불평등을 해소하고, 모든 이들이 적절한 생활 수준을 누릴 수 있는 기본적 소득이 보장되는 것을 뜻한다. 이를 위해 OECD는 부유한 개인과 다국적기업이 적정한 몫의 세금을 내는 정책을 요구한다. 또한 정부의 자금조달을 방해하는 가장 큰 요인 중 하나인 조세피난처를 불법화함으로써 연간 10~15조 달러(세금의 약 30%)를 사회와 경제 프로그램에 투자하도록 해야 한다. 지속 가능개발목표의 자금 조성을 돕기 위해 억만장자 1,826명이 기부한 금액은 7조 1,000억 달러이다. 이 중 5%만 배당해도 연간 3,550억 달러가 소득과 개발의 격차를 해결하는 데 도움을 주는 중요한 자금원이 될 수 있다.

유엔 세계기업협약기구의 참여자는 145개국의 8,000개 기업을 비롯해 1만 2,000개가 넘는다. 이 기구는 기업이 빈곤층의 감소와 기후 변화 완화, 여성과 어린이의 권리 강화와 아동의 노동권 보장, 부정부패 척결에 관심을 갖고 우선적으로 해결해야 할 과제로 여기도록 한다.

세계의 빈부 격차

- 하루 1.25달러 이하로 생계를 유지하는 인구 비율은 1981년 51%(약 19억 명)에서 2011년 17%(10억 명)로 감소했으며, 2030년에는 3%까지 감소할 것이다.

- 2030년까지 세계 중산층은 66%(30억 명)로 증가할 것으로 예상된다.

- G7의 세계 GDP 점유율은 1990년 50%에서 2014년 33%로 하락했다. 반면 신생 시장과 개발도상국의 세계 GDP 점유율은 1990년 36%에서 2014년 57%로 증가했다.

- 2014년, 80명의 부자가 소유한 재산은 세계 인구의 하위 50%의 재산과 같다.

- 지난 20년간 국내 소득불평등은 산업국가가 9%, 개발도상국이 11% 증가했다.

- 2014년 전 세계 실업자는 2008년 경제위기가 일어나기 전보다 3,000만 명이 증가한 2억 100만 명이었다.

빈부 격차를 줄이는 윤리적 시장경제를 위해서는

- 경제 부국과 빈국 사이의 범지구적 파트너십 형성이 빠르게 이루어져야 한다.

- 개발도상국으로의 외국인 직접투자와 같은 장치가 필요하다.

- 조화롭고 지속 가능한 개발을 위한 자금 마련을 위해 부유한 개인과 다국적기업이 적정한 몫의 세금을 내는 정책을 세운다.

- 조세피난처를 불법화해 거두는 세금을 사회와 경제 프로그램에 투자한다.

인류의 건강 상태는 지속적으로 향상되고 있다. 평균 생존연수를 의미하는 기대수명은 2010년 67년에서 2014년 71년으로 증가했다. 세계보건기구World Health Organization, WHO는 지난 5년간 1,100건 이상의 전염병 발생을 확인했지만, 의학의 진보와 의료 접근성 개선으로 전염성 질환의 발생률과 사망률의 감소를 확인했다. WHO는 현재의 추세가 이어진다면 전염성 질환인 HIV, 말라리아, 결핵의 퇴치를 이룰 것이라 보고 있다. 그렇지만 비전염성 질병의 사망률이 2000년 60%에서 2012년 68%로 계속해서 증가하고 있다. 항미생물 내성, 영양결핍, 비만과 같은 문제도 계속 늘어나고 있다. 기반시설을 재건하고 의료시설을 만드는 데 오랜 시간이 필요한 남수단, 시리아, 말리, 중앙아프리카공화국과 같은 곳에서는 보건 상황이 정치적 불안과 함께 가장 큰 문제로 여겨진다. 이들 취약국가에서 영양부족에 시달리는 어린이의 유병률은

39%로 다른 국가의 평균인 15%에 비해 훨씬 높다. 그뿐만 아니라 세계에는 4,200만 명의 난민이 있고, 이들은 의료 서비스를 거의 받지 못하는 상황이다.

비위생적인 물과 개량되지 않은 각종 시설도 질병의 원인 중 하나다. 개발도상국의 절반 이상이 이와 관련한 질병으로 고통받고 있다. WHO는 2014년 현재 25억 명이 기본적인 위생설비를 갖추지 못하고, 11억 명이 야외 배변을 하는 것으로 추산했다. 이는 매년 설사로 인한 28만 건의 사망과 연관된다. 이러한 사망의 3분의 1은 단순한 손 씻기만으로도 예방할 수 있다.

수명은 길어졌지만 의료비가 상승하고 의료 인력이 줄어들면서 바이오칩 센서나 온라인 시스템을 이용한 자가진단이나 원격진료의 필요성이 점차 커지고 있다. 유전자 염기서열분석 비용이 낮아지고 게놈에 대한 연구가 향상되면서 대중은 맞춤형 의료제품을 이용할 수 있게 되었다. 여기에 나노의학은 유전학적, 분자적 수준에서 더 정밀한 치료를 가능하게 해 하루 만에 질병을 발견하고 치료할 수 있는 길을 열어주었다. 3D 바이오프린팅은 자신의 유전자를 바탕으로 세포와 장기이식의 해법을 모색하고 있다.

하지만 전염병의 위험은 여전하다. 에볼라 바이러스는 FDA의 승인을 받은 백신이나 치료법이 아직 없다. 건강한 면역체계와 빠른 치료가 없으면 죽음을 초래할 수밖에 없다. 의료시설이 부족한 국가의 경우 큰 위험에 빠지기 쉽다. 유엔은 2016년까지 에볼라 바이러스의 전염을 막기 위한 대응활동을 지속할 계획이다. 다양한 형태의 인플루엔

자도 인류의 생명을 위협하고 있다. 그동안 돌연변이를 비롯한 몇 건의 조류독감이 보고되었고, 그 과정에서 수백만 마리의 조류가 도살 처분되었다. 동유럽과 중동 HIV 양성 환자의 다제내성결핵과 캄보디아, 라오인민민주주의공화국, 태국, 베트남에서 발생한 대표적인 말라리아 치료제인 알테미니신arteminisin에 내성을 가진 말라리아도 급속 확산되었다. 지난 50년 동안 발생률이 30배 증가한 뎅기열은 매년 3억 9,000천만 명이 감염되는 것으로 추정되고 있다.

WHO는 2013년 세계적 전염병에 대한 탐지, 경고, 빠른 치료 시스템인 국제보건규칙International Health Regulations이 주요한 세계적 전염병 H7N9의 처리에 적합하게 대응하지 못했다고 발표했다. 세계적 전염병은 국가 안보를 위협하므로 대부분 군과 정보기관에 의해 감시가 수행된다. 의료시설이 충분치 못한 가난한 국가의 경우에는 특히 더 그렇다. 치료시설, 실험실, 감시 시스템을 비롯한 공공보건 시스템은 전염성 질환의 발생을 통제하는 데 필수적이다. 라이베리아와 같은 나라에서 에볼라가 더 빠르게, 더 멀리 퍼진 것도 적절한 의료 시스템이 부족했기 때문이다. 모든 미생물을 확인하고 상세한 유전형질을 분석하는 새로운 기술은 세계적으로 연계된 데이터베이스 시스템을 만들 수 있다. 이를 통해 형질분석에 걸리는 시간이 감소하면 전염성 질환의 감시 체계가 강화될 것이다.

WHO 사무차장인 케이지 후쿠다 박사는 "현재 전염성 질환에서 가장 큰 문제는 항생제 내성이다"라고 말했다. WHO는 2014년 항미생물 내성에 관한 첫 보고서에서 장기적인 문제인 동시에 즉각적인 주의가 필요한 문제라는 것을 인정했다. 새로운 항생제의 개발과 그에 대한 투자는 항생제 내성질환의 발생 속도를 따라가지 못하기 때문이다. 이 때문에 주요한 항생제가 소용없어지고 결핵, 말라리아, HIV 등이 재출현하는 상황이 벌어지거나 새로운 수퍼버그의 등장으로 세계적인 전염병이 발생할 가능성도 있다. WHO는 항생제 내성에 대응할 국가지침을 보유한 국가가 133개국 중 34개국에 불과하다는 것을 확인하고 항생제 내성에 대한 국가적인 계획에 착수할 것을 촉구하고 있다. 이렇게 항생제의 위기가 빚어진 것은 항생제 남용의 영향과 실패한 시장 반응이 결합한 결과다. 대형 제약업체들은 이익이 적다는 이유로 항생제 개발을 포기했다. FDA는 항생제 내성질환의 확산을 막기 위해 인간의 소비를 목표로 동물에 사용되는 항생제에 대한 정보 수집에 박차를 가하고 있다.

비전염성 질환도 인류의 건강과 의료 시스템에 점점 큰 위협을 가하고 있다. 매년 3,800만 명의 목숨을 앗아가는 비전염성 질환의 사망은 75%가 중·저소득 국가에서 발생한다. 비전염성 질환으로 인한 사망의 대부분은 심장혈관계 질환에서 비롯된다. 암, 호흡기 질환, 당뇨 등이 그 뒤를 잇는다. WHO의 최근 전략인 25X25는 주요 비전염성 질환의 사망률을 25% 감소하는 것을 목표로 한다. 하지만 비전염성 질환의 대응은 주로 흡연, 콜레스테롤, 고혈압, 알코올 남용 등 전형적인 위험 요인을 중심으로 형성되어 있어 충분하지 못한 상태다. 더욱 폭넓은 예방·경감 전략을 위해서는 기후 변화나 감염과 같은 비전형적인 위험 요인에서 비롯된 사망까지 고려해야 한다. 2010년 6조 3,000억 달러로 추정되었던 비전염성 질환으로 인한 경제적 부담은 2030년 13조 달러에 이를 것으로 예상된다. 이러한 부담에 적절히 대응할 만한 재정과 구조적 역량을 가진 중·저소득 국가는 거의 없다. 그들의 의료 시스템은 비전염성 질환과 다양한 발병률을 관리하고 감염성 질환과의 공존 이환 co-morbidity, 두 만성질환을 동시에 앓는 상태 가능성을 인식해야 한다. 제대로 된 1차 의료기반이 복합적이고 전문화된 의료 시스템보다 좋은 경과로 이어지며, 효율적이라는 것은 이미 많은 연구에서 확인되었다.

제68차 세계보건총회세계보건총회 World Health Assembly, WHA는 글로벌 백신 활동계획의 마련을 촉구했다. 큰 틀은 2020년까지 모든 공동체 사람들이 백신 접종에 평등한 접근권을 확보해서 수백만의 죽음을 막는 것이다. 전체적인 목표는 세계적으로 소아마비, 임산부와 신생아의 파상풍, 홍역과 풍진을 근절시키는 것이다. 2011년 개발도상국 유아의 83%가 20센트의 비용으로 DPT Diphtheria: 디프테리아, Pertussis: 백일해, Tetanus: 파상풍 백신 접종을 받았지만, 2,200만 명의 유아는 예방접종을 받지 못했다. 개발도상국 어린이의 약 20%는 출생 첫해에 제대로 된 면역 백신을 처방받지 못한다. 모든 국가가 14가지 백신 접종을 제공해 5세 이하 어린이의 90%가 면역력을 갖춘다면 매년 200만 건의 아동 사망을 막을 수 있다는 것이 WHO의 예측이다. 백신 접종을 받지 못해 발생하는 사망을 막기 위해서는 장기적 접근성을 갖고 현재의 접종 시스템을 개선하는 데 집중해야 한다.

세계적으로 인류의 건강 증진을 위한 기금이 2013년 313억 달러를 기록했다. 1990년보다 5배 많은 금액이다. 하지만 2012년에서 2013년까지 성장률은 3.9%에 불과해 이전 10년간의 급속한 성장세에 미치지 못하고 있다. 지난 20년에 걸쳐 보건·의료 서비스는 극적으로 개선되었다. 하지만 지속적인 경제 저성장, 빠듯한 정부 예산, 정치적 변화로 인해 전망은 밝지 않다. 많은 무상 원조국과 개발은행으로부터 받는 자금이 감소함에 따라 다양한 기관과 개인 자선가로부터 기금을 받는 데 집중하고 있다. 빌 앤드 멜린다 게이츠 재단은 시작부터 450억 달러를 기부하면서 주목할 만한 활동을 벌이고 있다. 그들은 백신 접종 캠페인, 빈부 격차 감소 전략, 농업 투자 등 다양한 계획을 실행하며 세계백신면역연합, WHO, 세계식량계획과 같은 영향력이 큰 단체를 지원하고 있다. 빌 앤드 멜린다 게이츠 재단은 WHO의 최대 민간 후원자로 세계 의료계에 큰 힘을 행사하고 있다.

유행성 질환을 다루는 가장 좋은 방법은 빠른 탐지, 정확한 보고, 신속한 격리, 투명한 정보와 커뮤니케이션 시스템이다. 이와 함께 의료기술(약물, 기기, 생물학적 제품, 의료시술과 외과적 시술, 지원 시스템, 조직적 시스템) 사용의 최적화와 깨끗한 식수, 위생시설, 손 씻기에 대한 투자 확대가 이루어져야 한다. 기후 변화를 비롯한 세계적 환경 변화가 위험의 규모와 패턴을 바꾸면서 모니터링과 감시에 대한 투자 확대의 필요성이 커지고 있다. WHO의 e-의료 시스템, 스마트폰 기술, 국제적 의료규정, 예방접종 프로그램, 유행성 질환 발생 시 경보·대응 네트워크는 난제를 해결하는 데 필요한 또 다른 요소다. WHO의 세계의료관측Global Health Observatory과 세계질병부담Global Burden of Disease 프로젝트는 정책과 우선사항 설정을 위해 정보를 더 정확하게 만드는 일을 하고 있다.

유엔의 MDG가 2015년 마무리되면서 그동안 실행해 온 17가지 목표는 새로운 지속 가능 개발목표로 옮겨졌다. 그중 세 번째가 모든 연령의 모든 사람에게 건강한 삶을 보장하고 행복을 촉진한다는 유일한 의료 관련 목표다. 이 목표는 2012년 12월의 유엔총회 결의안에 포함된 보편적 건강 보장 구절과 관련한다. 세계 곳곳에는 기본적인 건강이 보장되지 않는 국가들이 여전히 많다. 계속해서 발생하는 질병의 위협을 감소시키기 위해서는 국가 간의 격차 없는 1차 의료기반이 확립되고 세계적 질병 탐지, 감시, 치료 시스템이 자리 잡아야 한다. 여기에 새로운 질병에 대한 백신과 약품이 적절한 시기에 개발될 때 해결될 것이다.

세계 보건 환경의 변화

- 인류의 건강은 계속해서 나아진다. 출생 시 평균 생존연수는 2010년 67년에서 2014년 71년으로 증가했고 전염성 질환의 발생률과 사망률은 감소하고 있다.

- 하지만 WHO는 지난 5년간 1,100건 이상의 전염병 발생을 확인했다.

- 항미생물 내성, 영양 결핍, 비만과 같은 다른 보건 문제도 계속 늘어나고 있다.

- 5세 어린이 사망자는 1990년 1,270만 명에서 2013년 630만 명으로 감소했다.

- 그에 반해 비전염성 질병의 사망률은 2000년 60%에서 2012년 68%로 계속해서 높아지고 있다.

질병과 면역 미생물의 위협을 감소시키키 위해서는

- 빠른 탐지, 정확한 보고, 신속한 격리, 투명한 정보, 기반시설의 확보를 위한 유행성 질환 정책을 세우고 깨끗한 식수, 위생시설, 손 씻기에 대한 투자 확대가 이루어져야 한다.

- 현재의 의료기술(약물, 기기, 생물학적 제품, 의료시술, 지원 시스템 등) 사용의 최적화가 동반되어야 한다.

- WHO의 e-의료 시스템, 스마트폰 기술, 국제적 의료규정, 예방접종 프로그램, 글로벌 사고 발발 경보·대응 네트워크를 지원한다.

- 모든 국가가 14가지 백신 접종을 통해 5세 이하 어린이의 90%가 면역력을 갖춘다면 매년 이 연령 집단에서 일어나는 200만 건의 사망을 막을 수 있다.

교육의 미래

오늘날에는 인류의 대다수가 직접적으로든 중간 매개를 통해서든 세계의 지식 대부분을 접하고 이용할 수 있다. 구글과 위키피디아Wikipedia 덕분에 "모르겠다"라는 말이 사라지고 있다. 인터넷은 호기심을 북돋우고 평생학습을 강화한다. 누구나, 어느 때나 사용할 수 있는 뛰어난 커리큘럼과 훌륭한 교사라는 이상이 이미 현실화되고 있는 것이다. 인터넷을 통해 누구나 무료로 이용할 수 있는 대학 강좌도 점점 증가해 현재 6,000개 이상 운영되고 있다.

코세라, 에덱스Edex와 같은 온라인 대학 비영리단체를 통해서, 또는 대학으로부터 직접 대규모 온라인 공개수업Massive Open Online Courses, MOOC 에 접근할 수 있다. 테드나 칸 아카데미처럼 대학과는 독립된 학습 시스템 역시 급증하고 있다. 구글은 인터넷 사용이 자유롭지 않은 사람들을 위해 풍선에 와이파이 공유기를 매달아 낙후지역에 띄우는 프로젝트 룬을 실시했다. 페이스북의 마크 저커버그가 이끄는 한 팀은 지구 상의 모든 사람을 인터넷에 연결시키는 일에 주력하고 있다. 이를 위해 세계 곳곳에 거대한 무인기를 띄워 인터넷 사용 환경을 제공한다. 다양한 시도와 노력 덕분에 낙후지역에도 인터넷을 사용할 수 있는 환경이 마련되고 노트북과 스마트폰의 가격은 꾸준히 하락하고 있다. 그러나 이러한 자원을 전 세계에 더 나은 학습 환경을 제공하는 데 사용하기 위해서는 균등한 분배와 각 지역의 문화에 맞게 적용하기 위한 더 많은 노력이 필요하다.

무엇보다 교육과 학습의 근본적인 변화가 필수다. 저비용의 보편적인 인공지능, 로봇공학 등의 기술이 차세대 혹은 그다음 세대의 환경을 완전히 뒤바꿀 것이기 때문이다. 교육과 학습의 근본적인 변화가 없다면 2050년에는 인류의 50%가 기술적 실업을 맞이할 것이라 생각하는 사람들도 있다. 많은 사람이 기술의 발전은 대부분의 반복적 노동을 대체할 것이므로 교육과 학습은 창의성, 문제 해결, 기업가정신, 관용, 공감, 지능 향상에만 초점을 맞추어야 한다고 주장한다. 과학, 기술, 공학, 수학 등은 업무에 대한 기술적 요구가 커지는 속도에 맞춰 발전하면 된다는 것이다.

교육의 수준은 점차 개선되고 있다. 다만 개선 속도는 느린 편이다. 이 속도를 극적으로 높이기 위해 다양한 연구가 진행되고 있다. X프라이즈는 세계 어느 곳에 있는 어린이라도 18개월 안에 스스로 기본적인 읽기, 쓰기, 산술능력을 독학할 수 있는 확장형 공개 소프트웨어의 개발을 목표로 한다. 2015년 현재 620개 이상의 팀이 1,500만 달러 규모의 X프라이즈를 받기 위해 겨루고 있다.

유네스코는 젊은 층의 글을 읽고 쓸 줄 아는 능력인 식자율이 1990년 83.4%에서 2015년 92%까지 개선되었다고 보고했다. 성인의 식자율 또한 75.7%에서 86%로 증가했다. 초등학교 수료율은 1999년 9.3%에서 2011년 90.3%로, 중등학교 입학 비율은 2000년 53%에서 2010년 62.5%로 증가했다. 3차 교육 입학률은 2000년 19%에서 2010년 30%로 늘어났다. 그런데도 중등학교 연령 이하 어린이 중 7,100만 명이 학교에 다니지 않고 있다. 2015년 중·저소득국 어린이 6명 중 한 명은 초등학교 교육을 마치지 못하는 것으로 나타났다. 유네스코는 세계 분쟁 지역에 있는 초등학교 연령 어린이 2,850만 명에게 교육의 기회를 마련해 주려 노력 중이다. 기초교육에 대한 국제적 원조는 여전히 필요에 충분히 부응하지 못하고 있다.

EU, 미국, 중국, 이스라엘, 일본은 대뇌에 관한 대규모 연구 프로젝트를 진행 중이다. 연구가 성공적인 결과를 가져온다면 뇌질환을 해결하고, 두뇌기능을 개선하고, 더 나은 컴퓨터 시스템을 디자인하고, 두뇌와 컴퓨터의 상호작용으로 새로운 효과를 만들어낼 것이다. 따라서 인지과학의 발달은 학습 시스템과 통합되어야 한다. 구글은 개인용 인공지능 비서를 개발함으로써 지능을 증강시킬 계획을 세우고 있다. 교육부서는 지식 습득과 사회화 외에도 지능의 향상을 국가적 목표로 선언해야 한다. 이를 통해 인지과학과 대뇌 연구에서 이루어진 진보를 학습에 적용시키는 속도가 높아질 것이다.

컴퓨터와 학습의 관련성 역시 극적으로 변화하고 있다. 향후 10년 동안 반도체 집적회로의 성능이 18개월마다 2배씩 증가한 무어의 법칙은 계속 유효할 것으로 보인다. 그 결과 휴대용 지능장치가 두뇌의 처리능력을 갖출 것이다. 개인은 생활 전반 맞춰 제작된 가상현실 인터페이스를 통해 상황에 따라 원하는 지식에 접근할 수 있게 되었다. 지식적 측면뿐 아니라 불안함이나 스트레스에 노출되지 않도록 개인의 학습에 맞춰 정서적인 부분의 교육도 함께 이루어질 것이다. 세계화가 가속되고 있는 세상에서는 기술과 문화의 협업을 넘어 정서적 협업이 더해지는 환경이 더욱 중요하다.

뇌기능과 지능의 향상은 몇 가지 조건을 필요로 한다. 지능의 향상이 가능하다는 믿음인 플라세보 효과와 지속적인 피드백, 가상현실을 통한 지성인들과의 접촉, 두뇌 향상 약물, 소프트웨어, 게임, 밈, 음악, 색상, 향기를 이용해 집중력을 높이고 추론 능력을 길러 뇌 기능을 향상시킬 수 있다. 두뇌 연구 및 과학의 발전은 개인의 지능과 수명을 증가시키고 있다. 먼 미래에는 두뇌를 유전적으로 강화하고, 합성생물학에서 탄생한 디자이너 박테리아가 대뇌 손상을 복구하고 대뇌 세포가 더욱 효과적으로 움직이도록 만드는 일이 가능해질 것이다. 지식의 추구를 강화하는 공공 커뮤니케이션의 이용과 이러한 학습 혁신 및 콘셉트의 사용을 통해 사회의 집단지성이 발전할 수 있을 것이다.

역사 속 발전은 많은 비용을 지불하고 학습을 통해 그것을 누릴 수 있는 얼리 어댑터와 그럴 수 없는 사람들의 격차를 만들었다. 그렇기 때문에 지식과 지능의 격차가 계속되는 것을 막기 위한 노력이 필요하다. 발전에서 탄생한 힘은 소수의 전유물이 되어서는 안 되며 비민주적인 방식으로 남용되어서도 안 된다. 정책결정권자는 발전의 결과를 광범위하고 민주적으로 사용하도록 촉진하는 방법을 개발해야 한다. 미래에는 발전된 기술력을 보유한 사람과 그렇지 못한 사람들 사이에서 선입견이 생길 가능성이 크다. 다행히 지난 몇십 년 동안 디지털 격차가 좁혀지기 시작하면서 이러한 문제를 해결할 수 있다는 희망이 생기고 있다. 2050년까지는 인류의 대부분이 향상된 지적능력을 갖추고 지금 우리가 알고 있는 교육과 학습 시스템을 근본적으로 변화시킬 수 있을 것이다.

교육과 학습의 환경 변화

- 오늘날 인류의 대다수가 세계의 지식 대부분을 접하고 이용할 수 있다.

- 구글과 위키피디아 덕분에 "모르겠다"라는 말이 사라지고 있다.

- 3차 교육 입학률은 2000년 19%에서 2010년 30%로 증가했다.

- 젊은 층의 식자율은 1990년 83.4%에서 2015년 92%로 개선된 한편 성인의 식자

  율은 75.7%에서 86%로 증가했다.

- 발전된 기술력을 가진 사람들과 그렇지 못한 사람들 사이에서 선입견이 생길

  가능성이 크다.

지적이고 현명한 인류를 만들기 위해서는

- 지능의 향상을 국가적 교육 목표로 선언한다.

- 세계 모든 어린이가 18개월 이내에 스스로 기본적인 읽기, 쓰기, 산술능력을 독

  학할 수 있는 확장형 공개 소프트웨어를 개발한다.

- 온라인 학습 시스템의 보편적인 접근과 민주적 이용을 국가적 목표로 세운다.

세계 공통의 가치관과 새로운 안보전략이 민족분쟁, 테러리즘, 대량살 상무기의 사용을 감소시킬 수 있을까?

국경을 넘는 전쟁이 감소하면서 대다수의 사람은 평화롭게 살고 있 다. 하지만 세계의 절반은 불평등, 실업, 빈곤, 물 부족, 시대에 뒤떨어 진 제도, 조직범죄, 테러, 천연자원과 사회자원에 대한 접근 제한, 부 적절한 법과 공공 시스템 등으로 인해 언제든지 불안정한 상황을 맞이 할 가능성을 가지고 있다. 그리고 세계화, 이민, 권력의 변화, 천연자 원과 사회자원, 기술자원에 대한 개인의 접근이 쉬워지는 변화를 통해 안보의 패러다임이 변화하는 중이다.

그렇다면 과연 세계는 평화롭다고 이야기할 수 있을까? 2014년 세 계평화지수Global Peace Index에 따르면 2008년 이후 세계 평화는 점점 악 화되고 있다. 51개국의 평화는 개선되었지만, 111개국은 악화되었다.

2014년 세계테러지수Global Terrorism Index에 따르면 테러 활동 역시 증가세를 보였다. 2013년 테러로 인한 사망자는 2012년보다 61% 많았다. 그렇지만 사망 사건의 82%는 5개국(이라크, 아프가니스탄, 파키스탄, 나이지리아, 시리아)에서 발생했다. 테러는 탈레반, 보코하람, ISIL(이라크-레반트 이슬람국가), 알카에다의 4개 집단이 주도하고 있다.

문제는 폭력적인 극단주의에 맞서는 국제적인 분투 가운데에서 발생한 사망자의 대다수가 민간인이라는 점이다. 테러의 성격이 다국적으로 변화하면서 각국의 정부는 안보를 확보하기가 어려워졌다. 또한 기술의 발전과 정보 공유로 인해 누구든 관심만 있다면 강력한 무기를 사용할 수 있는 환경이 조성되었다. 인터넷에서 재료를 구매하고 집에서 무기나 유독 화학물질을 제조하는 시대가 곧 올 것이다. 여기에 핵물질에 대한 접근마저 용이해진다면, 개인이 생물학 무기부터 소형 핵무기까지 대량살상무기를 만들고 사용할 수 있는 능력을 갖게 될 수도 있다. 이를 막기 위해서는 세 가지 분야의 개발이 필요하다. 첫째는 나노기술 기반 센서로 이루어진 메시 네트워크이고, 둘째는 그러한 무기를 사용할 만한 개인을 찾고 치료하는 의료 시스템과 교육 시스템이다. 셋째는 잠재적 개인 대량살상무기를 탐지하는 대중의 역할과 책임이다. 북대서양조약기구North Atlantic Treaty Organization, NATO의 최우선 과제는 테러, 미사일, 사이버 공격을 다루는 능력을 키우고, 국가 간 협력을 강화해 안정성을 확립하는 것이다. 2014년 미국의 국가정보전략National Intelligence Strategy은 "분쟁과 대규모 잔혹행위의 위험이 증가할 수 있다"고 경고했다. 또한 인구 변화, 빈곤, 기후 변화, 자원의 부족 등 테러와 다른 형태의 폭력이 발생할 수 있는 조건을 찾고 감시하는 것이 중요하다고 강조했다.

정치·환경·경제 상황이 악화된 지역에서는 이민자가 증가하고, 이로 인해 새로운 분쟁이 유발될 가능성이 크다. 유엔은 지난 60년간 내분의 40%가 천연자원과 관련된 것으로 추산한다. 천연자원이나 기후변화와 관련된 분쟁은 폭력에 의지하거나 5년 이내에 다시 나타날 가능성이 2배 높다. 따라서 평화협정은 이러한 조건을 다루는 한편 폭력구조를 해체하고 평화구조를 확립해야 한다. 환경과 관련된 분쟁은 악순환을 일으키기 때문에 하나의 시스템으로서 함께 해결되지 않는다면 범위와 강도가 확장될 수 있다.

스톡홀름 국제평화연구소Stockholm International Peace Research Institute, SIPRI는 2014년 국방비 지출이 1조 1,760억 달러로 전년보다 0.4% 낮아졌다고 추산했다. 북아메리카, 서부유럽, 중부유럽의 국방비는 감소하는 반면 다른 지역에서는 증가하고 있다. 2010년에서 2014년 사이 세계 무기거래량은 16% 증가했다. 미국, 러시아, 독일, 프랑스 외에 중국이 새롭게 세계 최대 무기 공급 국가에 합류했다. 이들 5개국은 2014년 세계 무기 수출의 74%를 차지했다. NATO는 GDP의 2%를 국방비에 사용하고 그중 최소 20%를 방위 관련 연구개발과 주요장비 구입에 사용하라는 지침을 가지고 있다. 하지만 2013년에는 미국, 영국, 그리스, 에스토니아만이 2%라는 지침을 충족시켰다. 그렇지만 동맹국 간 공조의 강화를 통해 새로운 방위 역량을 끌어냄으로써 활동과 자금의 효율성을 증진시키고 있다.

국제원자력기구International Atomic Energy Agency, IAEA 데이터베이스는 1993년에서 2014년 중반까지 핵이나 기타 방사성물질과 관련된 불법적인 거래와 활동이 총 2,556건에 이르는 것으로 기록하고 있다. IAEA는 2014년에만 불법 소지, 판매 미수, 밀수, 승인되지 않은 핵물질 처리, 분실된 방사성 물질의 발견 등 149건의 핵 관련 불법행위를 보고받았다. IAEA는 2010년 이래 핵 안보 정상회담을 통해 13개국이 잔여 고농축우라늄과 추출 플루토늄의 제거, 핵물질이 풍부한 지역의 보안 강화, 핵물질의 안전한 보관을 위한 법규 제정을 위해 노력하고 있다. 동시에 방사성 물질을 안전하게 지키기 위한 세계적인 협력을 요청했다.

국가 간 전쟁이 사라지면서 전쟁을 방지하기 위한 정책의 필요성은 줄었지만, 식량과 에너지 자원을 둘러싼 다국적 긴장과 유엔 해양법 협약의 경계 확정에 대한 요구가 심화되고 있다. 남중국해에서 중국은 인공섬과 기지 설치를 통해 남해구단선의 법률적 지위를 명확히 하려는 시도를 하고 있다. 반면 동남아국가연합Association of South East Asian Nations, ASEAN의 많은 국가는 상충하는 주장을 펼친다. 이 외에도 기후 변화로 인한 해수면 상승이 저지대 섬을 침수시키면서 유엔 해양법 협약의 해양 경계 재평가에 대한 요구가 나올 수밖에 없는 상황이다. 이에 대한 대응법 중 하나가 군국화軍國化다. 중국과 인도는 군사력, 특히 해군의 조달에 엄청난 투자를 하고 있다. 남중국해 문제에 대한 미국의 개입을 두고 중국은 점점 호전적인 입장을 보인다. 북극의 온난화로 인해 새로운 대양 항로와 원유 및 천연가스 공급원에 접근할 수 있게 되었기 때문이다. 이는 관할권이 중첩되는 국가들 사이에 잠재적 분쟁지역이 추가되는 것과 같은 의미다. 러시아가 북극에 군대 배치를 재개하고 새로운 관할부대를 창설한 가운데, 다른 북극 국가와 NATO의 군사 활동도 규모를 키우고 있다. 이들 해양경계 문제의 평화적 해결 가능성은 국제법과 유엔 해양법 협약의 중재, 그리고 북극평의회와 동남아국가연합과 같은 다국적 기관의 가치관을 고수하는 데 있다.

땅, 바다, 대기, 우주에 이어 사이버공간이 제5의 전장으로 등장하고 있다. 정부와 기업들은 매일 다른 정부와 경쟁업체, 해커, 범죄조직에 의한 사이버 공격을 받는다. 이들 공격은 근원을 찾기 어렵고 응징하는 데에도 문제가 따른다. 출처가 밝혀져도 적절한 대응을 하기 어렵다. 특히 밀접하게 연결된 국가들은 '사이버 진주만 습격Cyber Pearl Harbor'의 위협을 고려해야 한다. 사이버 무기, 특수작전, 무인감지기와 운송수단이 미래의 주요한 군사요소가 되면서 전쟁에서 인공위성은 가장 중요한 표적이 되었다. 이 때문에 여러 국가가 사이버 방위에 많은 노력을 기울이고 있다. 사회의 필수 시스템들이 인터넷에 의존하는 정도가 커지면서 그들을 붕괴시킬 수 있는 사이버 무기도 대량살상무기로 인식되는 정도에 이르렀다. 사이버 전쟁에 대한 방위는 핵무기의 저지와 핵무기로부터의 보호와 달리 기업과 개인의 공조를 통해 보호, 저지, 방위 자체에 대한 근본적인 재개념화가 이루어져야 한다.

새로운 방위 패러다임은 사실 철학을 두고 다투는 것이다. 하지만 철학과 맞서 싸울 때는 문화, 종교, 이념, 윤리를 대체할 만한 것이 있어야 한다. 따라서 새로운 방위 패러다임에는 방위 조직과 사회가 함께 위협적인 아이디어가 확산되기 좋은 상황을 해결하는 혁신적인 전략이 필요하다. 젊은이들에게 무기나 폭력으로 반응하는 대신 기회를 부여한다면 세계적으로 평화와 안정을 이끌 가능성이 커질 것이다. 사랑과 공감이 없는 평화전략은 효과를 발휘하기 힘들다. 지식과 이성에 따른 접근만으로는 평화를 막는 감정적 분열을 극복할 수 없기 때문이다. 분쟁방지와 해결을 위한 활동에는 비정부기구가 반드시 포함되어야 하며, 강경파의 정서적 감수성을 고려한 대화를 비롯해 관련된 모든 당파가 힘을 합치는 작업이 필요하다. 또한 다양성에 대한 존중을 장려하고 다양성의 기저가 되는 일체성을 고취하는 대규모 공공 교육 프로그램이 필요하다

민주주의, 국제교역, 세계적인 미디어, 인터넷의 성장과 번영의 확대, 극빈의 감소, 비정부기구의 노력, 위성 감시, 자원에 대한 접근권의 개선, 유엔과 지역조직의 진화로 인해 더 평화로운 세계의 가능성이 커지고 있다. 여러 문화 간 대화가 증진되고 국제사회의 개입으로 내분이 점차 안정되고 있다. 일부에서는 인류의 집단정신이 평화나 분쟁에 기여할 수 있다고 믿는다. 이 점을 생각한다면 우리 스스로가 더욱 평화로운 미래를 생각해야 할 것이다.

새로운 기술은 평화는 물론 분쟁에도 전례 없는 가능성을 제시하고 있다. 초민감성 휴대용 화학기기와 생물학기기는 반응시간을 단축해 위험요소의 탐지, 모니터링, 제거의 정확성을 높일 것이다. NASA는 위험지역에 미리 투입해 인공위성을 비롯한 우주 상황을 미리 감시할 수 있는 스파이더봇 프로젝트를 진행 중이다. 각국 정부는 각 무기 유형에 따른 국제적인 감시 시스템을 정립하고, 기존에 비축한 생물학무

기와 화학무기를 파기하며, 잠재적인 생물무기에 대한 추적 시스템을 만들고, 개인대량살상무기 방지 전략을 개발하고, 생물학 테러에 대비하는 질병통제예방센터 Centers for Disease Control and Prevention, CDC와 같은 조직의 네트워크를 지원하고, 생물무기금지협약 Biological Weapons Convention 의 메커니즘을 시행하는 데 합의해야 한다. 또한 정부와 유엔 기관의 조기 경보 시스템을 비정부기구와 연계한다면 분쟁을 막거나 줄이는 정치적 의지를 유도하는 데 도움을 줄 수 있다.

세계 안보 환경의 변화

• 2008년 이후 세계 평화는 점점 어려워지고 있다. 51개국의 평화는 개선되었지만, 111개국은 악화되었다.

• 2013년 테러로 인한 사망자는 2012년보다 61% 많았다. 그렇지만 사망 사건의 82%는 5개국(이라크, 아프가니스탄, 파키스탄, 나이지리아, 시리아)에서 발생했다.

• 2010년에서 2014년 사이 세계 무기거래량은 16% 증가했다.

• 정부와 기업들은 매일 다른 정부와 경쟁업체, 해커, 범죄조직에 의한 사이버 공격을 받는다.

세계 평화와 안정을 이끌기 위해서는

• 인구변화, 빈곤, 기후 변화, 자원의 부족 등 테러와 다른 형태의 폭력이 발생할 수 있는 조건을 찾고 감시한다.

• 방사성 물질을 안전하게 지키기 위한 세계적인 협력을 맺는다.

• 각국 정부는 각 무기 유형에 따른 국제적인 감시 시스템을 정립한다.

• 비정부기구를 포함해 분쟁방지와 해결을 위한 활동을 하고, 강경파의 정서를 고려해 대화를 비롯해 관련된 모든 당파가 힘을 합치는 작업이 필요하다.

여성의 지위와 권한 신장은 우리 사회의 진화를 이끈 가장 큰 원인 중 하나다. 또한 인류가 직면한 난제를 해결하는 데 필수적인 요소이기도 하다. 현재 143개 국가가 헌법으로 양성평등을 보장하며 여성들은 사회적, 정치적, 경제적 의사결정에서 동등한 파트너가 되고 있다.

특히 여성의 시민권과 정치권 향상은 지속적인 진보의 중요한 촉매제였다. 이제 여성의 투표권은 보편적인 권리가 되었다. 지난 20년간 의회에 진출한 여성은 2배로 증가했고, 24명의 여성이 국가원수나 정부수반의 역할을 맡고 있다. 유네스코, WHO, IMFInternational Monetary Fund: 국제통화기금와 같은 중요한 조직을 이끄는 것도 여성이다. 하지만 38개국의 경우 의회에서 활동하는 여성 비율이 11% 미만이다. 특히 6개국은 여성 입법자가, 8개국의 내각에는 여성이 전혀 없다. 세계경제포럼의 세계성별격차보고서는 지난 10년간 평가대상이었던 111개국 중 105

개국이 성별 격차를 줄이는 데 진전을 보였지만 경제적 참여 격차는 60%, 정치적 권한 강화 격차는 단 21% 감소했다고 밝혔다.

OECD가 계산하는 사회기관 및 성별지수The Social Institutions and Gender Index, SIGI는 성 불평등, 차별법, 차별적 사회규범의 근본원인을 고려해 도출된다. SIGI 점수가 높은 국가는 여성 고용률이 50%에 가까운 반면, 점수가 낮은 국가에서는 20% 정도에 그쳤다. 또한 전 세계 토지의 약 15%만을 여성이 보유하고 있으며, 여성에 대한 폭력이 지속되고 있다고 말한다. 2014년 SIGI는 다양한 노력에도 불구하고 차별적인 사회구조가 지속되고 있음을 뜻한다.

여성의 인권은 도덕적 정의만이 아니라 경제적인 부분도 포함한다. 국제노동기구는 2014년 현재 여성이 세계 노동인구의 40%를 형성하지만 일자리 격차의 73%는 여성의 고용 부족에 기인한다고 지적했다. 빈민구호단체인 옥스팜은 15개 개발도상국에서 여성의 유급직 고용률이 남성과 동일하다면, 2020년까지 1인당 소득이 14%, 2030년까지 20% 상승할 것이라고 말한다. 또한 여성과 남성의 고용격차를 줄임으로써 미국의 GDP 9%, 유로존의 GDP 13%, 일본의 GDP 16%를 높일 수 있다. 실제로 여러 연구를 통해 여성이 의사결정에 있어 더 합리적인 접근법을 택해 경영진에 여성이 많은 회사가 더 좋은 결과를 보이는 것으로 밝혀졌다. 이를 바탕으로 양성친화적인 성향을 가진 〈포춘 Fortune〉 선정 500대 기업은 다른 기업에 비해 최대 50% 높은 성과를 올린다고 한다. OECD 국가 중 〈포브스〉가 선정한 세계 500대 기업의 경영진 중 여성은 18%를 차지한다. 이 비율은 가장 높은 비율을 보인

노르웨이(45%)와 반대로 최저를 기록한 대한민국(0.7%)을 비교해 볼 때 나라마다 상당한 차이를 보인다.

고용격차와 함께 해결해야 할 것이 남녀의 동등한 보수다. 여권의 신장에도 불구하고 성별 소득 격차와 여성과 소수민족 출신자들의 고위직 승진을 막는 조직 내의 보이지 않는 장벽을 뜻하는 유리천장glass ceiling은 사라지지 않고 있다. OECD 국가에서 무급노동을 반영하면 여성의 소득은 남성의 65%~40%에 이른다. 옥스팜은 현재의 속도로 진전이 이루어진다면 G20에서 동일한 직업을 가진 남녀가 동일한 보수를 받기까지 75년이 더 걸릴 것이라고 경고하고 있다. 게다가 지난 50년 동안 상당히 발전했음에도 대부분의 여성이 경제적 역할을 가사에 추가하는 형식으로 받아들이고 있다. 남성들이 여가시간을 늘리는 동안 여성들은 보수 없는 일에 더 많은 시간을 보내왔다. 여러 연구가 어린 자녀를 둔 개발도상국의 여성이 일하는 가장 큰 이유가 중산층의 생활수준을 달성하기 위한 것임을 보여주고 있다. 결국 여성들은 자신의 지위를 향상하는 데 꼭 필요하지 않은 추가적인 부담을 안고 생활하는 것이다. 따라서 여성이 커리어에 대한 자신들의 욕구를 가족에 대한 책임과 조화시킬 수 있는 개선된 정책과 사회구조가 필요하다. 무료 (또는 고용주가 요금을 지급하는) 보육 서비스는 물론 그들의 고용보장이 여성의 지위를 개선하는 전략의 기본이 되어야 한다.

교육에서의 성별 격차는 거의 해소되었고 심지어 일부 국가에서는 역전되었다. 여자 어린이가 남자 어린이에 비해 좋은 성적을 올리는 경향이 있고 2차, 3차 교육기관에 입학할 가능성도 높기 때문이다. 상당한 성과에도 불구하고 4억 9,300만 명의 성인 여성이 문맹이다. 이러한 추세라면 2084년이 되어야 성차별 없는 교육이 달성될 것이라는 유엔의 예측이다. 일본, 사우디아라비아와 같이 박사학위를 취득한 여성이 많음에도 여성의 승진에 제약을 둔 문화가 있는 국가는 '여성 두뇌 유출'을 경험할 확률이 높다.

임신과 출산으로 인한 여성의 난제도 주목해야 할 부분이다. 1990년 이래 산모 사망률은 50% 감소했지만 개발도상국의 신생아 10만 명당 산모 사망자는 230명이다. WHO는 매일 800명의 여성이 임신이나 출산과 관련해 예방할 수 있는 합병증으로 사망한다고 보고하고 있다. 농촌 지역의 여성이 도시에 사는 여성에 비해 출산 중 사망할 위험이 3배 더 높다. 국제 자선단체인 워터에이드WaterAid는 빈민가 여성의 30%가 화장실을 이용하지 못하며 개방된 화장실에서 신체적, 성적 폭력의 위협을 받고 있다고 보고했다. 아프리카와 중동, 아시아 일부 지역에서 이루어지는 여성 할례도 문제다. 이미 피해를 입은 1억 4,000만 명의 여성 외에 매년 300만 명의 소녀들이 정신적 외상을 입고 있다. 유엔과 비정부기구의 노력 덕분에 지난 몇 년 동안 8,000여 개의 공동체가 할례를 포기했고 3,000여 명의 종교지도자가 관행을 끝내야 한다고 선언했다. 그럼에도 유엔인구기금은 2030년까지 8,600만 명의 어린 소녀들이 이 관행의 피해자가 될 것으로 추정하고 있다.

여성 폭력은 사망자와 부상자로 볼 때 오늘날 가장 규모가 큰 전쟁이라고 할 수 있다. 125개국이 가정폭력 처벌법을 시행하고 있지만, 여성의 70%가 평생 폭력의 표적이 되고 있다. 또한 여성의 35%가 신체적·성적 폭력을 경험한 적이 있다. 여성 살인의 38%는 친밀한 파트너에 의해 이루어졌다. 여성폭력은 신고율이 낮고 처벌을 받는 경우가 드물어 반복되는 범죄다. 유엔 결의안은 국가가 여성폭력 피해자를 보호하는 정책을 채택할 것을 권장한다. 유엔 여성폭력종식신탁기금Trust Fund to End Violence against Women은 개시 이래 136개국과 393개 발안에 1억 300만 달러를 지원했다. 안보리 결의안 제1325호는 전시에 여성을 보호하고 평화구축에 대한 여성들의 적극적인 참여를 촉진한다. 유엔은 여성을 무기로 사용하는 폭력이나 자살공격에 여성과 어린이를 이용하는 것에 경고한다. 나이지리아의 이슬람 극단주의 테러 조직인 보코하람과 그 외의 이슬람 극단주의자들에 의해 자행되는 여성에 대한 잔혹 행위(석살, 투옥 기타 공격)가 아무런 처벌 없이 계속되고 있기 때문이다.

여성폭력과 차별을 줄이면서 지속적인 평화를 구축하는 효과적인 방법은 평화협상과 해외원조 기구에 더 많은 여성을 참여시키는 것이다. 국제조약과 유엔 산하기구가 여성의 권리 증진을 돕고 있지만 더 많은 변화가 필요하다. 여성의 권리 침해는 반드시 기소되고 국제적 제재를 받아야 한다. 원조 프로그램은 양성평등의 원리에 따라야 한다. 자기방어뿐 아니라 상대를 제어할 수 있도록 체육시간에 여학생에게 호신술을 가르치는 것을 고려해야 한다. 또한 가정에서 적극적으로 양성평등을 교육할 필요가 있다. 전통적인 매체는 성 고정관념을 고착시키는 행위를 피하고 저널리즘 분야의 경영진에 여성이 더욱 많이 진출해야 한다. 마지막으로 휴대전화와 인터넷을 기반으로 폭력을 해결할 방안을 찾아야 한다. 여성폭력이 발생했을 때 이를 신고하고, 경보를 발하고, 강간 범죄지도를 만들고, 구조요청을 처리하는 애플리케이션의 개발과 보급이 시급하다. 한 설문조사는 여성의 93%가 휴대전화를 통해 더 안전하다고 느끼고, 85%가 독립적이라 여기며, 41%는 경제적 가능성을 높여준다고 생각한다는 것을 보여주었다.

결국 여성의 지위 문제는 성차별법이 사라질 때, 여성에 대한 차별과 폭력이 법적인 제재를 받을 때, 입법부의 30% 이상을 여성이 자리한다는 목표가 모든 국가에서 달성될 때, 모든 개발전략에 양성평등이 포함될 때 해결될 것이다.

여성 지위 환경의 변화

- 지난 20년간 의회의 여성 비율은 11%에서 22%로 증가했으며, 의료와 교육의 격차는 각각 96%와 94% 감소했다.

- 하지만 2014년 성별 격차의 평가 대상이었던 142개국 중 성별 격차를 줄인 국가는 없다.

- 38개국의 경우 의회에서 활동하는 여성이 전체의 11% 미만이다. 특히 6개국에는 여성 입법자가 전혀 없고, 8개국에는 내각에 여성이 전혀 없다.

- 여성의 20%가 가족계획에 대한 적절한 접근권을 가지지 못하고 있다.

- 국경에서 밀거래되는 약 80만의 사람 중에 82%는 여성과 어린이다. 밀거래의 80%는 성적 착취와, 19%는 노동 착취와 관련된다.

- 현재의 속도라면 G20에서 남녀가 동일한 직업에 동일한 보수를 받게 되는 데 75년이 더 걸릴 것이다.

여성의 지위 변화가 인간이 처한 상황을 개선하기 위해서는

- 15개 개발도상국에서 여성의 유급직 고용률이 남성과 동일하다면, 2020년까지 1인당 소득이 14%, 2030년까지 20% 상승할 것이다.

- 여성의 권리에 대한 침해는 반드시 기소되고 국제적 제재를 받아야 한다. 원조 프로그램은 반드시 양성평등의 원리에 따라야 한다.

- 입법부의 최소 30%를 여성이 자리해야 한다.

국제적인 조직범죄 확대

State of the Future The Millennium Project

국가를 초월한 조직범죄는 매년 세계 국방비의 2배가 넘는 소득을 올리는 것으로 추정된다. 조직범죄와 반란, 테러의 구분이 모호해지기 시작하면서 조직범죄에 새로운 시장이 주어지고 세계가 관심을 기울이기 시작했다. 하지만 아직은 조직범죄에 맞설 이렇다 할 통합적인 전략이나 체제가 형성되어 있지 않다. 이에 2015년 4월 싱가포르에 인터폴 글로벌혁신단지INTERPOL Global Complex for Innovation, IGCI가 설립됐다. IGCI는 범죄와 범죄자 식별, 작전 지원, 파트너십에 대한 연구와 교육을 진행한다.

유엔마약범죄사무소UN Office on Drugs and Crime: UNODC에 따르면 국가들은 조직범죄에 맞서기 위한 조직범죄방지협약을 제대로 실행하고 있지 않다. UNODC는 다른 기관과 함께 빈 인근에 국제반부패아카데미International Anti-Corruption Academy를 설립했다. 이 기관의 목표 중 하나는 국가를 초월한 조직범죄와 부패의 연계에 맞서 싸우는 것이다. 마약을 사고팔듯 정부의 의사결정까지 사고파는 초국가적 조직범죄와 부패의 조합은 민주주의를 방해하는 요소이기 때문이다.

암시장 전문 조사업체인 하보스코프닷컴은 91개국의 암시장 규모가 연간 1조 8,000억 달러에 달하며, 불법 약물을 통한 수입이 3,390억 달러, 불법복제 약물에서 얻는 수입이 2,000억 달러, 매춘에 의한 수입이 1,860억 달러, 모조품으로 얻는 수입이 3,340억 달러라고 추정했다. 이 외에도 불법적인 벌목, 보석 채굴, 유해폐기물 투기로 인한 경제적 비용도 발생한다. 국제전략문제연구소와 보안 전문기업인 맥아피의 연구는 최근 조직범죄가 사이버범죄로 연결되고 있음을 확인했다. 여기서 발생하는 경제손실은 연간 5,000억 달러가 넘으며, 2조 달러로 주정하는 사람도 있다. 이를 바탕으로 조직범죄의 총소득은 세계 국방비의 2배, 해외개발원조액의 20배가 넘는 어마어마한 규모를 형성하게되었다.

국제금융청렴조사위원회 보고서에 따르면 개발도상국이 사기, 부패, 부정거래로 입는 손실이 개발 원조금으로 받는 돈의 10배라고 한다. 국제금융청렴조사위원회는 개발도상국이 2011년 9,467억 달러의 손실을 입은 것을 발견했다. 반조직범죄 프로그램이 모든 국가의 개발 계획에 포함되어야 하는 이유가 명확해진 것이다. 유엔세계마약정책기구UN Global Commission on Drug Policy는 '마약과의 전쟁'에 대한 법 집행이 실패했고 지난 40년 동안 미국은 2조 5,000억 달러의 손실을 보았다고 결론지었다. 이 기관은 범죄화가 아닌 공공보건으로의 패러다임 전환을 권고했다. 국제상업회의소의 상업범죄 서비스Commercial Crime Services는 모든 형태의 상업적 범죄를 추적하고 방지하는 일을 돕는다. 이 조직은 국제해사기구International Maritime Organization, IMO, 주요 강대국의 해군과 함께 해적 및 무장강도에 맞선다. 2011년에서 2013년 사이 아프리카 동부해안의 해적이 극적으로 감소했고 국제적인 협력이 성공을 거두었음에도 2014년 전 세계의 해적과 해상 무장강도는 26%나 증가했다.

현재 존재하는 노예는 약 3,000만 명으로 아프리카 노예무역의 전성기보다 많은 숫자다. 대부분 아시아에 있는 것으로 추산된다. 매년 400만 명의 사람들이 노예로 팔리고 있다. 인신매매도 간과할 수 없는 조직범죄다. 유엔마약범죄사무소는 인신매매의 79%가 성적 착취를 목적으로 한다고 말한다. 더욱이 인터넷과 휴대전화의 보편화로 초국가적 조직범죄가 활동영역을 약물과 인신매매에서 사이버범죄로 넓혀 개인생활과 사업의 모든 측면에 영향을 줄 가능성이 커졌다. 불법적으로 획득한 데이터와 기타 사이버범죄를 다루는 온라인 시장이 성장하고 있으며, 범죄조직은 불법 애플리케이션의 온라인 호스팅을 제공한다.

금융위기와 금융기관의 파산 역시 조직범죄에 새로운 시장을 열어주었다. 인터폴은 사이버범죄로 인한 비용이 코카인, 마리화나, 헤로인의 불법거래 비용보다 크다는 전문가의 경고를 언급했다. 컴퓨터를 통해 매일 5조 달러 이상의 국제전자금융 이체가 이루어지고 있다. 이것은 국제 사이버 범죄자들에게 매력적인 표적이 아닐 수 없다. 온라인 범죄자들의 연합체인 국제온라인범죄자연맹International Carder's Alliance은 동유럽에 기반을 두고 있다. 사이버범죄의 심장인 동유럽은 미국기업과 소비자에게 매년 수십억 달러의 손실을 입히고 있다.

유엔마약범죄사무소는 사이버범죄의 판례법, 제정법, 다국적 경험에 관한 데이터베이스를 개발하고 있다. 또한 사이버범죄에 관한 캠페인을 시작하고 인신매매에 대한 국제보고서를 발행해 2009년 자료부터 관련 내용을 업데이트할 것을 요구했다. 또한 조세도피처와 익명계좌를 금지하는 국제조약의 개정을 촉구했다. 이 조약에는 관련 은행과 국가에 가하는 집단 제재를 비롯해 실행을 강제하는 체제가 뒷받침되어야 한다. 익명의 자금을 반드시 몰수하고 조직범죄를 막기 위한 자금으로 사용할 수 있게 만들어야 한다.

세계적 조직범죄에 대응하기 위한 효과적인 전략이 필요하다는 다국적 합의를 이끌기 위한 국제적 캠페인도 필요하다. OECD의 국제자금세탁방지기구Financial Action Task Force는 자금세탁에 대응하는 40개 권고안을 만들었다. 하지만 그 효과는 명확하지 않다. 대신 두 가지 협약이 조직범죄 해결에 일관성을 부여하는 데 도움을 준다. 2003년 발효한 유엔초국가적조직범죄방지협약과 2008년 5월 발효한 유럽위원회자금세탁방지협약이 그것이다.

금융범죄기소시스템이 설립된다면 국가를 초월한 조직범죄를 다루는 기관을 보완하는 새로운 조직이 될 수 있을 것이다. 새로운 시스템은 다양한 조직과의 협업으로 자금 규모를 통해 주요 범죄집단을 확인하고 우선순위에 따라 기소하게 될 것이다. 이 시스템은 소송을 준비하고, 동결 가능한 용의자의 자산을 확인하고, 용의자의 현재 위치를 파악한 뒤, 지역 당국의 체포 능력을 평가하고, 사전에 선정된 여러 법원 중 하나에 사건을 송치시킨다. 유엔평화유지군처럼 법원을 설립하고 교육을 거친 뒤에 바로 임무를 맡을 수 있도록 준비시킨다. 수사가 완료되면 검거명령을 내려 범죄자를 체포하고, 그들의 자산을 동결하고, 소송절차를 진행한다. 이후에는 우선순위에 있는 다음 범죄집단에 대한 수사로 넘어간다. 형사 소추는 피의자의 국가 밖에서 이루어진다. 유엔초국가조직범죄방지협약에 의한 범죄인의 본국 송환이 가능하기 때문에, 유엔평화유지군처럼 대리로 직무를 수행하는 법원을 마련하기 위한 새로운 보충 협약이 필요하다. 법원이 필요할 때마다 자원한 국가 중 추첨 시스템을 통해 법원을 선정하는 것이다. 최초에는 정부의 자금 조성이 필요하겠지만, 이후에는 정부분담금에 의지하지 않고 유죄 결정을 받은 범죄인의 동결자산에서 재정 지원을 받을 수 있을 것이다. 체포한 국가와 기소한 법원은 동결 자산에서 비용을 변제받을 것이다.

국제적 조직범죄가 처한 환경

- 초국가적 조직범죄는 매년 세계 군 예산 전체를 합친 것의 2배가 되는 3조 달러의 소득을 올리는 것으로 추정된다.

- 조직범죄와 반란, 테러의 구분이 모호해지면서 조직범죄에 새로운 시장이 주어지고 민주주의, 개발, 감시에 대한 위협이 증가하고 있다.

- 초국가적 조직범죄와 연관된 뇌물은 연간 1조에서 1조 6,000억 달러인 것으로 추정하고 있다.

- 사이버범죄와 사이버스파이에 의한 경제손실은 연간 5,000억 달러가 넘으며, 2조 달러로 주정하는 사람도 있다.

국제 조직범죄를 멈추기 위해서는

- 돈세탁 규모를 통해 규정된 범죄집단을 확인하고 우선순위에 따라 기소하는 금융범죄 기소 시스템을 갖춘 세계적 전략이 필요하다.

- 이 시스템은 소송을 준비하고, 동결 가능한 용의자의 자산을 확인하고, 용의자의 현재 위치를 확인하고, 지역 당국의 체포 능력을 평가하고, 사전 선정된 여러 법원 중 하나에 사건을 송치시킨다.

- 유엔마약범죄사무소는 모든 국가에 조직범죄에 맞서기 위한 국가전략을 개발하고 각 국가에 선포한다.

에너지 수요 증가

State of the Future The Millennium Project

인구 증가와 더불어 그들이 가진 부의 규모까지 확대되면서 에너지 수요도 증가하고 있다. 세계는 이를 충족시킬 안전한 에너지를 만들기 위해 경쟁 중이다. 유엔사무총장은 2030년까지 연간 500억 달러의 비용을 들여 전기에 대한 접근성을 보편적 권리로 만들겠다는 목표를 설정했다. 목표 달성을 위해 2050년까지 추가적으로 35억 명에게 전기를 공급할 수 있는 생산설비를 갖춰야 한다. 노후 핵발전소의 원자로를 해체하고 화석연료 발전소를 개조하는 일도 필요하다. 이는 재생 가능한 그린 에너지원과 개선된 네트워크, 저장 시스템, 분산발전 방식 등의 조합에서 가능할 것이다.

다행히 기술의 발전으로 재생 가능 에너지 시스템의 비용이 감소해 현재는 화석연료 비용과 비슷한 수준이다. 사막 같은 넓은 지역에서 태양에너지를 전기 에너지로 전환하는 솔라팜은 발전기가 있는 탑 꼭 대기에 태양광을 집중시킬 수 있다. 이때 태양열 패널의 표면에 초소형 수로를 설치해 바닷물을 끌어올려 물을 담수로 변화시키는 것도 가능하다. 발전소, 신체, 마이크로칩에서 나오는 폐열로 전기를 생산하는 것도 재생 가능한 에너지다. 건축물을 디자인할 때 에너지를 보호하고 스스로 에너지를 생산할 수 있도록 디자인하는 것도 방법이다. 그뿐만 아니라 전기를 생성시키는 미생물을 연료로 하는 전지나 에너지를 절약할 수 있는 소형 형광전구와 발광다이오드, 전기를 전도하는 나노튜브의 사용도 가능하다.

다국적 에너지 기업인 셸Shell은 2050년 세계 에너지 수요가 2000년의 3배가 될 것이라고 예측하고 있다. 이에 따라 특별히 수요를 관리하고 생산을 가속해야 한다고 주장한다. 국제에너지기구International Energy Agency, IEA는 2035년까지 세계의 에너지 수요를 충족시키기 위해 48조 달러가 필요하며, 새로운 수요의 90%가 OECD 비회원국에서 비롯될 것으로 내다봤다. 현재 중국의 1인당 에너지 소비량은 미국의 절반에도 못 미치지만 2035년에는 미국보다 70% 많은 에너지를 소비할 것으로 예측된다.

에너지와 관련한 이산화탄소 배출은 여전히 해결하지 못한 문제다. 2050년에도 대부분의 에너지는 매년 5,500억 달러의 보조금이 지급되는 화석연료에서 생산될 것이다. IMF는 이들 보조금의 지급을 중지하면 160만 건의 조기 사망을 막을 수 있다고 주장한다. 또한 보조금 지급으로 인한 환경파괴까지 비용으로 환산하면 정확한 보조금은 5조 3,000억 달러라고 추산했다. IEA는 모든 국가가 이산화탄소 배출량 감소에 대한 약속을 이행하고 연료 보조금을 없애면, 세계의 주요 에너지 수요가 2012년부터 2035년까지 30% 이상 증가해도 화석연료가 차지하는 비중은 증가량의 절반 수준일 것이라고 예상한다. 이러한 시나리오에 따른 이산화탄소 배출은 지구 평균기온의 3.6°C상승으로 이어질 것이다. 세계에너지협의회World Energy Council가 개발한 시나리오 역시 2050년에도 화석연료가 지배적인 에너지원으로 남을 것이라고 추정한다. 천연가스는 석탄보다 깨끗한 에너지로 알려졌다. 하지만 2006년부터 5년간 누출된 가스는 총생산량의 4%에 가깝다. 3% 이상의 누출은 석탄으로 인한 환경파괴보다 더 위협적이다. 그러므로 석탄발전소에서 나오는 폐이산화탄소를 사용해 바이오연료를 생산하거나 식량으로 쓰이는 해조류를 키우고, 시멘트를 만들 탄산염을 생산하는 등 대규모 탄소 포집과 재사용이 기후 변화를 줄이는 우선 대책이 되어야 한다. 산업시설의 40%까지 탄소 포집과 격리 시스템을 갖춘다면 이산화탄소 배출량을 4기가톤까지 줄일 수 있다.

태양광, 태양열, 재생 가능한 에너지, 바이오매스, 풍력, 지열의 조합이 화석연료를 대체할 수 있다는 데에는 의문의 여지가 없다. 문제는 새로운 에너지 전략에 대한 합의에 있다. 현재 새로운 에너지의 절반 이상이 재생 가능한 에너지원에서 나오고 있다. 석탄은 지난 10년간 새로운 전력 수요의 47%를 충족시켰다. 기후 변화에 관한 정부 간 패널인 IPCC가 내놓은 최선의 시나리오는 2050년까지 재생 가능한 에너지원이 세계 에너지 수요의 77%를 충족시키는 것이다. 세계자연보호기금은 100% 충족할 수 있다고 주장한다. 지열, 풍력, 태양열, 바이오매스를 사용한 전력 생산비용은 하락하고 있다. 게다가 탄소배출권에 가격을 설정하면 비화석연료에 대한 투자를 증가시킬 수 있다. 채굴, 수성, 공급 등 화석연료 생산비용과 환경비용을 고려한다면 재생가능 에너지 생산이 훨씬 효율적이다. 과거에는 규모의 경제에 따라 전력 사용도 큰 폭으로 증가했지만, 지능형 전력망으로 에너지 효율을 최적화하는 스마트 그리드를 통해 비용과 사용량 모두를 줄일 수 있다. 즉 화석연료는 사용이 증가할수록 비용도 높아지지만, 재생 가능 에너지는 사용이 증가할수록 비용이 낮아질 것이다.

2015년 5월 현재 443개 원자로가 세계에 12%의 전력을 공급하고 있다. 중국의 23개를 비롯해 66개의 원자로가 건설 중이다. 국제원자력기구는 2030년까지 핵전력 생산량이 4.5~6.2% 감소할 것이라고 예상하고 있다. 기존 원자로의 58%가 30년이 지난 것으로 폐로가 필요하기 때문이다. 하지만 2020년까지 폐쇄가 예정된 발전소는 100개도 되지 않는다. 핵폐기물에 대한 적절한 해법이 없어 대부분의 폐기물은 핵발전소 부지에 저장하는 중이다. 차세대원자력발전산업연합Next Generation Nuclear Plant Industry Alliance은 고온가스냉각형 원자로를 내·외부 사고에도 방사성 물질의 유출로 이어지지 않는 확실한 구상으로 선정했다.

에너지 수요가 많은 것 중 하나가 자동차다. 2035년까지 자동차는 지금의 2배인 17억 대에 이를 것으로 전망된다. 하지만 카셰어링이나 무인자동차와 같은 새로운 발전이 이러한 예측을 바꿀 수도 있다. 또한 가변연료 차량인 하이브리드 전기차가 경쟁력 있는 가격으로 대량생산된다면 또 다른 돌파구를 찾게 된다. 2012년 미국은 6년간 진행한 수소연료전지 전기자동차 연구결과를 발표했다. 연비, 효율, 주행거리, 내구성 등이 기대를 뛰어넘었다. 오래지 않아 연료전환이 가능한 플러그인 하이브리드차나 전기차, 압축공기차 등이 석유만 사용하는 차량의 대안이 될 것이다. 덴마크와 이스라엘에서는 전全전기차 프로그램을 실행하고 있으며, 30개 국가에서도 논의가 이루어지고 있다. 수송연료에서 바이오연료가 차지하는 비중은 현재의 3%에서 2050년에는 27%로 상승할 것이다.

일본은 2030년까지 우주태양광발전시스템을 궤도에 올리려는 계획을 가지고 있다. 이미 무선으로 10kW의 전기를 500m 떨어진 곳까지 보내는 데 성공했다. 중국도 2040년을 목표로 동일한 계획을 세웠다. 일본의 건설회사 시미즈는 달에 거대한 태양전지판을 설치해 지구에 에너지를 공급하는 태양발전기지인 루나링LUNA RING 프로젝트를 진행 중이다. 우주를 기반으로 한 태양에너지 시스템은 온실가스를 배출하지 않고 폐기물을 남기지 않으면서도 엄청난 수요의 전력량을 충족시킬 수 있다. 하지만 태양열 발전소를 설치하기 위한 위성의 비용이 많이 들어 다른 혁신을 기대하는 움직임도 있다. 결국 에너지 수요의 증가는 5년 연속 환경에 피해를 주지 않는 에너지의 총생산량이 기존 에너지원을 뛰어넘을 때, 대기 중 이산화탄소 배출량이 감소할 때 해결될 것이다.

에너지 환경의 변화

- 2050년 세계 에너지 수요가 2000년의 3배가 될 것으로 예측한다.

- 2006년부터 5년간 누출된 가스는 총생산량의 4%에 가깝다. 3% 이상의 누출은 석탄으로 인한 환경파괴보다 더 위협적이다.

- 2015년 5월 현재 443개 원자로가 세계에 12%의 전력을 공급하고 있다.

- 2035년까지 자동차는 지금의 2배인 17억 대에 이를 것으로 전망된다.

에너지 수요를 충족하기 위해서는

- 2050년까지 추가로 35억 명에게 전기를 공급할 수 있는 생산설비를 갖춰야 한다.

- 노후 핵발전소의 원자로를 해체하고 화석연료 발전소를 개조한다.

- 모든 국가가 이산화탄소 배출량 감소에 대한 약속을 이행하고 연료 보조금을 없애야 한다.

- 2050년까지 재생 가능한 에너지원이 세계 에너지 수요의 77%를 충족시켜야 한다.

- 연료전환이 가능한 플러그인 하이브리드차나 전기차, 압축공기차 등이 석유만 사용하는 차량 등 대안을 찾아야 한다.

과학기술의 발전과 삶의 질

컴퓨터화학, 컴퓨터생물학, 컴퓨터물리학의 발달로 과학적 통찰력과 기술의 응용이 빠르게 변화하고 있다. 이러한 변화는 무어의 법칙에 따른 컴퓨터 속도 증가의 영향으로 인공지능과 양자 컴퓨터의 출현에도 도움을 줄 것이다. IBM은 양자 정보의 기본 단위인 큐비트qubit로 회로를 구성한 빌딩 블록을 만들었다. MIT는 빛의 최소 단위인 단일 광자single photon의 방향을 광학칩 위로 돌릴 수 있게 되었다. 디웨이브는 1,000큐비트 이상의 양자 프로세서를 출시할 계획이며, 큐비트를 나노 와이어에 내장시켰다. 이는 양자 컴퓨터 개발의 가장 중요한 단계다. 이제 양자 컴퓨터는 머지않은 미래다. 이 외에도 합성생물학과 3D 프린팅, 4D 프린팅, 인공지능, 로봇공학, 나노기술, 갖가지 원격 기술, 드론, 증강현실, 집단지성 시스템 등이 어우러진 효과가 앞으로 25년 동안 만들어낼 변화는 지난 25년의 발전이 무색할 만큼 엄청날 것이다.

과학의 지속적이고 빠른 발전은 가능한 것의 개념 자체를 근본적으로
뒤바꾸고 있다.

중국의 과학자들은 인간 배아의 유전체에 주의를 기울이고 있으며,
일본은 로봇이 호텔의 직원으로 일한다. 연료가 필요 없는 태양광 비
행기가 전 세계를 날고, 주사전자현미경은 0.01나노미터를 보며, 허블
망원경으로 132억 광년이나 떨어진 곳을 볼 수 있다. DNA 스캔은 유
전질환의 제거나 개인 맞춤형 약물의 가능성을 열어주었다. 이미 신체
가 마비된 사람들이 생각만으로 컴퓨터를 조종하고 있으며, 종래에는
로봇까지 조종하게 될 것이다. 자신의 생각을 다른 두뇌에 전달해 그
사람의 신체적 반응을 유발하는 B2B brain to brain 커뮤니케이션이 가능하
다는 것도 증명되었다. 화학자들은 세포 내 분자를 회복시킴으로써 쥐
의 노화 과정을 지연시켰다. 이제 꿈조차 꾸지 못했던 수천 가지 새로
운 생명체가 합성생물학에 의해 발명될 것이다. 그리고 이러한 지식에
대한 접근이 보편적인 권리가 되고 있다.

무료 온라인 대학강좌가 급증하고 있다. 출처가 공개된 하드웨어와
소프트웨어는 생산수단을 공유하고 있다. 크라우드 소싱으로 운영되
는 다중 참여 온라인 게임인 폴드잇 Foldit은 복잡한 단백질구조를 푸는
게임이다. 이 과정에서 수십 억 대의 개인 컴퓨터를 즉석에서 슈퍼컴퓨
터로 연결시키는 과학의 문을 열고 있다. 통섭과 융합을 목표로 하는
싱귤래리티 대학은 새로운 기술의 전문가와 투자자, 학생을 모아 의약
에서 농업에 이르기까지 새로운 사업을 만들고 실행하는 중이다. 이렇
게 공개된 지식은 혁신과 과학기술을 발전시키는 요인이다.

중국의 슈퍼컴퓨터인 천하 2호는 세계에서 가장 빠른 컴퓨터로 인간의 계산속도(무의식)를 넘어선다. TV 퀴즈 프로그램에서 최종 우승한 IMB의 컴퓨터 왓슨은 더욱 정밀한 암 진단 외에도 치료 분야의 발전을 앞당기는 데 사용되고 있다. 컴퓨터의 발전은 다양한 형태의 과학과 융합해 우리가 더욱 건강한 삶을 살 수 있도록 한다. DNA 서열을 읽는 시퀀싱 시스템의 발전은 2000년에 한 사람의 게놈을 분석하는 데 25억 달러의 비용이 들던 것을 2015년 1,000달러 이하의 비용으로 줄였다. 덕분에 연간 1만 개의 인간 게놈을 생산할 수 있다. 개인 고유의 유전자에 따른 맞춤형 약을 제조할 수 있는 기반을 만든 것이다. 현재는 하나의 유형인 세포를 다른 유형으로 전환시킬 정도로 기술이 발전했다. 피부세포를 두뇌에서 발견되는 신경망에 통합해 기능성 뉴런으로 전환하기도 했다.

합성생물학은 다양한 종의 DNA를 조합해 새로운 형태의 과학을 형성한다. 생물학자인 크레이그 벤터는 인공적으로 DNA를 만들어 이를 주입한 박테리아를 탄생시켰다. 생명의 근원인 유전정보를 인간이 원하는 대로 조합한 인공생명체를 처음 생산한 것이다. 벤터는 인간이 컴퓨터 코드를 사용해 기능이 향상된 소프트웨어를 만들 듯이 유전정보를 사용해 문명을 발전시킬 생명체를 만들게 될 것이라 예견했다. 이 새로운 생물학의 시대는 산업화 시대보다 더 큰 인간의 진보를 가져올 것이다.

HP는 2016년 1인치에 1초당 3,000만 개 이상의 재료 방울을 분사할 수 있는 3D 프린터를 출시할 계획이다. 간단한 3D 프린터의 가격은

500달러까지 떨어졌다. 이로써 개인과 소규모 사업자들이 공산품을 직접 제조할 수 있게 되었다. 3D 프린팅 기술은 위조의 가능성을 열기도 했으며 플라스틱 제품의 경우 국제교역량을 감소시키기도 했다. 누구나 3D 프린터 기업인 싱기버스Thingiverse와 셰이프웨이즈Shapeways의 공개 디지털 디자인을 다운로드해서 인쇄할 수 있다. 줄기세포가 '잉크'의 역할을 하는 미래의 3D 프린터는 개인의 장기와 신체 일부를 만들 수 있을 것으로 예상된다.

나노 로봇은 눈 안으로 들어가서 노화와 연관된 황반변성 등의 질환에 약물을 전달하는 능력을 갖추고 있다. 그보다 크기가 더 작은 나노미터 로봇도 개발되었다. 이러한 초소형 로봇은 천연 DNA와 연결이 가능할 것으로 보인다. 언젠가 혈액세포 크기의 나노봇을 몸에 주입해 가상현실 이미지를 인체 밖으로 전송하면서 질병을 진단하고 치료를 하는 날이 올 것이다. 나노기술은 지속 가능한 개발에 필요한 효율성에서 커다란 혜택을 줄 것이다. 하지만 신체의 특정 부분에 유독 물질이 축적되어서 건강상의 문제를 유발할 가능성 등 나노기술이 미치는 영향에 대해서는 고려가 필요하다. 2015년 현재 약 265만 대의 산업로봇이 활동하고 있다. 대한민국의 노동자 100명당 로봇 비율은 4.4대며, 일본은 3.2대다. 표정도 지을 수 있어서 사람과 흡사한 로봇이 있는가 하면, 인간보다 정확히 수술하는 외과의사 로봇도 있다. 일본에서는 노인을 돌보는 로봇이 실험 중이다.

난해하게만 보이는 과학적 연구들이 수많은 지식을 제공하고 응용과학과 엔지니어들은 이를 바탕으로 인간이 처한 환경을 개선할 기술을 개발한다. 과학기술이 빠르게 발전하는 것과 이를 뉴스에서 다루거나 학교에서 가르치는 것과의 사이에는 커다란 간극이 있다. 과학기술의 발전을 뒤쫓고, 결과를 예측하고, 다양한 견해를 기록해서 모두가 미래의 과학기술이 가져올 결과를 이해하려면 우리에게는 범지구적인 집단지성 시스템이 필요하다. 더불어 새로운 기술을 더 지능적으로 사용할 수 있는 혁신적인 비즈니스 모델과 정책이 필요하다. 과학기술 발전에 따라 삶의 질이 향상되느냐는 사회적 니즈의 해결을 위한 연구개발 자금이 무기에 대한 자금 조성과 동등해지는 때, 국제적인 과학기술 조직이 설립되어 세계의 과학기술 지식을 연결함으로써 연구개발이 우선되는 배경과 법규가 마련된 환경에서 사용될 때 해결될 것이다.

과학기술의 발전

- 과학과 기술 지식을 공유하는 무료 온라인 대학 강좌가 급증하고 있다.

- 컴퓨터 화학, 컴퓨터 생물학, 컴퓨터 물리학이 과학과 기술의 변화를 가속시키고 있다.

- 크라우드 소싱에 의한 시민 과학이 즉석에서 수십억 대의 PC를 슈퍼컴퓨터로 연결시키고 있다.

- 공개 하드웨어와 소프트웨어가 생산 수단을 공유하고 있다.

- 합성생물학과 인공지능, 로봇공학, 나노기술, 다양한 원격기술, 드론, 3D 프린팅, 증강현실, 집단지성 시스템이 만드는 상승효과가 나타나고 있다.

과학과 기술의 혁신으로 생활환경을 개선하기 위해서는

- 과학기술의 발전을 뒤쫓고, 결과를 예측하려면 범지구적인 집단지성 시스템이 필요하다.

- 새로운 기술을 더 지능적으로 사용할 혁신적인 비즈니스 모델과 정책이 필요하다.

- 연구개발을 위한 자금을 무기에 대한 자금만큼 조성해 연구개발과 기초과학 연구를 최대한 늘린다. 이는 응용과학과 엔지니어링의 지식원이 된다.

- 국제적인 과학·기술 조직을 설립해 세계의 과학·기술 지식을 연결하고 적법한 영역 내에서 사용되도록 한다.

윤리적 의사결정

2008년의 금융위기는 경제와 윤리의 상호의존성을 명백히 보여주었다. 세계적인 금융 붕괴를 막기 위해 임시방편으로 해결책을 내놓아 끔찍한 경기침체는 막았지만, 근원적이라 할 수 있는 윤리적 문제는 미래의 위기를 막을 정도로 충분히 해결되지 못한 상태다. 오늘날 세계적 난제를 해결하는 데에는 국가, 종교, 이념의 경계를 넘어 도덕적 의지가 필요하다.

과학기술의 변화는 우리가 가지고 있던 윤리적 평가기준을 뛰어넘을 정도로 빠르게 성장하고 있는 듯하다. 인간을 복제하거나, 공룡을 부활시키거나, 합성생물학을 통해 수천 가지 새로운 생명체를 발명하는 것이 윤리적일까? 적절한 안전성 평가가 없는 새로운 과학과 기술 개발이 윤리적일까? 안전한 사용·처리방식에 대한 통제 없이 새로운 무기를 개발하는 것이 윤리적일까? 사회적 문제에 대한 고려 없이 기초과학 연구를 밀고 나가도 되는 것일까? 과학기술의 빠른 발전을 평가할 시간이 부족한 현실을 고려했을 때, 이제는 선행 윤리 시스템을 만들어야 할 시점이 아닐까? 법이 과거의 판결을 지침으로 삼는 것처럼 가능성 있는 미래에 대한 윤리적 판단의 토대를 마련해 놓아야 할 것이다.

과학기술의 비상한 발전이 우리의 삶을 윤택하게 만들어주겠지만, 미래의 윤리적 문제를 외면해서는 안 된다. 예를 들어 누군가가 대량 살상무기를 만든다고 하자. 사회는 이를 개인적으로 사용할 위험을 막으려 할 것이다. 상황을 미리 탐지한다는 명분으로 사생활 침해를 비롯한 시민적 권리의 축소라는 결과가 발생할 수도 있다. 이처럼 파괴적 성향이 잠재된 사람들의 숫자를 줄이기 위해서는 유아기부터 건전한 심리발달을 도울 수 있도록 교육하고 관심을 가져야 한다. 미래에는 정신적으로 건강하고 도덕적인 사람을 키워내는 것이 매우 중요하다. 만일 실패한다면 기술이 발전되지 않았던 과거와 비교해 훨씬 심각한 결과를 불러올 것이다.

그렇다면 대규모 테러를 저지를 가능성이 있거나 준비 중인 사람을 찾아낼 수 있다면, 그가 테러를 실행하기 전에 체포하는 것은 윤리적일까? 미국의 정보기관인 국가안보국National Security Agency: NSA의 무분별한 통신감청 실태를 고발한 에드워드 스노든의 폭로는 개인의 권리와 주권이 먼저인지, 집단안보가 먼저인지에 대한 논란에 불을 붙였다. 이처럼 기술의 발전과 더불어 윤리는 우리의 삶과 사회의 정책에 수많은 의문을 제시한다.

새로운 기술은 많은 사람이 좋은 일을 더욱 빨리 할 수 있게 해주기도 한다. 개인이 인터넷에 그룹을 만들어 세계적인 규모의 윤리적 활동을 조직하는 것도 가능하다. 미디어, 블로그, 휴대전화 카메라, 윤리위원회, 비정부기구 등은 비윤리적 의사결정과 부패 관행을 점점 더많이 노출시킴으로써 경각심을 일깨워주기도 한다. 전 세계에서 매일같이 이루어지는 방대한 양의 의사결정은 이제 완벽에 가까운 수준에 도달했다. 비록 의사결정에 따르는 집단 책임이라는 윤리적 문제 해결은 아직 초기 단계에 불과하지만 그래도 성장하는 중이다.

빌 게이츠와 워런 버핏은 128명의 억만장자가 재산의 대부분을 기부하도록 설득했다. 일론 머스크는 그린에너지 개발에 박차를 가하기 위해 특허기술을 무료로 공유하고 있다. 버진그룹의 CEO 리처드 브랜슨은 이윤만을 위한 의사결정이 아닌 사람, 지구, 이윤을 위한 의사결정을 하는 경영방식인 플랜B를 만들었다. 기업의 사회적 책임 프로그램, 윤리 마케팅, 사회투자가 증가하고 있다.

유엔글로벌콤팩트UN Global Compact는 기업의 의사결정에서 윤리를 강화하기 위해 만들어졌다. 2015년 현재 이 기구는 145개국의 8,322개 기업과 4,608개 시민단체를 비롯한 1만 2,000명 이상의 회원을 보유하고 있다. 글로벌콤팩트는 기업과 비정부기구의 협력을 증진시키고, 기업 책임 프로그램에 대한 인식을 높이고, 많은 국가에서 비재무보고 의무를 강화했으며, 평화가 개발에서 기업의 윤리적 역할을 강화하기 위한 전략을 만들었다.

윤리 문제를 해결하기 위한 다양한 노력에도 불구하고 이 세계는 여전히 부패가 만연하고 있다. 이는 개발의 심각한 장해물이다. 세계은행이 조사한 바에 따르면 135개국 13만 개 기업의 20%가 연간 한차례 이상 뇌물 요구를 받았다고 한다. 뇌물의 규모는 연간 1조~1조6,000억 달러에 달하는 것으로 추정된다. 국제투명성기구의 2014년 부패인지지수Corruption Perceptions Index에 따르면 175개 국가와 지역이 50점이하를 기록했다. 부패인지지수는 100에 가까울수록 청렴하고, 0에 가까울수록 부패함을 뜻한다. 50점 이상을 받은 국가는 미국(68), 아시아태평양(64), 동·중부유럽(95), 중동과 북부아프리카(84), 사하라이남아프리카(92)였으며 평균은 43점이었다.

부의 집중현상이 점점 심각해지고(가장 부유한 10%의 사람들이 전 세계 부의 86%를 소유하고 있다) 기술적 실업 역시 심화되면서 기존의 정치·경제 시스템이 문제시되고 있다. 기업과 국가가 개발도상국과의 석유, 가스, 광물 거래 조건을 공개하도록 의무화하기 위해 2002년 세계은행이 뒷받침하는 채굴산업투명성계획Extractive Industries Transparency Initiative, EITI이 만들어졌다. 채국산업투명성계획은 현재 31개 준수국을 보유하고 있으며 38개 회원국이 수익을 발표하고 있다.

유엔반부패협약UN Convention Against Corruption은 175개국과 EU의 비준을 받았다. 부패의 정의와 행동규범을 확립한 반부패협약은 세계적인 반부패 매개에 대한 법적구속력을 갖는 유일한 협약이다. 국제형사재판소는 정치지도자들에 대한 기소를 성공적으로 이끌면서 소송절차를 웹으로 중계하고 있다. 유엔의 온라인 세계인권지수Universal Human Right Index는 대중이 비교해 볼 수 있도록 권장사항과 국가보고서를 모아두고 있다. '21세기 윤리학의 공통 기준'을 찾기 위한 유네스코의 세계 종교 연구는 다양한 종교지도자, 사상가, 국제적 매체를 대화에 참여시켜 의사결정에 대한 범지구적 수준의 윤리를 강화하는 토대로 사용되어야 할 것이다.

더불어 부패한 공직자의 여행 비자 발급은 반드시 금지시켜야 한다. 투명성기구의 '부패의 가면을 벗기자'는 캠페인에 대한 지원이 이루어져야 하며, 모든 기업의 소유주는 등록을 통해 공개되어야 한다. 우리는 세계적인 의사결정에서 윤리를 우선할 수 있는 장려책을 만들고, 가치관의 확립에서 부모의 역할을 강조하고, 학교에서 윤리와 집단책임에 대한 교육을 실시하고, 적법한 권위에 대한 존중과 동시에 책임성에 대한 요구를 장려하고, 적절한 역할 모델을 찾고 따르도록 지원하고, 더욱 계몽된 세계를 위한 범지구적이고 비용 효율적인 교육 전략을 실행하며, 사람들이 믿는다고 말하는 가치와 행동이 조화를 이루게 만들어야 한다.

기업은 소비자로부터 돈을 버는 것보다 문제를 해결하는 수단이 되고자 노력해야 한다. 미디어는 "나와 당신 그리고 세계에 이익이 되는 의사결정을 하자"는 밈을 홍보해 더욱 윤리적인 사회를 만드는 데 앞장서야 한다. 윤리적, 정신적 교육을 성장시켜 기술의 진보를 통해 인류에게 주어진 새로운 힘과 균형을 이루는 것이다.

결국 윤리적 의사결정은 2006년 세계은행이 추산한 부패지수가 절반으로 감소하고, 윤리적 기업운영의 기준이 세계적으로 실행되고 그에 대한 감사가 정기적으로 이루어질 때 가능할 것이다. 더불어 모든 학생이 윤리와 책임 있는 시민정신 교육을 받고, 범지구적 윤리가 종교와 국적을 뛰어넘는다는 보편적인 인식이 조성될 때 해결될 것이다.

윤리적 환경의 변화

- 2008년의 금융위기는 경제적인 결과와 윤리의 상호의존성을 분명히 보여주었다.

- ISO 기준과 국제조약들을 통해 전 세계적으로 범지구적 윤리가 모습을 드러내고 있다.

- 조직범죄에 매년 3조 달러 이상이 쓰인다. 부패와 뇌물의 규모는 연간 1조~ 1조 6,000억 달러에 달한다.

- 현재 1,200만~ 2,980만 명의 사람들이 노예 상태에 있다.

미래에 대한 윤리적 판단의 토대를 마련하기 위해서는

- 지식인들부터 비윤리적인 의사결정을 참지 않으려는 생각이 성장해야 한다.

- 가능성 있는 미래의 사건에 대한 윤리적 판단의 토대를 미리 마련해 놓아야 한다.

- 세계인권선언은 시민의 의무와 책임으로 강화되어야 한다.

- 모든 기업의 소유주는 등록을 통해 공개하고 윤리적 기업을 운영하기 위한 기준을 실행한다.

- 모든 학교 시스템에 윤리와 책임 있는 시민정신에 관한 교육을 포함시킨다.

- 범지구적 윤리가 종교와 국적을 뛰어넘는다는 보편적인 인식을 조성하도록 노력한다.

세계미래보고서 2050

초판 1쇄 발행 2016년 1월 28일
초판 16쇄 발행 2024년 9월 25일

지은이 박영숙 · 제롬 글렌
옮긴이 이영래

펴낸이 안병현 김상훈
본부장 이승은 **총괄** 박동옥 **편집장** 임세미
편집 김혜영 **마케팅** 신대섭 배태욱 김수연 김하은 **관리** 조화연

발행처 주식회사 교보문고
등록 제406-2008-000090호(2008년 12월 5일)
주소 경기도 파주시 문발로 249
전화 대표전화 1544-1900 **주문** 02)3156-3665 **팩스** 0502)987-5725

ISBN 979-11-5909-014-1 03320
책값은 표지에 있습니다.